刑事政策論

覺正豊和 著

八千代出版

はしがき

　人間はなぜ罪を犯すのであろうか。どうすれば、この世の中から犯罪なるものを防止・予防することができるのであろうか。これは、人間社会に与えられた永遠の課題である。

　この世の中に犯罪は恒常的に連綿と続く現象とみられ、犯罪のない社会を実現させるのは、非常に困難なことかもしれない。けれども、茫然として何の努力もしなければ解決の糸口はみえてこない。われわれは少しでも犯罪のない社会の実現に向けて努力すべきであり、そうすることは現代社会における国民の責務でもある。

　犯罪白書によると2015（平成27）年の刑法犯認知件数は、109万8969件である。戦後最多を記録した2002（平成14）年から13年連続で、その年285万4061件の認知件数であったことをみると、6割以上の減少となっている。これは刑法犯の7割以上を占める窃盗の認知件数が大幅に減少し続けたことに伴っている。それは、警察や自治体、ボランティアなどによる総合的な取り組みを主として、国民の防犯意識の高まりなども大きな要因であろう。しかしながら、われわれが学ばなければならないことは、そもそも認知件数とは何かということである。

　世界的にみても治安のよい国として比較的上位に数えられる日本であるが、警察庁が行った「体感治安」に関する全国調査などをみると、統計の数字ほどは国民が肌で感じる体感治安はよくないようである。地域社会の連帯が希薄になっていること、景気が低迷していること、情報の氾濫により犯罪情報が身近に入ってくることなどに起因すると考える調査結果も出ている。

　そのような中、本書によって刑事政策、犯罪学、刑事学を学ぶことで犯罪防止への手がかりを見出していただければ、著者として望外の喜びである。本書は、従来、一般に公刊されている刑事政策の書籍の領域をあえて越えるところはないが、必要にして最小限度習得しておかなければならない基礎的知識の提供に主眼を置いて書かれている。それゆえ、問題点の提示に重点があるので、体系的な記述はしていない。

　刑事政策は、その性質上、政治的イデオロギーに左右されるところが大きい。

しかしながら、犯罪行為をどのような立場で理解しようとも、刑事政策の目的は、犯罪を予防し、制圧し、犯罪者を改善することにある。本書では、全体を通して可能な限り、今日の通説的な立場を基調とし、記述については、平明を期し、誰にでも理解できるような理論的展開を心がけたつもりである。

　本書は、2007年に発行した恩師・斎藤靜敬博士との共著『刑事政策論』の理論構成を基軸にしている。これまでも改訂を重ね、国民裁判員制度の創設、検察審査会法の改正等の記述を重ねてきた。この度も第四次少年法改正、少年院法の全面改正、少年鑑別所法の制定、刑の一部執行猶予制度導入など、わが国の刑事政策に関わる改革が行われた。ほかに法令を最新のものに改めたほか、統計等の資料も差し換え、大幅に加筆修正していることから、斎藤先生の御了承をいただき、思い入れのある書名「刑事政策論」はそのままに、単著として新たに発行することとした。

　なお文献の引用・参照など、本文中にいちいち出典は示していないが、これは先学諸氏の貴重な著書・論文にご教授を受けるところである。謹んで、ここに記してその学恩に厚くお礼を申し上げる。

　最後に、この書物の出版にあたり、終始格別のご配慮にあずかった、八千代出版社長森口恵美子氏、同社編集部井上貴文氏に対し、ここに深く謝意を表する次第である。

2017年4月

　　　　　恩師のシーアイヴィラ那須塩原Ⅱ・ラムダにて

　　　　　　　　　　　　　　　　　覺正　豊和

目　　次

はしがき　*i*

第1章　刑事政策の概念 …………………………………………………… *1*
第1節　刑事政策という言葉　*1*
第2節　刑事政策の概念　*2*
　1　刑事政策の意義　*2*
　2　刑事政策概念の多義性　*5*
第3節　刑事政策（犯罪学）の対策と課題　*6*

第2章　犯罪の原因 ………………………………………………………… *9*
第1節　概　　念　*9*
　1　素　　質　*10*
　2　環　　境　*11*
第2節　素質――生物学的要因　*11*
　1　ロンブローゾと生来性犯罪人説　*11*
　2　犯罪双生児の研究　*13*
　3　犯罪人家系の研究　*18*
第3節　環境――社会学的要因　*19*
　1　欠 損 家 庭　*19*
　2　貧困家庭の犯因性　*23*
第4節　アメリカ犯罪学理論の展開　*24*

第3章　犯罪者の刑事司法的処遇 ………………………………………… *35*
第1節　警察と検察　*35*
　1　警　　察　*35*
　2　警察庁の組織　*41*
　3　検　　察　*45*
　4　検察庁の組織　*48*
第2節　裁　判　所　*49*
　1　裁判所の種類と審級　*49*
　2　最高裁判所　*51*
　3　下級裁判所　*53*
　4　裁判員制度　*55*
第3節　起訴便宜主義（起訴猶予）　*56*
　1　起訴便宜主義の意義　*56*
　2　起訴便宜主義の沿革　*57*

3　起訴便宜主義の概要　*57*
4　起訴便宜主義の効果　*59*
5　起訴便宜主義に対する控制　*59*
6　起訴便宜主義の刑事政策的意義　*64*

第4節　刑の執行猶予　*65*
1　概　　念　*65*
2　わが国の執行猶予の沿革　*66*
3　執行猶予の要件　*66*
4　執行猶予の取消し　*67*
5　執行猶予の効果　*67*
6　改正刑法草案における執行猶予　*67*
7　刑の一部執行猶予制度　*68*
8　刑事政策的意義　*69*

第4章　刑事制裁の種類（司法処分の諸形態） *71*
第1節　刑罰の本質・目的（応報刑論、教育刑論）　*71*
第2節　刑罰の種類　*74*
1　死　　刑　*74*
2　自　由　刑　*75*
3　財　産　刑　*77*

第3節　死　　刑　*79*
1　死刑犯罪　*79*
2　死刑制度　*80*
3　死刑の執行（死刑適用の実態）　*84*
4　死刑存廃論　*87*
5　憲法と死刑との関係　*90*
6　死刑に代わる刑罰　*91*
7　死刑の代替刑の現状　*94*
8　世界における死刑の執行方法　*96*

第4節　短期自由刑　*100*
1　短期自由刑の概念　*100*
2　短期自由刑の弊害　*101*
3　短期自由刑の長所　*101*
4　自由刑代替刑に関するヘーグ会議の決議　*102*
5　短期自由刑に代わるべき刑事制度　*104*

第5節　罰　金　刑　*105*
1　罰金刑の概念　*105*
2　現行刑法における罰金刑　*107*
3　日数罰金制　*108*

第6節　保　安　処　分　*109*
　　　1　総　　説　*109*
　　　2　現行法上の保安処分　*111*
　　　3　刑法改正草案における保安処分　*115*

第5章　犯罪現象の類型的考察 …………………………………… *117*
　　第1節　思春期における犯罪　*117*
　　　1　思春期の犯罪心理学的意義　*117*
　　　2　犯罪の特性　*118*
　　第2節　女　性　犯　罪　*122*
　　　1　女性犯罪の態様　*122*
　　　2　女性犯罪の特性　*123*
　　　3　女性犯罪者の処遇　*129*
　　第3節　精神障害者と犯罪　*137*
　　　1　精神障害者の概念　*137*
　　　2　精神障害者と犯罪　*138*
　　　3　精神障害犯罪者の処遇　*142*
　　　4　精神障害犯罪者への対策　*145*
　　第4節　薬　物　犯　罪　*146*
　　　1　薬物犯罪の概念　*146*
　　　2　薬物犯罪の推移　*147*
　　　3　麻薬・覚せい剤等の種類　*151*
　　　4　犯罪との関係　*151*
　　　5　薬物乱用犯罪の原因　*152*
　　　6　薬物乱用犯罪の対策　*152*
　　第5節　性　犯　罪　*154*
　　　1　性犯罪の態様　*154*
　　　2　性犯罪の類型　*156*
　　　3　性犯罪の現況　*162*
　　　4　売　　春　*164*
　　　5　性犯罪の特性　*165*
　　　6　性犯罪への対策　*167*
　　第6節　外国人の犯罪　*169*
　　　1　外国人犯罪　*169*
　　　2　来日外国人の犯罪の特徴　*170*
　　　3　日本における国際犯罪組織の活動状況　*172*
　　　4　外国人犯罪への対策　*174*
　　第7節　少年の犯罪（非行）　*174*
　　　1　少年犯罪（非行）の概念　*174*

2　少年犯罪（非行）の現状　*175*
　　3　少年犯罪（非行）の要因　*182*
　　4　非行少年の処遇　*184*
　　5　少年非行とその対策　*197*
第8節　暴力団犯罪　*198*
　　1　暴力団犯罪とは何か　*198*
　　2　暴力団の動向　*198*
　　3　暴力団犯罪の特徴　*202*
　　4　暴力団対策法の制定　*204*
　　5　暴力団犯罪対策　*207*
第9節　交　通　犯　罪　*214*
　　1　交通犯罪の概念　*214*
　　2　交通犯罪の現状　*214*
　　3　交通犯罪の特質　*216*
　　4　交通犯罪への対策　*217*
　　5　交通犯罪者の処遇　*221*

第6章　犯罪者の処遇　*223*

第1節　刑　務　所　*223*
　　1　刑務所の概念　*223*
　　2　受刑者の処遇　*227*
　　3　刑務所の組織　*240*
第2節　刑務作業と賃金　*249*
　　1　刑務作業の概念　*249*
　　2　刑務作業の現況　*251*
　　3　作　業　報　酬　*254*
　　4　刑務作業上の問題　*256*
第3節　拘禁の形態　*257*
　　1　拘禁形態の歴史的変遷　*257*
　　2　独居拘禁制と雑居拘禁制　*259*
　　3　ペンシルバニア制、オーバン制　*261*
　　4　わが国の現状　*262*
第4節　中間処遇制度　*263*
　　1　中間処遇制度の概念　*263*
　　2　中間処遇制度の二形態　*264*
　　3　中間処遇制度　*265*
第5節　仮　釈　放　*270*
　　1　仮釈放の意義と性質　*270*
　　2　仮釈放制度の沿革　*272*

3　仮釈放の条件　*273*
  　4　仮釈放の効果　*276*
  　5　仮釈放の取消し　*276*
  　6　仮釈放の現況　*277*
  　7　無期懲役の終身刑化　*280*
  　8　保護観察の問題点　*280*
  　9　善　時　制　*281*

第7章　犯罪被害者の救済　*283*
　第1節　犯罪被害者補償制度　*283*
  　1　犯罪被害者補償の意義　*283*
  　2　犯罪被害者補償の歴史　*284*
  　3　犯罪被害者補償の法的性格　*286*
  　4　犯罪被害者給付制度　*287*
  　5　修復的司法　*290*
　第2節　被　害　者　学　*291*
  　1　被害者学の誕生　*291*
  　2　被害者学の今日的課題　*292*

主要参考・引用文献　*295*
索　　　引　*297*

凡　例

恩　赦	恩赦法	裁	裁判所法
行　累	行刑累進処遇令	裁 判 員	裁判員の参加する刑事裁判に関する法律
刑	刑法		
警　察	警察法	児　福	児童福祉法
刑事収容	刑事収容施設及び被収容者等の処遇に関する法律	少	少年法
		少　院	少年院法
刑　集	最高裁判所刑事判例集	精　神	精神保健及び精神障害者福祉に関する法律
刑　訴	刑事訴訟法		
軽　犯	軽犯罪法	売　春	売春防止法
憲	日本国憲法	破　防	破壊活動防止法
検　察	検察庁法	法務省設置	法務省設置法
更生保護	更生保護法	民	民法
最判（決）	最高裁判所判決（決定）		

第1章　刑事政策の概念

第1節　刑事政策という言葉

　刑事政策は、ドイツ語のクリミナルポリティーク（Kriminalpolitik）という用語に由来するといわれている。1800年頃、ドイツで初めて使用されたが、サルダーニャ（Saldana）によると、いったい誰によって最初に使用されたのか、必ずしも明らかではないとされている。そうはいうものの、ヒッペル（von Hippel）に従うと、ドイツの有名な刑法学者であるフォイエルバッハ（A. Feuerbach 1775～1833）によって最初に用いられたと一般にいわれている。当時のドイツにおいては、社会政策や経済政策などの一連の政策が発達をとげていたのであるが、この刑事政策という用語も、こうした一連の傾向のうちに発達したものである。すなわち、自由主義国としては、ヨーロッパにおける国際市場への進出が、他国に比較して、相当立ちおくれの感があったドイツは、これに割り込むためには国家の保護干渉を必要とした。そこに経済政策なるものが誕生し、同じように犯罪防止への国家の保護干渉という考え方が、刑事政策として生まれたのである。他方、フランスでは、1890年頃から、ドイツ語のKriminalpolitikに相応する訳語として、Politique criminelleという言葉が用いられた。このようにして、ヨーロッパで今日、一般にいわれている意味の刑事政策が認められるようになったのは、19世紀最後の4半世紀の頃からである。

　英米においては、刑事政策に相当する言葉は比較的最近まで認められていなかった。しいていうなら、Criminology（犯罪学）とか、Penology（刑罰学）とかの用語がこれに該当し、Criminal policyという用語は使われていなかった。しかしながら、第二次世界大戦後1952年に、国際連合が「国際刑事政策雑誌」（International Review of Criminal policy）を、英文と仏文で刊行して以来、ここに

Criminal policyという用語が、英米法系においてはいうに及ばず、英語圏の国々においても盛んに用いられ、世界的視野において用いられるようになった。

わが国においては、1900年頃になってから、刑事政策という用語が使用されるようになった（牧野英一博士が慶應義塾大学において「刑事政策と労働問題」と題した講演の中で〔1906〔明治39〕年〕、大場茂馬博士「刑事政策大綱」の中で〔1909〔明治42〕年〕）。1924（大正13）年に、東京帝国大学法学部に随意科目として牧野博士により刑事学の講座が設けられたことを契機に、この刑事学の言葉が定着（フランス語の science pénaleを刑事学と邦訳したことに由来）したが、1930（昭和5）年に高文司法科試験科目の中に刑事政策が加えられ、その後、講座名として刑事政策という名称が用いられ、今日に至っている。このようにして、今日では、刑事政策という言葉は世界的に広く使用されるに至っているのである。

第2節　刑事政策の概念

1　刑事政策の意義

人間は、なぜ犯罪を犯すのであろうか。これは、人間社会に与えられた永遠の課題である。犯罪のない社会を実現させることは、非常に困難なことである。しかしながら、困難であるからといってただ茫然と何の努力もしないのでは、何の解決策にもならない。われわれは、恒常的に連綿と続く犯罪を少しでも犯罪のない社会の実現に向けて努力しなければならない。どうすれば、この世の中から犯罪をなくすことができるのであろうか。簡単にいって、人権の視点を踏まえこれを研究するのが、刑事政策という学問である。

ところが、刑事政策とは、いかなる学問であるかについては、今日まで必ずしも定説をみていないのが実情である。一般に、刑法とか、刑事訴訟法など規範学は、その基礎となる法規定なるものを持っているので、体系化することが可能であり、それゆえ、多数説とか、少数説とか、通説とか、有力説といった学説もみられるのである。一方で、刑事政策は、刑法、刑事訴訟法等の規範科学はいうに及ばず、特別法とか、それ以外の犯罪に関するものにまですべてを考察の対象にしなければならない。このような理由から、体系化することが非

常にむずかしく、定説をつくるなど至難のわざとさえいわれる学問領域なのである。

　刑事政策の概念には、時代による変遷がみられる。その意義・定義については、従来から広義、狭義とさまざまがあり、その一致した見解すなわち定説を見出すことはできない。

　刑事政策という言葉は、上述したように刑法学者であるフォイエルバッハによって最初に使われたのであるが、これは刑罰法規の諸規定などをいかに改正すべきであるかという、主として刑事立法政策を意味していた。しかるに、今日の刑事政策概念よりもかなり狭いものであった。このような考え方は、すなわち刑法典が伝統的なタリオ的思想にもとづいて制定され、運用されていた当時としては、ある程度の支持者を見出すことができた。しかしながら、この見解は、時代による変遷につれて批判されるに至った。その理由の背景には、19世紀初頭以来、ヨーロッパ諸国においては、自然科学の発達と物質文明の進歩として産業革命が起こり、その進展が資本の集中化をもたらした。やがて資本主義の発達は資本家と労働者との対立、無産大衆の増加を呼び、ここに貧困を原因とする犯罪、ことに常習犯及び少年犯罪などの激増を招いた経緯があった。このような現象に対し古典派刑法学は、犯罪対策としては無力であり、なすべき道を知らないとされたのである。ここに、19世紀中葉に入り、犯罪者に対する新たな犯罪原因の解明の必要性が痛感され、イタリア実証学派が台頭するに至った。

　すなわち実証学派の三銃士こと、ロンブローゾ（C. Lombroso 1836～1909）、フェリー（E. Ferri 1856～1929）、ガロファーロ（R. Garofalo 1852～1934）らは、犯罪者を研究し、犯罪の原因を除去するための有効な施策、その対策を講ずることの必要性を説いたのであった。そうして19世紀の末葉になると、犯罪防止のためには刑罰のみでは不十分で、保安処分の必要性が認識されるようになった。

　このようにして、刑事政策の意義は時代の変遷につれて、より広い概念となってきている。それで、刑事政策の意義・定義については、従来から広義、狭義といろいろな見解があるところであり、また表現の差異はあるにせよ、ここにおいては、「犯罪の原因を探究し、これにもとづいて犯罪を予防、制圧、防遏し、犯罪者の社会復帰のための処遇と、被害者の救済と保護などに向けら

れた国または地方公共団体のすべての方策である」と定義することができる。ここでいう「犯罪」とは、刑法学でいう犯罪とは異なる。すなわち、刑法学では犯罪構成要件に該当し、違法なおかつ有責なる行為を意味するが、ここではこれに限定されず、少年法でいう非行、例えば刑事未成年者の小学生などによる万引などの触法行為もこの概念に含まれる。このように、ここでいう犯罪は非行を含む広い意味で理解されている。要するに、刑事政策学独自の観点から、刑事政策の対象として取り上げる必要性に照らして定められているのである。

次に、「予防」とは一般に犯罪の発生を未然に防ぐことをいい、それは将来に向かって犯罪を防止することをいう。「制圧」とは、すでに発生した犯罪による社会的秩序の混乱を抑制することをいい、犯罪者に対し刑罰とか保安処分など、いわゆる刑事制裁を科し法の威信を回復することである。「犯罪者の処遇」とは、犯罪者の社会復帰を容易にし、同時に2度と犯罪をくり返さないために、犯罪者に対してとられる個別的措置をいうのである。「被害者の救済」とは、不幸にして犯罪ないし違法行為によって被害を受けた者、あるいはその遺族に対して国または他の公的機関が一定の条件の下に、公的な補償金を給付することである。今日まで、被害者はその加害者から犯罪ないし違法行為によって被害を受け、その結果、死亡したり、重傷を負ったりした場合、本来なら、民法上の不法行為にもとづく損害賠償請求権（民709条・711条）を有するわけであるが、加害者が無資力であったり、支払い能力の問題から、被害者は泣き寝入りさせられていた。これでは、被害者の救済すなわち被害者感情の鎮静を図ることはできない。だがこの点に関して、刑事政策はなすべきことを知らず、怠慢との批判が多くみられた。それに応えるべくして、遅ればせながら、先進諸国にならい、1981（昭和56）年1月1日から犯罪被害者等給付金支給法が施行されるに至った（その後、2008〔平成20〕年に「犯罪被害者等給付金の支給等による犯罪被害者等の支援に関する法律」と名称改正）。そして「被害者の保護」とは、犯罪報道とか、捜査などによって被害者にもたらされる不利益を取り除くことである。

　刑事政策の主体であるが、これについては争いがあるところである。政策という用語からして、国家または地方公共団体に限定されると思われる。それゆえ、個人または個人の団体の行うところの諸活動は、それが犯罪防止を目的としていたとしても、ここでは刑事政策の概念には含まれないと解したい。こう

した、民間人の刑事政策活動は、犯罪防止への公衆参加（Participation of the public）といわれている。国は主として行政の分野で刑事政策を遂行するが、そればかりではなく立法の分野でも、司法の分野でも刑事政策に係わりを持っているのである。地方公共団体も、条例の制定（例えば、青少年保護育成条例）により、地域社会における刑事政策の一翼を担っており、地方公共団体も重要な役割を演じていることはいうまでもない。ところで、刑事政策の目的を実現するとき、刑事政策の担い手が、国または地方公共団体ということになれば、その活動には一定の限界がある。そこで、近時、刑事政策への公衆の参加の重要性が認識されるようになった。犯罪者の社会復帰は、いうまでもなく地域社会の構成員として受け入れることであるから、これには公衆参加、すなわち民間のボランティアの積極的な協力なくしては成り立たないのである。「すべての方策」とは、立法上、行政上及び司法上の一切の措置とか、活動をいう。こういうことで、刑事政策を端的にいうなら、一般に犯罪の予防、制圧を目的とする国家的施策ということになる。

刑事政策の最終の目標は、何といっても犯罪の予防・防止にあることを理解しなければならない。そこで犯罪というものを防止するためには、いかなる施策が講じられ、またいかなる形で運営されるべきであろうかということになる。

国家は、その犯罪を防止するために、当然のことながら一定の制裁が必要になる。そこで、国家はそれを実現するために、警察とか、検察とか、裁判所それに刑務所などという犯罪統制システムを持っている。それゆえ、刑事政策はこの犯罪統制システムをも研究することにあるということになる。刑事政策の中心は、犯罪の対策論にあることを、認識しておかなければならない。

2　刑事政策概念の多義性

刑事政策といわれるものには、2つの意味がある。まず、「活動としての刑事政策」の意味と、他は「学問としての刑事政策」という意味である。前者は、一般に犯罪の予防・制圧という犯罪対策のためになされる活動自体をいい、後者は、犯罪現象を科学的な見地から分析し刑事政策的活動に資する学問、すなわち刑事政策学である。通常、刑事政策という場合、刑事政策学の意味で使われている。

刑事政策とは、要するに、犯罪現象と犯罪対策の活動とを対象とする科学である。そこで、刑事政策の目的を達するために、まず現にある犯罪現象を科学的に認識し、さらにそれを分析することにより犯罪原因を究明し、それにもとづいて犯罪予防ないし防止する手段を検討し、そうすることにより対策を講じる学問である。この場合、前半の犯罪原因を究明する科学は、犯罪学（Criminology）あるいは刑事学ともいわれている。このクリミノロジーという言葉は、すでに古く1885年、イタリアのガロファーロがその主著 *Criminologia* に用いたことに始まるといわれている。広義において刑事政策というのは、これ（犯罪現象と犯罪対策の活動）を指すのである。狭義において刑事政策というときは、犯罪対策すなわち犯罪予防と犯罪者の処遇を指すのである。広義における刑事政策は、刑罰や保安処分に限らず、社会政策、労働政策、教育政策、住宅政策など犯罪防止上有効なるものすべてを含むのである。かつて、リスト（F. List 1851～1919）が「最良の社会政策は最良の刑事政策である」といったこの言葉は、まさにこの意味においてである。今日、刑事政策と犯罪学は、広い意味において用いられるときは、同義語であるとされている。ところで広義、狭義これら両者を含めたものを何と呼ぶかについては、刑事学といってみたり、犯罪学といい、あるいは広義の刑事政策と呼ばれてきた。厳密にいえば、ニュアンスの差異があり区別しなければならないが、わが国においてはその内容は大同小異である。

第3節　刑事政策（犯罪学）の対策と課題

　刑事政策は、犯罪現象を通じ犯罪原因とその対策を理解するものであるが、端的にいって次のようなものが対象とされる。
(1)　犯罪現象の類型的考察　　少年犯罪、女性犯罪、性犯罪、暴力団犯罪、公務員犯罪、公害犯罪、精神障害者の犯罪、薬物乱用犯罪、交通犯罪、外国人犯罪……など。
(2)　犯罪者の処遇　　受刑者の法的地位、刑務作業、独居拘禁制と雑居拘禁制、社会内処遇と施設内処遇、仮釈放……など。
(3)　犯罪者に対する制裁　　死刑、自由刑、財産刑、保安処分、刑罰の目的

と効果……など。
(4) 犯罪の司法処理　微罪処分、起訴猶予、執行猶予、中間刑、判決前調査……など。
(5) 犯罪統制システム　警察、検察、裁判所、刑務所……など。
について考察しようとするものである。

　従来の刑事政策においては、ややもすれば、犯罪の原因の探究、犯罪の予防・防止、犯罪者の処遇に重点が注がれていたのであるが、犯罪というものを考えるとき、忘れがちであるが加害者のほかに被害者の存在がある。そして被害者に視点を置くと、この犯罪の被害者側にも、何らかの犯罪の原因があるのではないかということなのである。ここに第二次世界大戦後、被害者学 (victimology, Viktimologie) といわれる学問分野が登場する発端をみることができる。犯罪は、上述したように、加害者⇔被害者の関係にあるのである。従来の犯罪学は、犯罪者の側面から犯罪原因を究明していたのであるが、これでは加害者のみ一方をみても、他をかえりみないので、その犯罪のすべてを解明することはできない。そこで、被害者の側面から犯罪原因を究明しようとするもので、すなわち、被害者には被害者になりやすい特性があるとして、被害者の側からなぜ犯罪の被害者になったのか、その原因を究明しようとするものである。これも、刑事政策の一分野なのである。

　また第二次世界大戦後、国際化に伴い、それに対応して国際犯罪（例えば、ハイジャック、テロ行為、麻薬取引、多国間企業の経済的犯罪、コンピューター犯罪……など）が発生してきたことは周知のとおりである。ここで、国際的規模で犯される犯罪を、一般に国際犯罪というが、技術革新に伴ってますます新しい形態の国際犯罪が登場してきている。これら国際犯罪の防止を目指す刑事政策のことを、一般に国際刑事政策といわれている。近時、ますますその重要性が指摘されているところである。

　刑事政策は、犯罪対策の学問でもあるといわれている。刑事政策を研究するには、何といっても毎日発生している世の中の犯罪の動向に絶えず気をつけておくことが必要である。

第 2 章　犯罪の原因

第 1 節　概　　念

　犯罪の究極的な原因が、犯罪者の生来的な素因である「素質」にあるのか、それとも彼をとりまく「環境」にあるのか、これら二者いずれに重きを置くべきかは、過去半世紀、刑事学で大いに論争されてきたところである。
　まず、ロンブローゾは、犯罪の原因は遺伝素質にもとづく特別の身体的心理的特性にあるとしたが、これに反しケトレー（A. Quetelet）、ラッカサーニュ（J. A. E. Lacassagne）等は、社会学的研究をもととして、社会制度の欠陥、経済的困窮と人間が生み落とされた環境が犯罪へ導く害悪であるとしたのであった。内因的なものの素質と、外因的なものの環境とは、常に両極をなしており、これが具体的な犯罪行為において現われるときには、不可分の一体をなしており両者の相互作用によって行為者の犯罪性が形成されるのである。人間とは、素質と環境とに決定されながら、生活しているものである。そのため、犯罪は素質のみであるとか、逆に環境からのみ生じるとか、あるいは素質でも環境でもないというような関係ではなく、素質と環境は、すべての犯罪に対して重要な因子を形成しており、相互の影響の上で初めて犯罪発生の現実の因子となる。それゆえ、これを形式的な百分率で機械的に割り切ることはできない。両者の組み合わせは、ほとんど無数といってよいほど多く、相互の動力学的な関連にある。そこで、次の2つの命題が引き出されるのである。①素質がどのように発展するかは、環境に依存している（素質の環境的限界）。②どのような外界が環境となり、それがどのように作用するかは素質に依存している（環境の素質的限界）。したがって、素質と環境の問題は、従来は択一的な形で論争されてきたが、現在では、単純な二者択一的なものではなく、素質要因と環境要因とが

相互に入りくんで、その意味で、動力学的関係に立っているといえる。

　ところで、同じ素質と環境の条件下にありながら、犯罪を犯す者と犯さない者がいるが、これは、人間の行動は人格を抜きにして考えることはできないということである。素質と環境だけでは犯罪行動の主体は具体化されない。犯罪行動の主体は単なる素質そのものではなく、また環境そのものでもない。もちろん人格形成の基礎は素質にある。その素質は環境により発育形成される。人格の形成を制約するものは環境であって「先天的なものと体験とが、人格を形成する」といわれる。環境のいかんによらず、例えば人生の危機に瀕して、いずれの途をとるべきかを選択するのは、決して素質でも環境でもなくまさに人格そのものである。犯罪行為時における行為主体は行為者人格の問題とされる。ここに、犯罪主体としての個人の人格が、犯罪原因の3要素の一つとして数えられる。つまり、①素質、②環境、③人格が犯罪原因の3要素ということになる。

1　素　　質

　素質とは本来、自然科学、とくに遺伝学、生物学上の観念であるが、これを犯罪学上についていえば、犯罪を犯す素質、犯罪を犯しやすい素質をいい、少なくともここでは犯罪に関する素質を指す。

　ところで素質とは、ある性質とか、行動様式というような固定的静的なものでなく、そのようなものへの発展の可能性を本質とする。そして、このような発展能力は、胚胞中に含まれる特性であるとされている。これを遺伝素質といっている。通常、素質とは遺伝された個々の能力の総和ではなくして全体者である。個々の能力は両親から遺伝され、それら全体が統一体として子供の素質を形成する。しかし、遺伝素質は卵細胞中に形成されている素質のすべてが発展実現するのではない。条件を具備した要因のみが発展するのであって、多くの素質は実現しないのである。

　また、素質は、個体において発現された現象型と、個体の遺伝像で諸々の発展可能性の全体を指す遺伝型とに分けられる。ここに個体の現象像形成を制約するものとして決定的なものは、遺伝環境的影響としての、①胎児損傷と、②胚種損傷とがある。①は、個体の最初の環境である母体（子宮）における外的

影響、例えばアルコール、鉛の中毒、梅毒の感染、堕胎の失敗などの外傷による胎児の損傷である。②は、両親の胚胞が受胎前にすでに、梅毒などによって損傷を受けていて、その結果、受胎卵の発育及び生まれた個体の現象型に重要な作用を及ぼす傷害をいう。

一般に犯罪に陥りやすい素質の問題として、①遺伝負因、②体質、③性格、④変質、⑤年齢、⑥知能、⑦人生の危機、⑧性別などが挙げられる。

2 環 境

環境とは、人間の精神自体に対して直接あるいは間接に影響を及ぼす外界のすべてを意味する。環境というものは、一つの関係概念であって、単なる環境というものは存在しない。環境は、すべて外界であるが、全外界が環境なのではなく、環境は一定の主体と関係した外界である。ちなみに犯罪が発生しやすい環境といっても、その機能や構造、役割は非常に複雑である。

ところで、環境は、①先天的環境（出生前の環境で、例えば受胎してから受けた個体に対する諸影響、胎児損傷）と後天的環境（個体が生まれてから後に外界から作用するもの）、これに自然環境（例えば風土・天候・気候）、文化環境（例えば宗教・経済・政治・習慣）、社会環境（例えば経済的条件・家庭状況）あるいは、②人格形成的環境（別の名を行為者環境あるいは犯因性人格環境ともいっている。これは、持続的な影響によって犯罪の傾向と構造を生み出すもので、例えば教育・職業・家庭）と、行為形成的環境（別の名を犯因性行為環境ともいっている。これは、犯罪のときの態度に作用を及ぼして犯行を実現せしめるもので、例えば窓が開いているとか、誘惑されているとか）などに分類される。

第 2 節　素質——生物学的要因

1　ロンブローゾと生来性犯罪人説

犯罪の原因が、犯罪者の生来的な素質にあるのか、それとも彼をとりまく環境にあるのか、この問題の解明は刑事学（犯罪学）における第一義的目的であり、また永遠の課題といってもよい。われわれが社会において生活する場合、

全く外部社会すなわち環境と孤絶した人間など考えられない。もしあるとすれば、強度の精神病者くらいのものであろう。結局、人間はあるときは素質に決定され、あるときは環境の影響を受け、素質と環境に支配されながら日常の生活を送っているのである。

ところで、犯罪は素質によって生まれるという問題を提起したのは、イタリアの精神医学者ロンブローゾ（C. Lombroso）であった。彼は、近代犯罪学の父ともいわれ、イタリア実証学派の始祖でもある。ロンブローゾは軍医出身であり、パビアの精神病院と刑務所で精神病者と受刑者とを比較研究し、頭蓋骨の調査と強盗・殺人犯のそれらに共通する形態的特徴の存在なるものを発見した。彼は、その著『犯罪人論』（1876年）において、犯罪者に特有の身体的・精神的特徴を求め、この犯罪人種に属する人間は、その遺伝的素質のゆえに不可避的に犯罪行為をなすべく運命づけられていると考えた。そして彼の独創的な生来性犯罪人説を主張した。

ロンブローゾにいわせると、生まれつき特異な類型である生来性犯罪人は、隔世遺伝であり、犯罪人とは、「原始人の脳をもって、現代に生まれた時代錯誤の人間」であるとし、それは祖先返りの主体にほかならないとするのである。それゆえ生来性犯罪人は、その人格の本性のため、よほどのよい環境に恵まれない限りは宿命的に犯罪者になるとしている。

ロンブローゾの生来性犯罪人の持つ、その特徴とはおよそ次のようなものである。

(1) 頭蓋骨の特徴　①上顎下部の前出、②削りとられたような前額、③顴骨の強度の発達、④後頭溝の異常性など、これらの併存。

(2) 身体的特徴　①傾眼・斜視・三白眼、②扁平耳・直立耳・耳垂の鋭角癒着・尖り耳、③捩れ鼻・平鼻・勾鼻・小鼻大、④肉厚き突出口・薄き一直線口・みつ口・歯の間隔広く・犬歯発達など。

(3) 精神的特徴　①道徳的感情の欠如・高慢と虚栄心・衝動性・復讐心・残酷性・射倖心・迷信、②知能の低格、③入墨、④粗野な欲動。

(4) 社会的特徴　①残酷な遊び・酒色・賭博、②隠語、③徒党編成、④特殊象徴的な絵画。

第2章 犯罪の原因　13

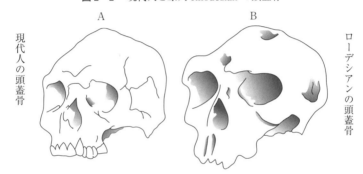

図2-1　頭蓋骨の名称

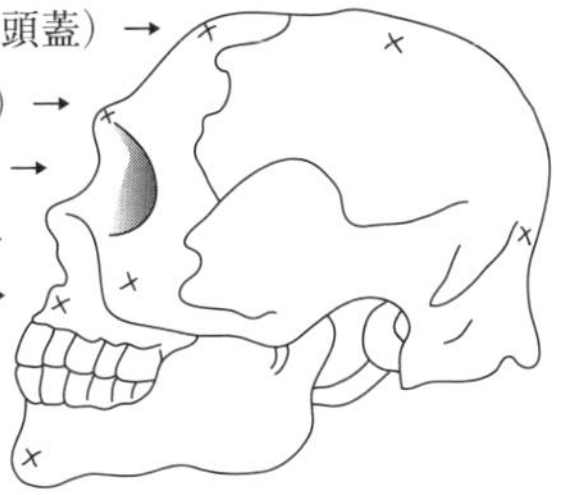

図2-2　現代人と原人 Rhodesian の頭蓋骨

ローデシアンは、三、四万年前、新しい立脚動物として、ネアンデルタール人（Neanderthaler）が滅びた後の旧ヨーロッパで栄えた人類の祖先である。
ロンブローゾの犯罪人特性の顕著な具備として参照されたい。

注) H. G. Wells, "A Short History of The World", 1922, p. 51 より引用。

2　犯罪双生児の研究

(1) 概　念

犯罪原因としての素質と環境の相互的作用を科学的に解明する方法として試みられたのが、遺伝生物学の犯罪理論として、犯罪双生児の研究である。その意味で、犯罪双生児の研究は、遺伝学の面のみならず犯罪学の面において大きな寄与をなした。

周知のとおり、遺伝の研究に初めて双生児を用いる端緒を開いたのは、イギリスの天才ガルトン（F. Galton）であった。彼は、一卵性・二卵性双生児の特

図2-3　顔面角と人類の進化

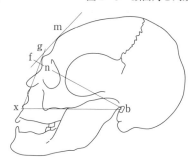

クレラ、ベール、セルノフによれば、
∠bfgは額の後走角
∠bxnは顔面突出角
この両角度は生来性犯罪人と未開人とにおいては、より鋭角的に認められ、文化人においては、箱形プロフィルのごとき、鈍角形を認めうる。これらは眉弓、上顎骨の発達により相違する。

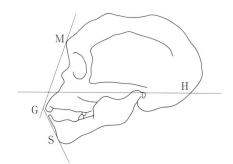

カンペールとトピナールによれば、顎突出角∠MGSが鋭角から鈍角に至るにしたがって動物は進歩していくという。

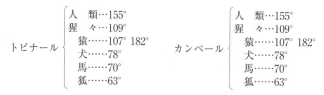

注）前田信二郎『増訂刑事学原論』法律文化社、pp. 70〜71より引用。

性を利用し、いわゆる素質と環境の演ずる役割を研究したのであるが、これを犯罪学の研究に導入し、この方法を集大成したのがドイツの精神医学者であるランゲ（J. Lange）であった。彼は、主としてバイエルンの犯罪生物学蒐集所の資料にもとづき、1929年に画期的な著書『運命としての犯罪』（*Verbrechen als Schicksal*）を発表し、ここに、犯罪双生児の研究に先駆的役割を果たしたのである。

　これまでの遺伝研究においては、ややもすると、遺伝素質の意義を十分明確にすることがむずかしかったが、この研究をすることにより、素質の意義を明

確にするのはもちろんのこと、環境の果たしている役割も同時に明確にすることができた、というところに意義がある。

(2) ランゲと犯罪双生児の研究

双生児には、一卵性双生児と二卵性双生児とがあり、前者は、一つの受胎卵が途中で2つの個体に分裂して発育したものであるから、その意味で等素質の双生児である。後者は、2つの別個の受胎卵から発育したものであるから、その意味で異素質の双生児である。この双生児研究は、等素質の一卵性と異素質の二卵性の双生児について、比較してみるものである。

この犯罪との関係においての研究の先駆者はランゲに始まるが、このような多数の資料による系統的な研究は、今日まで7例ほどある。すなわち、オランダのルグラ、ドイツのクランツ、シュトゥンプル、アメリカのロザノフ、ハンガリーのボルグシュトレーム、日本では吉益脩夫博士などによってである（表2-1参照）。

上述したように、双生児には一卵性＝等素質と、二卵性＝異素質の2種があるが、これが犯罪性にいかに現われるかについて、ランゲの研究の結果、次のような事実がわかった。一卵性双生児と二卵性双生児とを比較してみると、両者の間には顕著な差異――高度の犯罪の一致率――が認められるのである。すなわち、一卵性双生児にあっては約3分の2の一致をみるのに反し、二卵性の

表2-1　犯罪双生児研究

双生児の種類 研究者	一卵性双生児				二卵性双生児			
	組数	犯罪一致	犯罪不一致	一致百分率	組数	犯罪一致	犯罪不一致	一致百分率
ランゲ（ドイツ）1929	13	10	3	76.9	17	2	15	11.8
ルグラ（オランダ）1929	4	4	0	100.0	5	0	5	0
ロザノフ（アメリカ）1934	37	25	12	67.5	28	5	23	17.9
シュトゥンプル（ドイツ）1919	18	11	7	61.5	19	7	12	36.8
クランツ（ドイツ）1936	31	20	11	64.5	43	23	20	53.5
ボルグシュトレーム（ハンガリー）1936	4	3	1	75.0	5	2	3	40.0
吉益脩夫（日本）	28	17	11	60.6	18	0	15	11.1
計	135	90	45	66.5	135	39	93	30.4

注）吉益脩夫『犯罪学概論』有斐閣より引用。

それにおいては約3分の1よりも少ない一致である。

(1) 一卵性双生児は、双方とも通常一致した社会的行動、すなわち2人とも同様に犯罪を犯すか、または少なくとも社会的非行がある。その犯罪の一致率は76.9％、不一致率は23.1％である。

(2) 二卵性双生児の場合は、一致率は11.8％で、不一致率は88.2％となっている。

一卵性双生児の場合、犯罪の不一致はどうしてできるのかという点について、それは犯罪の潜在性が100％であっても、現実の行動がすべて双方とも犯罪を犯すとは限らないからであると思われる。しかし、少なくとも、その一方は犯罪を犯さない場合でも、反社会的な行動に出る点においては一致しているのである。例えば一卵性双生児の一方に前科があったとしても、他の一方にも必ず前科があるとは限らない。一方には何回もの常習的な暴力前科があるが、他の一方には前科としてはないが、その場合、弱者を、泥酔者を放り出すことによって自己の暴力を発散させたり、そうすることにより鎮静させていたとする事例もある。この事例は、行為の現象、本質形態は一致しているが、一方が犯罪を犯し、他方がそうでないのは環境に支配されているからだと説明される。

ところで、一卵性双生児の犯罪者の中には、少年期にある者が多く、現在は犯罪を行っていないが、近い将来において犯罪に走る可能性のある者も存在しているので、この一致率なるものは、最小の値とみてよいのではなかろうか。そこで、素質の等しい一卵性双生児は双方ともに犯罪に陥る可能性が非常に大であるという原則が樹立される。これを、遺伝素質の同一性といっている。しかしながら、遺伝素質は、常に唯一の役割を果たしているとは限らない。ランゲの研究にみたように、素質が等しい一卵性双生児においても犯罪不一致率3分の1がみられるのである。このことは、片方に脳傷害があったりした場合、外部的・環境的条件の事情の差異に作用しているということになる。

そこで結論として、一卵性双生児が反社会性ないし犯罪性において一致し、二卵性双生児の場合は一致しないのが通例ではあるが、中には二卵性の場合にも犯罪性につき一致することもあり、一卵性の場合といえども不一致の場合もありうるということである。これは一卵性にせよ、二卵性にせよ双生児の一致率は出生以来発育環境において同一条件で育てられる場合が多いからであって、

これをはじめから別な環境におけば不一致の場合が出ることも当然といえよう。ここでも、素質と環境との問題の複雑性が示唆される。

　ここでいう一致率は、きわめて外面的な関係にすぎないものであるとして、シュトゥンプル（C. Stumpf）はさらに、①犯行の有無、②犯罪の種類、③犯行の様式（方法・手口）、④日常の社会的行為、⑤性格……などについて検討した結果、一卵性双生児では、①から⑤まで、ますますその酷似性が一致度を示すが、二卵性のそれでは逆に一致しなくなることを証明したのであった。このことから、素質の等しい双生児は、双方ともに犯罪に陥る危険性が大であることがわかり、素質の持つ意味の重要さが理解しうる。しかしながら、一卵性双生児において、遺伝素質が等しくても、必ずしも双方が犯罪に陥るとは限らず、どういうわけか片方だけしか、犯罪に陥らない場合もあり、このことを忘れてはならない。これはとくに環境の影響が強力に作用しているためであることが把握できる。

　ランゲの研究の結果、一卵性双生児における相似性は、二卵性双生児のそれよりも高度であることがわかった。また、指紋、血液型、容姿などの形態的な部面はもちろんのこと、音声、趣味、性癖などの精神的部面に至るまで一致していることなどが確認されたのである。

(3)　吉益博士の双生児研究

　わが国において、この種の研究の第一人者は吉益博士であるが、博士の報告によると、一卵性・二卵性を問わず一般にわが国の双生児の犯罪率は、概して低いといわれている。それゆえ、一卵性双生児の犯罪一致率も外国に比較して著しく低く、二卵性のそれと比較しても、「一卵性対二卵性＝50対0」ということで相当数のへだたりがみられる。

　等素質の双生児において、片方のみが犯罪者になったものが半数の50％あったといわれている。そうすると、一卵性双生児でありながら、他方50％は犯罪に陥らなかったわけであるが、これを環境の差ということで簡単にかたづけることはできない。ここで、双方ともに犯罪に陥った一卵性双生児は、概して少年期の早発犯罪であったことと、一方が早発犯罪であり、他方が遅発犯罪であるが、双方ともに少年時代から盗癖があり、2人の差異は、せいぜい程度の差である。遅発犯罪は晩発犯罪ともいわれ、以前から環境犯罪とも呼ばれたもの

である。何はともあれ、一卵性双生児は、素質の支配により、体型、体質はもちろんのこと、性格、行動の相似性がある。また、これは運命づけられているといっても決して過言ではない。そしてこれは特殊の外因的変化がみられない限りは、通常の日常生活にも発露しているといえるのである。犯罪双生児研究法は、素質と環境の相互的関連性を解明することに役立っているのである。

3　犯罪人家系の研究

　犯罪人家系とは、ある家系内に犯罪人や浮浪者が多数現われるような家系をいうのであり、これは犯罪性が遺伝するものかどうかを家系図によって確認したものである。

　この種の研究は、ダッグディルとエスタブルックによる①ジューク家、モエーンケモェラーによる②ヴィクトリア家、ゴッダードによる③カリカック家、イェルガーとホフマンによる④ツェロー家、⑤マルクス家などが有名である。例えば、①のジューク家の研究によれば、飲酒癖の父親の1200人の子孫中、140人が犯罪者であり（そのうち7人は殺人、60人は窃盗、50人は売春によって有罪）、202人が売春婦とその所有者、142人が浮浪者で、その他数多くの者が救貧院収容者であると報告されている。②のヴィクトリア家の場合には、76人の子孫中、まともな日常生活を続けたのは8人で、その他は犯罪人であるといわれている。③のカリカック家の場合は、革命軍の兵士と精神薄弱（1999〔平成11〕年から「知的障害」に統一）の女性との内縁関係から生まれた480人の子孫中、3人は重罪、24人は常習的アルコール飲用、33人は売春で有罪とされている。④のツェロー家の場合は、6世代にわたる800人の子孫中、7人は殺人、76人は重罪、181人は売春で有罪とされている。⑤のマルクス家の場合は、多数の犯罪者、性格異常者、精神薄弱者など好ましくない人間が多く現われているのである。

　この犯罪人家系の研究は、犯罪が遺伝されるものであることを家系図によって証明したところに意義があるのであるが、しかしながら、一つの特徴が何世代にもわたり引き続いてしばしば現われるという事実があっても、それをもって、それが遺伝であるという証明にはならないであろう。確かに、犯罪にとって遺伝の問題が重要であることは認めるにしても、①なぜ、多数の犯罪人を出した特定の家系のみを対象にしたのか。②一方の配偶者のみを対象にし、他の

配偶者からの遺伝的影響を無視しているのか。③事例数があまりにも少なく、これをもって一般化することはできない。④この研究は、一つの家系において多数の犯罪人が幾世代にもわたって現われた事実を示しているだけで、世代ごとの環境要因については触れられていない……、などの理由により、必ずしも当を得たものでないという批判もある。それゆえ、これをもって、犯罪が遺伝するとの証明にはなっていない。

第3節　環境——社会学的要因

1　欠損家庭

(1) 意　　義

欠損家庭（Broken Home）とは、一般に両親またはその一方が欠けている家庭のことで、その理由として、死亡、離婚、別居、遺棄、失踪、受刑、単身赴任などいろいろなものがある。これは形態的欠損家庭ともいわれている。これに対して、両親の不和、不道徳性により家庭の本質的機能に欠ける家庭を機能的欠損家庭といっている。

家庭は、夫婦、親子を中心とする最小の社会集団であり、まず人間が誕生すると最初に係わりを持つ社会的環境である。とくに幼少年期は、家庭に対する依存度が高いので、その家庭に障害が生じると、可塑性に富み、また人格形成の途上にある幼少年期にある者の健全な発達が著しく阻害される。そのため、家庭環境は、少年非行の重要な発生要因の一つとして注目されるに至った。

(2) 刑事学的意義

欠損家庭はアメリカで初めて犯罪・非行発生の一つの要因として注目され、古くは、ブレッキンリッジとアボット（Breckinridge and Abbott）が「非行少年と家庭」（*The Delinquent Child and the Home*, 1912）において、1万3000人のうち34％が欠損家庭であるとし、とくにサザーランド（E. H. Sutherland）、その他の多くの犯罪学者によって欠損家庭の意義が強調され、それ以来、多くの研究がなされている。ところで、欠損家庭と非行との関連を考える場合には、①非行少年が欠損家庭出身であるかどうか。②欠損家庭出身の健常少年と非行少年と

の対比をすることが必要である。例えば、シードラー（Sidra）の報告では、欠損家庭の非行少年率が40％〜70％あるのに対し、一般少年は25％であるとされ、スローソン（Slowson）は45％に対して19％であるとされ、メリル（Meryl）は50.7％に対して26.7％であるとされる。また、グリュック（Sheldon and Eleanor Glueck）といえば少年非行の研究では世界的権威者であるが、彼によると、500人の犯罪者につき欠損家庭の総数は306人で約61％であるとしている。これらに対して、ショー（C. Shaw）とマッケイ（H. Mckay）の調査によると、非行少年42.5％に対して、一般少年は36.1％であるとされる。なお、欠損家庭が、少年と少女に与える影響に関しては、少女の方により大きい影響を及ぼすといわれている。これはその環境感受性の相違のゆえであろう。

　わが国においても、古くなるが、かつての多摩少年院収容者1634人中60.2％、受刑者1000人中65.4％が欠損家庭であったという報告がある（1931〔昭和6〕〜1933〔昭和8〕年）。非行少年の家庭が欠損である割合は、1955（昭和30）年では35％であったが、1971（昭和46）年には14％に低下している。1955年の統計によると、欠損家庭の割合は家庭裁判所の一般保護事件では55％であった。その後20年間の統計のある変化は、むしろこの反対で両親のそろっている少年が逐年増え、欠損家庭の割合は次第に低くなっているのである。例えば、1955年には両親のそろった保護少年は51％にすぎなかったのが、1965（昭和40）年にはこれがなんと76.6％に上り、1975（昭和50）年には70.5％になっている。そして片親の者は、1955年には34.6％であり、1965年は17.8％、1975年には13.5％と低率でかつ激減し、両親がいないものは1955年は12.9％であったのが、1965年には0.4％と著しく減少し、1975年にはわずか0.2％にすぎない。

　「非行少年は、欠損家庭に多い」といわれるが、以前は確かにそうであったが、今日では全くの見当はずれになっている。むしろ両親がそろっていて、しかも経済的にも中流の家庭から非行少年が続出している傾向にある。最近の通説は、両親のそろっている家庭よりもむしろ欠損家庭の少年の方が、より堅実であるということである。

　それでは、両親がそろっているのに、なにゆえに非行少年が増えるのであろうか。これは家庭環境の中にテレビなどの普及のため社会環境が侵入してきたこともあろうが、家庭が家庭としての機能を十分に果たしていないためと考え

られる。換言すれば、一般家庭の犯罪抑制機能が全般的にみて低下してきているためである。両親がそろっているという形式的要件は具備していながらも少年に対する基本的保護、教育機能が欠如している機能的欠損家庭が少なくないとのことである(『犯罪白書』昭和60年版)。このように、むしろ両親がそろい、生活にも困らないが、自己の目にみえない障害が家庭の中にあり、そのために犯罪や非行に走る少年が年を追うごとに増えているのである。そのことを見逃し、犯罪や非行の原因が家庭外にあるとして家庭外社会環境のせいのみを論ずるのは間違いである。

　そこで家庭内のいかなる障害が、少年犯罪の原因になっているかという点については、①親の子に対する愛情やしつけ方、②家庭内の規律や融和の欠如、③両親の病気病弱により子供の世話のできぬこと、④父親の酒飲み、母親のだらしなさ、⑤両親の頑固、甘やかし、⑥父親の失業不満、両親の不和、⑦父または母の性的素行不良、⑧両親の別居、長期不在、⑨家庭の係累の多い・少ない、一人っ子・子だくさん、⑩特別の偏愛や虐待、⑪住宅難、小家屋に大家族、⑫物質優先の価値観、⑬職業の世襲制が崩壊し親権の失墜……などという要素が指摘されるところである。今日、両親が共働きに出る、いや働かざるをえない現状では、訓育(教育)などできにくい。そこで、家庭内の人間関係のあり方や、とくに子供に対する父母の役割やしつけのあり方にいっそうの反省、再考がなされるべきである。

　次に、欠損家庭中、片親が欠如する場合、すなわち父のいない場合と、母のいない場合とではどちらが少年の発育環境上、悪い影響を及ぼすだろうか。グルーレ(Grule)は、父なき子は母によっていっそうの強い愛をもって育てられるので、母なき子ほどに非行に走らないという。これに対し、ホフマン(Hoffman)は、父なき子は秩序ある統制を欠き、もっぱら母の盲目的な愛に阻害されるので、母なき子よりも非行に走る危険は大であるという。この点に関しては、学者の意見は一致していないが、どの報告でも、少年非行は母なき者よりも父なき者の方が多いといわれている。だからといって、父なき者の方が、母なき者よりも危険であるという証拠にはならないであろう。全人口における父死亡の少年は、母死亡の少年の2倍ないし3倍あるが、収容中の少年では両親の関係は等しいが、母死亡の少年の方が多いという報告もみられる。これは

シュパン（Schpan）がいうように父は母より年齢が一般に高く、早く死亡するのが当然であり、男性の女性に比較して死亡率の高いことを考慮しなければならない。

これに関しては、吉益博士の「少年が親を失った年齢」についての調査がある（図2-4参照）。

これによると、5歳前では母を失った者の方が多いが、その後次第に父を失った少年の比率が増大することを指摘している。つまり、母を失うことは父を失うよりも成長途上の少年にとり不幸をもたらすといえよう。父親か母親か欠損時の年齢との関係では、とくに5歳以前にあっては幼少の発達期でもあり、母親の訓育的役割は非常に重要であるが、5歳以後になると、むしろ父親の家庭においての演ずる役割が増大する。その意味で、5歳前においては、母親の存在は重要で欠かせない。また幼少期における母の膝の上での訓育がいかに重要であるかを再認識すべきである。

(3) 結　　語

サザーランドもかつては、欠損家庭の意義を非常に重要視していたものであったが、今まで信じられていたよりも重要性が少ないことが判明してきたため、次第にこれを緩和してきた。

近年においては、非行少年の家庭をみてみると、7割から8割までが両親が

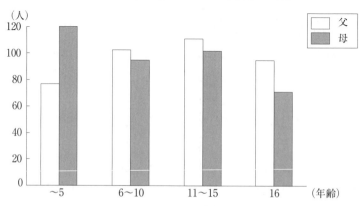

図2-4　青少年受刑者の父または母を失った年齢

注）吉益脩夫『犯罪学概論』有斐閣から引用。

そろっていることが判明している。そのところから、欠損家庭の刑事学的意義は、今日においては、さほど重要ではなく、薄れてきているということになる。その意味で、この問題は、形態的欠損家庭よりも、むしろ家庭の機能を実質的に喪失している機能的欠損家庭にあるといえる。欠損家庭そのものが、直接に非行の原因になるのではなく、欠損家庭によってつくりだされた非訓育的な諸影響が非行要因となり、その結果、非行少年を誕生させるのである。ここで注意すべきは、欠損家庭が必ずしも常に非訓育的であると結論づけるのは早計であるということである。むしろ、欠損家庭の方が、少年に対して養育機能が十分に働いているようである。欠損家庭であっても、非行少年を誕生させないこともあり、また反対に実父母がそろっている家庭であっても、機能的には欠損家庭といえるものが非常に多く、少年に対して甘やかしたり、放任したり、過保護などによって非行少年を誕生させている場合もある。それゆえ、親の欠損によってもたらされる訓育（教育）の欠落ということを通じて、それが間接に影響しているのである。

2　貧困家庭の犯因性

　古くから、洋の東西を問わず、貧困が各種の犯罪を惹起する重要な要素になっており、主として少年犯罪との関連において、貧困は犯罪の最大の原因であるといわれてきた。とくに、サザーランドは、少年が非行に走りやすい家庭の一つとして貧困家庭を挙げている。確かに、経済的環境というものが、人間の発達過程においてその人格形成に対し、大きな影響を与えていることはいうまでもない。

　しかしながら、戦後の経済発展に伴い、一般市民の生活水準というものの向上に対応して今日では、劣悪な経済状態においての貧困を原因とする犯罪は少なくなり、貧困そのものの持つ犯因性はかつてほど重要な意味を持たなくなってきたといえる。すなわち、貧困そのものが直ちに犯罪の原因となるのではなく、貧困なるがゆえにつくりだされる劣悪な家庭環境が、または貧困の原因となっている社会的諸要因がそれらの犯罪を惹起させているのである──貧困の間接作用──。換言すれば、悪い経済的環境が犯罪に対し間接的に因果関係をなしているということになる。

悪い経済的条件、すなわち貧困がもたらす間接の作用として、①貧困は家庭としての訓育的機能を阻害する。これは、両親は生活を維持するためにそれに全力投球するので、子供に対する監督が弱体化し、子供に対しての訓育までの余裕はなく、その結果、放任家庭をつくってしまう。②貧困は住宅難を惹起する。貧困ゆえに狭い住宅に住むことを余儀なくされ、そのために一室に全家族が住むとか、一枚のフトンに兄妹がともに寝るとか、この住宅環境に起因する性犯罪（とくに近親相姦など）関係において重要な意味を持っている。③貧困は劣悪な近隣関係をつくる。貧困にある者は、環境のよい住宅に住むことは不可能なので、環境の悪いスラム街などに住む場合が多い。このような所の地域住民は、近隣関係において、両親が、他人が子供をそそのかして犯罪を行わせたり、是認したりする——犯罪促進的役割——。このような、住宅環境、近隣環境が、少年の人格形成にとってきわめて有害であることを再認識しなければならない。

ところが、今日においては、上述したように、従来の貧困を原因とする犯罪はむしろ少なくなり、非行少年の家庭の生活程度も、九割弱が経済的に中流以上であるといわれている。

ここで注目すべきは、劣悪な経済状態と犯罪との関係ではなく、良好な経済状態と犯罪との関係へと犯罪公式が変化してきたことである。近年、一般市民の生活水準が向上したことは周知の事実である。その結果、豊かな社会がもたらす射倖的・享楽的な風潮が人をして犯罪抑制機能を麻痺させてしまった現象と犯罪との結びつきなのである。管理の不備も指摘されるがとくに目立ってきた自転車盗の増加は目に余るものがある。豊かな社会における犯罪には、①豊かな社会なのに起こる犯罪（例えば窃盗とか）と、②豊かな社会だから起こる犯罪（例えば凶悪犯罪、保険詐欺、薬物犯罪など）があると、『犯罪白書』等は分析している。

第 4 節　アメリカ犯罪学理論の展開

本節においては、1900年代から2000年にかけてアメリカ合衆国において展開されてきた犯罪学説等についてみていきたい。アメリカ犯罪学の特徴は、シカ

ゴ学派によって明らかにされてきたように社会学的基礎をもとに犯罪学が研究されてきたことであるといえる。

① 多元因子論（multiple factors approach）

犯罪原因は、素質などの個人的要因でも、生育環境などによる社会的要因でもなく、それらが複雑にからみ合う多様な原因の複合に求めるべきとするものである。例えば、ヒーリー（W. Healy 1869～1963）は『各個の犯罪人』（*The Individual Delinquent*）を1914年に出版し、多元因子論を展開した。犯罪の本質は文化衝突であるとする臨床心理学に対して、臨床社会学的立場を持ってきて、犯罪人の治療教育についても具体的方策を出そうとした。ヒーリーの後グリュック夫妻（Sheldon and Eleanor Glueck）、オーリン（L. E. Ohlin）にひきつがれ現在に至っている。その他、多元因子論を支持する者にギリン（J. L. Gillin）、タッパン（P. W. Tappan）、コールドウェル（R. G. Culdwell）、バーンズとティーターズ（Barnes and Teeters）がいる。他方、多元因子的考察に批判的な者にサザーランド（E. H. Sutherland）、クレッシー（D. R. Cressey）、キャバン（R. S. Cavan）がいる。

② 社会解体論（social disorganization）

社会解体の理論は1920年代、シカゴ学派のクーリー（C. H. Cooley）やトーマス（W. I. Thomas）の創始によるものといわれ、その後モーラー（Mowrer）の家族解体、コルブ（Kolb）の近隣組織、サンダーソン（Sanderson）のコミュニティなどの研究により発展されてきた。社会解体とは社会生活における共同規範の喪失、共同体たる意識の喪失、または希薄になる状態をいう。このような解体は個人の解体はもとより家族解体、近隣解体、都市地域の解体などとなって現われ、それらが再び個人解体へと還元されるとしている。ただ社会解体は、近代社会においては必然的に生じる現象であり、必ずしも犯罪と結びつくものではない。この理論は全体としての社会の変容をとらえている点で明確であるが、社会の変容自体と犯罪者の相対的増加をいかに測定しうるかについては説明がなされていないといわれている。

③ 社会的逸脱論（social deviation）

クリナード（M. B. Clinard）の『逸脱行動の社会学』（*Sociology of Deviant Behavior*, 1957）等により説かれたもので、一般に、社会的逸脱とは社会規範の

侵害行為をいい、コーエン（A. K. Cohen）は、「制度化された諸期待を破る行為」と定義づけている。また、フォード（Ford）は、『社会的逸脱』（1939年）の中で、社会的な諸期待に適応できない個人的逸脱と社会的逸脱とが存在するとしている。すなわち、人間は道徳的不安やおそれをなくしたときに規範を破って自ら犯罪に至るか、あるいは内向すると精神病に至るとされる。ただし、このような行動形態は必ずしも犯罪のみに限られるものではなく、社会現象一般としても説明されている。

④　分化的接触理論（theory of differential association）

シカゴ学派の知的所産を結集したものでサザーランド（E. H. Sutherland 1883～1950）が1924年に『犯罪学原理（初版）』（Principles of Criminology）を発表して以来、後継者クレッシー（D. R. Cressy）、ルッケンビル（Luckenbill）等により改訂版を重ね、今日なおアメリカ犯罪学研究の必読書になっている。サザーランドは、生物学派、心理分析学派の潮流を否定し、犯罪は人間行動の成長過程において各種の文化との接触を通じて学習されるというメカニズムを追求したのである。この理論の骨組みは9つの命題に集約されている。すなわち、「犯罪行動は学習される」「犯罪行動はコミュニケーションの過程のうちに他人との相互作用で学習される」「犯罪行動の重要な部分は親しい私的な集団内で起こる」「犯罪行動が学習される際の学習それ自体は、あるときはきわめて複雑であるが、あるときはきわめて単純な技術でなされ、また特定方向の動機、衝動、合理化、態度を含むものである」「動機、衝動の特殊な方向は法律を利益、あるいは不利益とする観念から学習される」「人は法律違反による利益が、不利益を超えた時に犯罪者となる」「文化的接触は頻度、期間、優先性、強度の点でさまざまである」「犯罪型や反犯罪型との接触による犯罪行動学習の過程は、その後の学習において含まれるメカニズムのすべてを含む」「犯罪行動、非犯罪行動のいずれも欲望や価値の表現なので、必ずしも犯罪行動を一般的な欲望や価値によってのみ犯罪行動を説明することはできない」などである。

これらの命題は基本的には、犯罪行動は学習されるとするところにあるとし、学習理論を展開したものである。しかし、あらゆる犯罪について説明できず、とくに偶発犯、非行歴のない者の犯罪、あるいは同じ環境に置かれた犯罪者と非犯罪者などについては説明できず、常識論の域を出ないとする批判がなされ

ている。サザーランド自身もこうした点を後に修正し、犯罪性向者との接触の頻度等によって補おうとしたが、必ずしも説明できるものではなかった。

⑤ 分化的同一化理論 (theory of differential identification)

サザーランドの問題点を解決するものとして、その弟子であるグレーザー (D. Glaser) は分化的同一化理論を提唱した。すなわち、心理学的概念を用いて、「人間はその人の鏡に照らして、自分の犯罪行動がうけいれられると思われる実在の人間、あるいは観念上の人間に自分自身を同一化させる範囲内で犯罪行動を遂行する」というものである。つまり接触しても、そのものと同一化作用がない限り犯罪行動の学習はないとするもので、犯罪行動に出たものは、犯罪文化と接触して同一化を行ったゆえに犯罪行動に出たことになるのである。したがって、サザーランドの説よりは思考的・内在的なものを含めた点で、広範囲的・弾力的な考え方によっているものといえる。しかし、なお、この説においても偶発的な犯罪については説明できないのではないかとの批判がある。

⑥ 分化的機会構造理論 (theory of differential opportunity structures)

クラワードおよびオーリンの『犯罪と社会』(R. A. Cloward and L. E. Ohlin, *Delinquency and Opportunity*, 1960) によって提唱された理論である。すなわち、人間は社会構造の中での個人の地位における差異とそれによって異なる合法的あるいは非合法的の両方の機会構造の中に置かれ、機会構造は、学習構造 (learning structure) と遂行構造 (performance structure) の両者を含み、学習構造は非合法的な学習環境への接近、遂行構造は犯罪的役割に吸引される面であるとする。このように2つの機会構造の差異から非行を説明するものである。

⑦ 自己観念理論 (selfconcept theory)

レックレス (W. C. Reckless) の『犯罪問題』(*The Crime Problem*, 1950) で比較研究として提唱されたものである。すなわち非行のない者は非行のある者に比べて自己の観念において顕著な差があり、自分の能力、活動水準、積極性において水準的であり、自ら遵法的生活のできる者であると考え、あるいは問題ある事件には自ら巻き込まれないように努力して非行傾向から自らを遠ざけようとする。このような観念は、少年の母親、親戚、教師、牧師等から習得されたものであるとしている。また、この理論は、コーエンの役割理論等によりさらに深化させられ、自らの行動が社会的にどのような役割を占めているか、自ら

をどのように位置づけているかにより、非行者にならないための歯止めを形成しているとする。しかし、非行者、正常者との説明は十分には理解できないとされる。

⑧　文化葛藤理論（culture conflict）

犯罪をどのようにみるかについては、合意モデル（consensus model）と葛藤モデル（conflict model）の2つのモデルがある。合意モデルは、社会構成員の価値や規範に合意が成立しており、犯罪はその合意に反する行為とする立場であり、葛藤モデルは、利害を異にするさまざまの集団が、それぞれの利益を求めて抗争する場合をいう。この理論は、セリン（T. Sellin）、タフト（P. Taft）、ワース（L. Wirth）、ケーニッヒ（R. König）、ヴォルド（G. B. Vold）らの諸学者が提唱するものである。中でもセリンの文化葛藤理論は先述の点に焦点を合わせ、ヴォルドの集団葛藤理論は法規範の制定に関わる政治的権力構造に関心を置いている。つまり、宗教、人種、あるいは規範意識に至るまで、異なった各種の民族が混在する社会においては、各々の規範が相互に矛盾し、葛藤が生じる。このように、いわば複合的社会における現象の一つとして犯罪をとらえようとするものである。

⑨　アノミー理論（anomic theory）

アノミー論の創始者はデュルケーム（E. Durkheim 1858～1917）である。デュルケームは、人々の欲望が拡大し、伝統的規範の権威が失われた無規範的状態をアノミー状況であるとした。これをさらに発展させたマートン（R. K. Merton）は、文化的目標と社会的に構造化された機会との不接合の問題へと発展させている。その相互関係がくずれた場合、つまり文化目標が強調されすぎると社会が不安定、すなわちアノミック現象が生じ、このような社会では支配層は容易に目標が達成できるのに対し、そうでない者は目標達成の途が閉ざされるとする。マートンは、アノミー状況における人々の適応様式について表2-2のように類型化している。

⑩　非行副次文化理論（delinquent subculture theory）

非行副次文化とは、非行集団に特有な思考、行動様式をいう。コーエンの非行副次文化理論によれば、下層階級の少年は、社会を支配する中級階級の価値や規範体系に従って社会的成功を収めることのできないような不利な立場にあ

る。この結果、彼らは中流階級の価値体系に敵意を抱き、そうした価値と反対のものを強調した非行副次文化を形成するとしている。非行副次文化の特色としては、「利害得失をこえた非功利性」「破壊趣味」「通常的生活態度の否定」「無定型的非行内容」「短絡的享楽指向」「集団自律性の強調」などである。

また、サイクス（G. M. Sykes）とマッツア（D. Matze）は、コーエンの非行行動と非行副次文化の関係に疑問を持ち、「非行中和の理論」を発表している。すなわち「中和化の技術」として、「責任の否定」「実害の否定」「被害者の否定」「非難者の非難」「より高い価値への訴」などの5つを挙げている。

⑪　ラベリング理論（labeling theory）

ラベリング理論とは、相互作用主義あるいは社会対応主義とも呼ばれ、1960年代に理論として（一つの視点）確立したとされている。従来の犯罪理論が犯罪者を中心に置いていたのに対して、ラベリング理論は犯罪者と烙印づけ（Stigmatization）をする法執行機関と犯罪者に及ぼす影響についての関係をとらえようとしたものである。ラベリング理論には、犯罪社会学的立場と社会心理学的立場があり、犯罪社会学的立場は行為者が犯罪行為をすることで社会から逸脱者であるとラベルづけされることを重視し、烙印づけの重大性を指摘して社会統制が逸脱行為をむしろ生んでいるとする。社会心理学的立場は社会統制機関による烙印づけが、行為者に自己を逸脱者と思い込ませることにより、かえって逸脱をくり返すことになるとする。

タンネンバウム（F. Tannenbaum）は『犯罪と地域社会』（*Crime and the Community*, 1938）において、「犯罪者は一般社会からは逸脱者であろうが、本人の属する集団には順応している（逸脱概念の相対性）」「犯罪は一つの集団と地域社会との葛藤から生ずる不適応の一形態である」「犯罪を個人的問題とみるのではなく、犯罪者がなぜその集団に属したかを問題とすべきである」等を提起

表2-2　アノミー状況下の適応様式

適応様式	文化的目標	制度化された手段
同調　conformity	＋　受容	＋　受容
革新　innovation	＋　受容	－　拒否
儀礼主義　ritualism	－　拒否	＋　受容
退行　retretism	－　拒否	－　拒否
反抗　rebellion	±　拒否／代置	±　拒否／代置

している。

　レマート（E. Lemert）は『社会病理学』（*Social Pathology*, 1951）において、社会統制が逸脱を導くことを指摘し、ラベリング・プロセスを第一次的逸脱（Primary deviation）と第二次的逸脱（Secondary deviation）について説いている。第一次的逸脱とは行為者が自己の身体的条件や衝動によって特定の行動をとること（客観的側面）、第二次的逸脱とは社会的な反作用に対して防御・攻撃・適応などの手段をとること（主観的側面）としている。また、ベッカー（H. Becker）は「逸脱者というのは、逸脱者であるというラベルがうまく当てはめられた者をいうのであり、逸脱行為というのは、社会の構成員がそのようにラベル付けをした行為である」とも説明している。

　ラベリング理論への批判としては、「公的なラベリングの過程がもちうる重要性をやや誇張しすぎるきらいがある」「逸脱者は、逸脱者というレッテルに抵抗し、もはやそれを避けることができなくなったときだけ、そのラベルを受け容れるものと描かれるが、果たしてそうであろうか」「刑事裁判所のラベリング・烙印押し機能は、社会統制のための主要な技術であり、それは現実に刑罰を科すよりもいっそう重要なものだと一般に認められている」等が挙げられている。

　⑫　社会統制理論（social control theory）

　人間は自由気ままな状態にあれば、おのずと犯罪や非行を犯すものであるにもかかわらず、ほとんどの人間が逸脱しないのはなぜかという問いから出発し、人間を逸脱から抑制（統制）する諸力に着目しようとする理論的立場である。ハーシ（T. Hirschi）の提唱した「社会的紐帯理論」（social bond theory）では、「非行行動は、個人のもつ社会との絆が弱まるかあるいは破壊されたときに生じるのである」とし、個人と社会を結びつける絆が強ければ人間は犯罪や非行を行わないが、逆にその絆が弱ければ犯罪や非行を行う可能性が高くなるというものである。ハーシは社会的絆を分析して「愛着（attachment）」「関与（commitment）」「包絡（involvement）」「信念（bilief）の要素を挙げて次のように説明している。「愛着とは、他者（親、教師、友人）と密接な愛情の繋がりを持ち、彼らを賞賛し、そして、彼らの期待について気にかけるために彼らと共感することを言う。他者の意見を気にしなくなればなるほど、われわれは他者と共有

している規範によって抑制されなくなり、したがって、ますますこれらの規範に違反するようになるのである」「関与とは、法違反やその他の逸脱形式を行うことで失われることになる、個人が因習的な行動への傾倒を作り上げることである。伝統的な教育や職業での努力に傾倒することがこの関与を作り出す。関与の度合いが大きければ大きいほど、ますます遵法的でない行動によって失敗をするという危険性が少なくなるのである。遵法的行動への傾倒がなくなることのコストにより、規範違反をすることができなくなる。したがって、関与は、犯罪を行う決心での多少なりとも合理的な要素である」「包絡とは、勉強すること、家族とともに時間を過ごすこと、そして、課外活動に参加することのような因習的な活動に没頭することである。人は非行行動を行うことを抑制されている。というのも、人は、あまりにも忙しかったり没頭していたりして、遵法的な活動の続行に夢中になりすぎて、遵法的でない活動にかかわることができないからである」「信念とは、因習的な一般的価値観や規範を支持すること、とりわけ、法や社会規範が道徳的に正しくそれに従うべきであるというものである」。

これらの要素は、いずれも個人が社会といかに結びついているかを示すバロメーターとみることができる。ただし、この概念は、特定の法律に関するものでもないし、人々が犯罪を行うよう求められる逸脱の信念を持っているというものではない。

⑬　割窓理論（broken windows theory）

ケリング等（J. Q. Wilson and G. L. Kelling）の『割窓理論』（*Broken Windows*, 1992）によって提唱されたこの理論は、建物やビルの一枚の窓ガラスが割られたまま放置されていれば、管理の行き届かないものとみられ、たちまち建物全体が荒廃し、壁面への落書き、置き引き、地下鉄の無賃乗車などが横行し、地区住民にすさんだ感情を抱かせ、やがて麻薬密売や売春、路上強盗などがまん延して街全体が荒廃してしまう。軽微犯罪や破壊行為を黙認すればやがて殺人や強盗などの凶悪事件が横行するようになる。その結果、地域住民に犯罪に対する不安感を増大させることになる。それゆえ、軽微犯罪を見逃さない警察活動が不可欠となるというものである。

1994年、ニューヨーク市長ジュリアーニ（R. Giuliani）は、この理論にもとづ

き「ゼロ・トレランス（Zero Tolerance）」政策を掲げて市警察分署司令官の若返りを図り、警察官を6000人増員し徒歩によるパトロールを実践して取締りを徹底させた結果、ニューヨークの犯罪は激減した。警察官が市民生活における些細な迷惑行為や違法行為を見逃さずに制止・職務質問・逮捕などの取締りを徹底的に行うことによって、小さな犯罪の根絶が凶悪犯罪の発生を未然に防ぐことを例証した。

　割窓戦略が犯罪減少に効果があることは、「警察官は軽微犯罪者や不良少年に対処することにより、重要犯罪（指標犯罪）についても情報を得ることができる」「秩序の著しく乱れた地区に警察力を集中できる。犯罪予備軍とも思われるものたちに警告を発して犯罪を未然に防ぐことができる」「近隣地域の行動基準を遵守させることで、市民自身がコミュニティの安全を再認識し公共空間の統制を確立するようになる」「無秩序と犯罪の問題について、警察のみならず行政自治体や学校などコミュニティ全体も責任を担うようになる」。

　割窓理論に対する批判としては、「治安回復を急ぐあまり犯罪の真の原因である貧困・差別・失業などの社会的不正義に目を塞ぐ結果になっている」「防犯のために警察力を中心とした街づくりに終始すると社会は『要塞化』してしまい市民的自由が失われてしまう」「ある地区の犯罪予防に成功しても、時間的にも場所的にも別の犯罪発生に転移の問題が残る」など説明されている。なお、割窓理論は、提唱等が実証的調査を行ったというよりもいくつかの研究とりわけジンバルド（P. Zimbardo）の実験がもとになっている。

　⑭　ラディカル・クリミノロジー理論（theory of radical Criminology）

　ニュー・クリミノロジーまたはクリティカル・クリミノロジーなどと呼ばれるこの理論は、アメリカ犯罪学の主流であるプラグマティズムを拠り所とするリベラリズムに対するもので、1960年代からプラット（T. Platt）、クイニイ（R. Quinney）などによって主張されるに至った。すなわち、従来の犯罪学が当然の前提として疑問をはさまなかった法の絶対性に疑問を示し、法執行機関による法の差別的執行の事実に注目して、犯罪を、支配的な立場にある人々と被支配的な立場にある人々との関係からとらえようとするものである。具体的には、「リベラリズム犯罪学は国による犯罪の定義を無条件に受け入れているため法律により定義された犯罪および起訴された犯罪者のみを対象とし、刑法の運用

に関わる公的機関の研究を怠った」「リベラルな改善主義が現行の刑事司法に対する批判をしても現行体制内に留まる甘さがある」などの批判から逸脱行為の創出を明らかにしようとしたものである。この理論は、マルクス主義刑事法学の立場と似ており、日本などにも支持者を得たが、同時に強い反発も招き、ことに刑事司法が、常に支配階級の支配の道具として運用されていることを強調するあまり、犯罪が社会にとって有害であり、犯罪防止が一般国民の人権保護にとって不可欠のものであるという視点を無視ないし軽視している点に批判の目が向けられた。つまり、ラディカル・クリミノロジーの主張は、人種差別などこそ真の犯罪であり、犯罪防止の目的は犯罪者を改善することではなく法を改善し、司法制度を改善することであると考えたものといえよう。

⑮　非犯罪化（de-criminalization）・非刑罰化（de-penalization）、被害者なき犯罪

　非犯罪化とは、これまで犯罪とされていた行為を以後、犯罪にしないことをいい、例えば姦通罪の廃止などがその例である。これに類似した非刑罰化は法的制裁としての刑罰をやめて他の非刑罰的処分すなわち保護処分、治療処分、社会奉仕命令などに代えることを意味する。しかし、刑法上の犯罪として処罰しなければ行政罰を科しても非犯罪化になるのか否かといった議論もある。非犯罪化と非刑罰化は、ともに刑法典から罰しなくてもよい行為を除外してしまおうとする点においては共通のものがあり、その根拠となっているのが刑罰の謙抑的思考や刑法の機能主義であるとされている。

　これらは1960年代後半、アメリカにおける異常なまでの犯罪増加に刑事制裁が功を奏していないとする納税者の批判をかわすための実際的必要から生じていたとされる。すなわち統計上の犯罪を人為的に減らそうとしたもので、いわゆる「被害者なき犯罪」とされる同性愛、売春、麻薬、酩酊、堕胎、賭博といった犯罪を刑法典からはずし、行政罰などに置き代えるならば犯罪減少になると考えられたのである。また、アメリカ合衆国のように多元的な価値観に立脚した複雑な構成員からなる社会においては、刑法典の犯罪の種類を整理し不必要に倫理や道徳の領域を取り込んだ規定を排除する必要があったのである。

第3章　犯罪者の刑事司法的処遇

第 1 節　警察と検察

1　警　　察

(1)　警察の任務

　警察は、刑事政策の最前線である、とよくいわれている。警察法（昭和29年法律第162号）によると、「警察は、個人の生命、身体及び財産の保護に任じ、犯罪の予防、鎮圧及び捜査、被疑者の逮捕、交通の取締その他公共の安全と秩序の維持に当ることをもつてその責務とする」（2条）と規定しているが、これが警察の任務である。

　警察の任務は大別して、①犯罪の予防と、②犯罪の捜査に分けられる。ここで、「犯罪の予防」ということは、犯罪の発生を未然に防止するために、警戒体制をしいたり、また犯罪が行われようとするときはこれを制止したりする、一切の防犯活動のことをいい、一般に行政警察といわれているものである。これは、警察官職務執行法（昭和23年法律第136号）の規制を受ける。

　ところで、警察官職務執行法は、犯罪予防活動を遺憾なく発揮させるために、警察に対して、例えば次のような権限を認めている。

①　挙動不審者に対しての、いわゆる職務質問（2条）。
②　精神錯乱または泥酔のため、自己または他人の生命、身体または財産に危害を及ぼすおそれのある者に対しての保護（3条）。
③　人の生命もしくは身体に危険を及ぼし、または財産に重大な損害を及ぼす虞のある天災、事変……避難の措置（4条）。
④　犯罪の予防及び制止（5条）。

⑤　犯罪、災害などの予防または拡大を防止するために他人の土地、建物、船車の中への立ち入り（6条）。

⑥　興行場、旅館、料理屋、駅その他多数の客の来集する場所への立ち入り要求（6条）。

⑦　犯人の逮捕もしくは逃走の防止、自己もしくは他人に対する防護または公務執行に対する抵抗の抑止のみ必要と認める場合には、武器の使用が許される（7条）。

　そして、「犯罪の捜査」とは、犯罪の発生した後に、証拠の収集と被疑者の身柄を確保、すなわち逮捕して刑事裁判を遂行するための準備活動であり、一般的に司法警察といわれているものである。これは刑事訴訟法（昭和23年法律第131号）の規制を受け、裁判官の統制に置かれている。このように、警察の責務は、犯罪の予防活動としての行政警察と、犯罪の捜査活動の司法警察とに区別することができるが、双方の活動は密接に係わり合っており、両者を明確に区別することは困難であるといわざるをえない。

(2)　捜査機関としての警察

　捜査は、主として司法警察職員である都道府県警察の警察官が、「犯罪があると思料するとき」に開始される（刑訴189条2項）。わが国において、第一次的な犯罪捜査機関は警察なのであるが、そのほかに麻薬取締官、鉄道警察隊、労働基準監督官、郵政監察官、海上保安官なども、特別司法警察職員として犯罪の捜査をすることができる。

　機関が捜査を開始するきっかけ、すなわち捜査の端緒には、とくにこれといった制限があるわけではないが、例えば、①警察への通報、②被害者の届出、③職務質問、④告訴・告発、⑤自動車検問、⑥聞き込み、⑦現行犯人の発見、⑧変死体の発見などがある。

　ここで、よく法的な問題とされるのは、③の職務質問である。警察官職務執行法2条は異常な挙動その他周囲の事情から判断して犯罪を犯しまたは犯そうとしていると疑うに足る理由がある者、またはすでに行われた犯罪について知っていると認められる者を停止させて質問することができる、と規定している。具体的かつ客観的にその疑いがなければ停止させて質問することはできないが、それでは、不審者が呼び止めに応じないで立ち去るような場合はどうな

のであろうか。法が停止させて質問できるとしているところからして、停止をふり切って逃げるときは、身体拘束に至らないまでも軽度の一時的拘束としてひき止めることは許容される（最決昭29・7・15刑集8巻7号1137頁）ものとしなければならない。また、職務質問の場合に所持品検査はどこまで可能かについては学説が分かれているが、職務質問の実効性を高める意味において内容物の開示を求め、必要な範囲で一定の所持品検査は許されるものとされている。

ところで捜査の方法であるが、強制力を用いない場合と、強制力を用いる場合に大別される。前者を任意捜査といい、後者を強制捜査という。法の建前からして、原則的には任意捜査であるが、現実的には強制捜査が通例である。

任意捜査の具体例としては、被疑者への出頭要求、取調べ、張込み、任意同行などがあり、これに対し、強制捜査の具体例としては、逮捕、勾留、押収、捜索、検証などがあるが、人権保護を考慮して裁判官の令状が必要とされる。憲法33条は現行犯逮捕の場合だけを令状主義の例外としている。ところが、このほかに緊急逮捕という制度を設けたのである（刑訴210条）。緊急逮捕については憲法33条で規定している令状主義に反するのではなかろうか、とする違憲論が主張されているが、最高裁判所は、憲法には違反するものではないとした。

このように、緊急な場合には、まず被疑者を逮捕し、その後、直ちに裁判官の令状をとる緊急逮捕が認められているが、その要件として、①死刑、無期、長期3年以上の懲役もしくは禁錮にあたる犯罪で、②これらの罪を犯したと疑うに足りる十分な理由があり、③急速を要し逮捕状を請求することができない、ことの3つの要件が必要である。任意捜査のところで、最も問題になるのが、写真撮影が許されるかということである。裁判所の判例は、承諾なしに撮影されない自由（憲13条）は認められるとしている。

ここで逮捕とは、被疑者の身体の自由を拘束し、引き続き短時間の拘束を継続することであり、それは証拠の隠滅を防ぎ逃走を防止して裁判所への出頭を確保することにある。逮捕は、権限を有する司法官憲すなわち裁判官の発する令状によらなければならない。逮捕には、①通常逮捕、②緊急逮捕、③現行犯逮捕がある。①は、令状を被疑者に示して行う逮捕であり、これが原則である。②は、緊急な場合に認められるものであり、③は現に罪を行いまたは現に罪を行い終わった者（刑訴212条）で、逮捕者は犯人であることが明白で、誤認逮捕

がなく、司法官憲の判断を待たなくても人権侵害のおそれがないためである。

裁判官が逮捕状を発するには、その者が罪を犯したことを疑うに足りる相当な理由（刑訴199条２項）と、逮捕しておかないと被疑者が逃走するおそれがあり、また罪証を隠滅するおそれがあるということが必要である。逮捕状には、被疑者を特定するだけの必要な事項が記載されていなければならない（同200条１項）。逮捕状は相手方に事前に提示して逮捕することが必要である。逮捕する場合、逮捕に対する抵抗を排除するため必要性及び相当性の物理力の行使は許されるものとされる。逮捕されると、検察に送るまで48時間の留置が認められることになる。図３−１は、逮捕状の書式例である。

警察は、犯罪の捜査をしたときは、速やかに書類及び証拠物とともに事件を検察官に送致しなければならない（刑訴246条）。しかし、検察官の指定する事件は例外であり、警察限りで事件を終了させることができる。これを一般的に微罪処分といっている。

図３−１　逮捕状の書式例

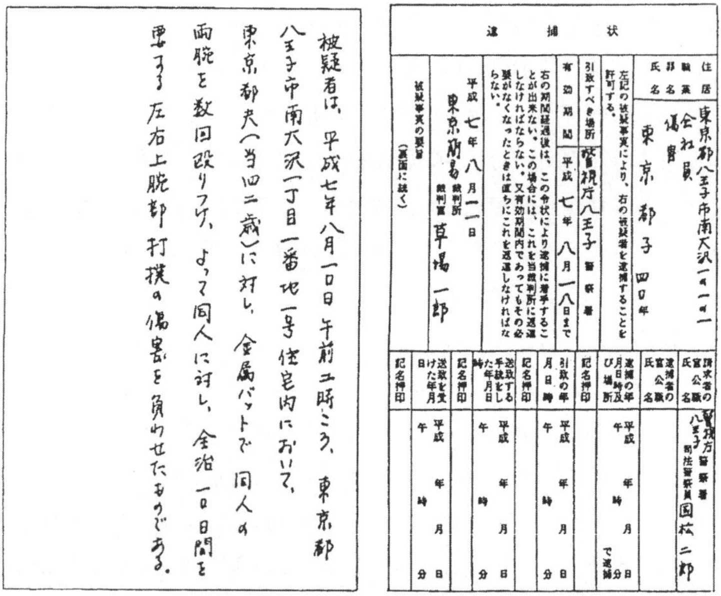
被疑者は、平成七年八月一〇日午前二時ころ、東京都八王子市南大沢一丁目一番地一号住宅内において、東京都夫（当四二歳）に対し、金属バットで同人の両腕を数回殴りつけ、よって同人に対し、全治一〇日間を要する左右上腕部打撲の傷害を負わせたものである。

逮捕状

住居　東京都八王子市南大沢一ー一ー一
職業　会社員
罪名　傷害
氏名　東京都子　四〇年

左記の被疑事実により、右の被疑者を逮捕することを許可する。

引致すべき場所　警視庁八王子警察署
有効期間　平成七年八月一八日まで

右の期間経過後は、この令状により逮捕に着手することが出来ない。この場合には、これを当裁判所に返還しなければならない。又有効期間内であってもその必要がなくなったときは直ちにこれを返還しなければならない。

平成七年八月一一日
東京簡易裁判所
裁判官　草場一郎

被疑事実の要旨
（裏面に続く）

請求者の官公職氏名　警視庁八王子警察署　司法警察員　国松二郎
逮捕者の官公職氏名
逮捕の年月日時及び場所　平成　年　月　日　午　時　分　で逮捕
記名押印
引致の年月日時　平成　年　月　日　午　時　分
記名押印
送致する手続をした年月日時　平成　年　月　日　午　時　分
記名押印
送致を受けた年月日時　平成　年　月　日　午　時　分
記名押印

注）木村光江『刑事法入門』東京大学出版会、38頁から引用。

(3) 微 罪 処 分

微罪処分（刑訴246条但書）は、被害僅少とか、また犯罪軽微とかの理由で、1885（明治18）年頃から実務上において微罪不検挙、微罪不起訴という方針の下で実質的に取り扱われてきたものであり、1905（明治38）年から明確に認められるようになった。

微罪処分の裁量権なるものが、各警察署によってまちまちでは不公平をもたらすので、各地方検察庁の検事正が、毎年、都道府県警察本部長に対して、あ

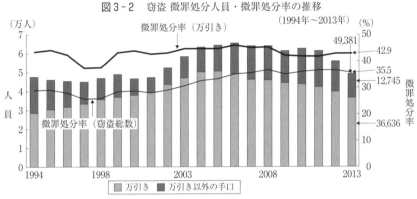

図3-2　窃盗 微罪処分人員・微罪処分率の推移
（1994年〜2013年）

注1）警察庁の統計による。
2）「微罪処分率」は、検挙人員に占める微罪処分により処理された人員の比率をいう。
3）『犯罪白書』平成26年版を一部修正。

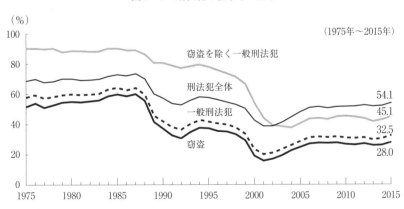

図3-3　刑法犯の検挙率の推移

注）警察庁の統計による。

らかじめ事件を指定しておくのである。それにもとづいて、各本部長は、微罪処分の内容を毎月検事正に報告することになっている。微罪処分の対象となる事件であるが、概して微罪事件（例えば、軽微な窃盗、詐欺、横領、贓物、賭博など）及び道路交通法違反事件（例えば、交通反則通告制度による反則金の納付のあったものなど）もその中に入る。ただし、被疑者が逮捕された事件、告訴、告発、自首のあった事件は除かれる。

　この制度は、検察官の行う起訴猶予処分とともに、審理と裁判という本来の司法的な処理よりも早い時点で、事件を処理する司法前処理またはダイヴァージョン（diversion）の典型的な一つである。ただし、前歴として記録は残ることになる。もちろん、刑事政策的意義についても考えなければならない。

(4) 認知件数、検挙率

　認知件数とは、被害受理や事件通報などによって警察等捜査機関が犯罪の発生を認知した件数をいい、実際の発生数との差を暗数（dark figure of crime）という。次に検挙率とは、犯罪認知件数に対する検挙件数の割合をいい、認知件数に対して、どれだけの事件が解決できたかの指標である。図3-3は最近の検挙率の推移をみたものである。ところで、かつてのわが国の警察の犯罪の検

図3-4　警察庁長官章・階級章

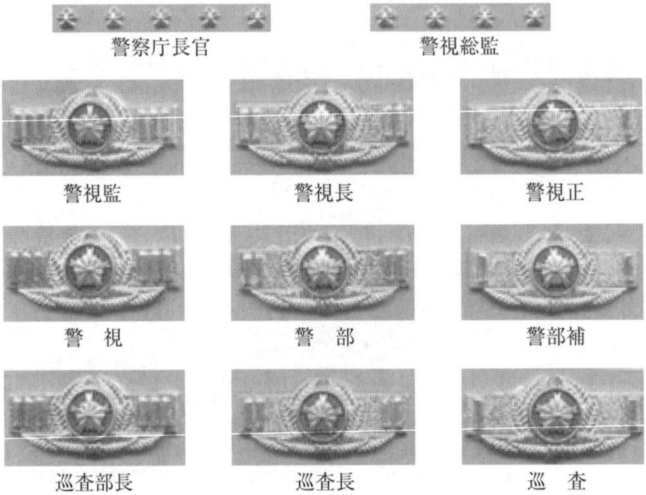

警察庁長官　　警視総監

警視監　　警視長　　警視正

警視　　警部　　警部補

巡査部長　　巡査長　　巡査

注）警察庁のホームページによる（2004年）。

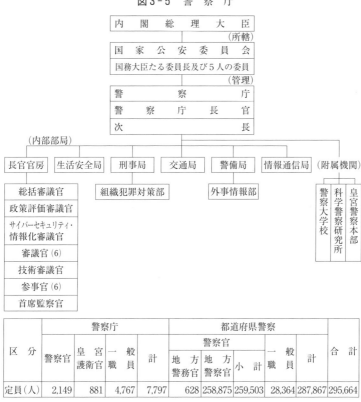

挙率は、殺人、強盗犯などは、80％を維持していたため、世界的に非常に優秀であるとの定評があった。しかしながら、近年、犯罪認知件数の増加等により、警察の処理能力に対応し切れなくなった感がある。

2　警察庁の組織

　警察法は、この法律の目的として、「個人の権利と自由を保護し、公共の安全と秩序を維持するため、民主的理念を基調とする警察の管理と運営を保障し、且つ、能率的にその任務を遂行するに足る警察の組織を定める」（警察1条）、と規定している。

図3-6 警視庁の組織

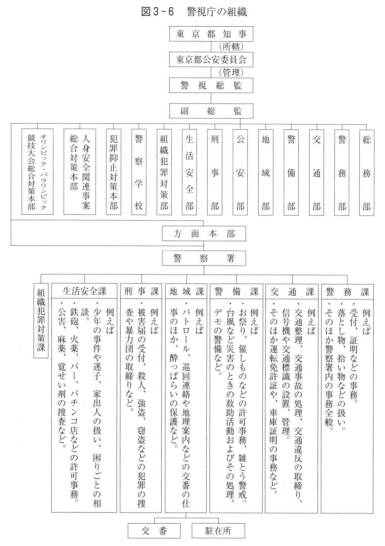

注）警視庁のホームページによる（2017年4月1日現在）。

　内閣総理大臣の所轄下に、国家公安委員会（委員長及び委員5人）を置き、国家公安委員会は国の公安に係わる警察運営を司り、警察教養、警察通信、犯罪鑑識、犯罪統計及び警察装備に関する事項を統轄し、ならびに警察行政に関する調整を行うことを任務とする（同5条）。国家公安委員会に警察庁をおき（同

図3-7 神奈川県警察本部

```
神奈川県公安委員会 ─ 神奈川県警察本部長 ┬ 横浜市警察部
                                      ├ 川崎市警察部
                                      ├ 相模原市警察部
                                      ├ 相模方面本部 ─ 警察署(54署) ─ 警務課・留置管理課・会計課・生活安全課・地域課・刑事課・交通課・警備課
                                      ├ 総務部 ─ 総務課(公安委員会室・情報公開室・取調べ監督室)・広報県民課(音楽隊)・会計課(監査室)・施設課(庁舎管理室)・装備課・情報管理課(情報技術推進室)・留置管理課
                                      ├ 警務部 ─ 警務課(企画室・被害者支援室)・教養課(通訳センター)・厚生課(健康管理センター)・監察官室
                                      ├ 生活安全部 ─ 生活安全総務課(犯罪抑止対策室・生活安全特別捜査隊)・人身安全対策課・少年育成課・少年捜査課・生活経済課・生活保安課・サイバー犯罪対策課
                                      ├ 地域部 ─ 地域総務課(航空隊)・地域指導課・通信指令課・自動車警ら隊・鉄道警察隊
                                      ├ 刑事部 ┬ 刑事総務課(刑事特別捜査隊・捜査支援室)・捜査第一課(検視室)・捜査第二課(告訴センター・特殊詐欺対策室)・捜査第三課・鑑識課・機動捜査隊・科学捜査研究所
                                      │       └ 組織犯罪対策本部 ─ 組織犯罪分析課・暴力団対策課(暴力団排除対策室)・薬物銃器対策課・国際捜査課
                                      ├ 交通部 ┬ 交通総務課・交通規制課(都市交通対策室)・交通指導課・交通捜査課(暴走族対策室)・駐車対策課・第一交通機動隊・第二交通機動隊・高速道路交通警察隊
                                      │       └ 運転免許本部 ─ 免許課(自動車運転免許試験場建設室)・試験課
                                      ├ 警備部 ─ 公安第一課・公安第二課・公安第三課・外事課(国際テロ対策室)・警備課(オリンピック・パラリンピック対策室)・危機管理対策課・第一機動隊・第二機動隊
                                      └ 神奈川県警察学校
```

注）神奈川県警察のホームページによる（2017年）。

15条)、警察庁長官は、国家公安委員会が、内閣総理大臣の承認を得て任命する。警察庁長官は、国家公安委員会の管理に服し、警察庁の庁務を統括し、所部の職員を任免し、及びその服務についてこれを統督し、ならびに警察庁の所掌事務について、都道府県警察を指揮監督する（同16条）。

図3-8 刑事司法手続の流れ

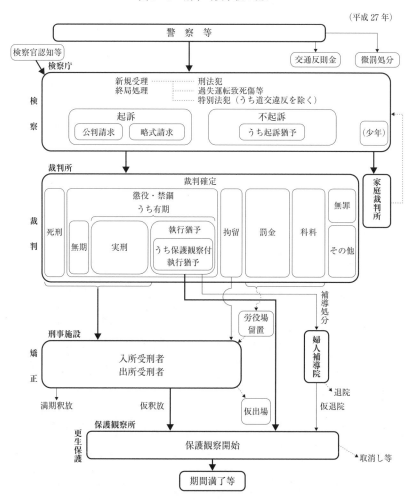

注1) 警察庁の統計、検察統計年報、矯正統計年報及び保護統計年報による。
2) 各人員は平成27年の人員であり、少年を含む。
3) 「検察庁」の人員は、事件単位の延べ人員である。例えば、1人が2回送致された場合には、2人として計上している。
4) 「出所受刑者」の人員は、出所事由が仮釈放又は満期保釈の者に限る。
5) 「保護観察開始」の人員は、仮釈放者、保護観察付執行猶予者及び婦人補導院仮退院者に限る。
6) 「その他」は、免訴、控訴棄却、管轄違い及び刑の免除である。
7) 『犯罪白書』平成28年版を一部修正。

都警察の本部として警視庁を置き、道府県警察の本部として道府県警察本部を置く（同47条）。都警察に警視総監を、道府県警察に道府県警察本部長を置く（同48条）。警視総監は、国家公安委員会が都公安委員会の同意を得た上、内閣総理大臣の承認を得て任命する（同49条）。これに対し、道府県警察本部長は、国家公安委員会が道府県公安委員会の同意を得て任命する（同50条）。

ところで、警察官（長官を除く）の階級であるが、警視総監、警視監、警視長、警視正、警視、警部、警部補、巡査部長、巡査長及び巡査とされている（同62条、巡査長に関する規則）。参考までに、階級章を掲示しておくことにする（図3-4）。

図3-5 ～ 3-7は、①警察庁、②警視庁の組織、③神奈川県警察本部の仕組みである。

警察によって検挙されると、必要な捜査が行われ、検察官に送致され、やがて裁判所に起訴され有罪になると、刑務所に行くことになる。図3-8は「刑事司法手続の流れ」をみてみたものである。

3　検　　察

(1) 検察官の任務

警察で取り調べられた事件は、検察庁に送致され、検察官としての捜査が行われる。検察官が自ら事件を認知したり、告訴、告発を受けた事件、法律的に高度の知識が要求される事件、警察に対して政治的な圧力を及ぼすような事件、事件によっては検察官がはじめから捜査をした方がよい場合などがあるので、捜査は警察が第一次的捜査機関であるが、検察官も補充的な捜査権が与えられている（検察6条、刑訴191条）。

検察官は、検察権を行う国の機関である。検察官は、公益の代表者として、①犯罪について捜査をする権限、②刑事について公訴を提起する権限、③刑事について裁判所に法の正当な適用を請求する権限、④刑事について裁判の執行を監督する権限、⑤裁判所の権限に属するその他の事項についても職務上必要と認めるときは、裁判所に、通知を求め、または意見を述べる権限、⑥他の法令がその権限に属させた事務を行う権限……などを持っている（『犯罪白書』平成10年版、85頁）。

わが国における検察官制度は、歴史的にみれば、比較的新しい制度といわれているが、実は、1872（明治5）年にフランス法をモデルとして採り入れられ、1890（明治23）年には、ドイツ法の影響下に定着してきたものである。そこにおいては、裁判所と検事局は両者独立の官庁であるにもかかわらず、裁判所に検事局が置かれていた。それに、裁判官と検察官はともに司法官とされ、司法行政面で司法大臣の監督下に置かれ、典型的な大陸法系の型を採用していたのである。第二次世界大戦後に、アメリカの影響を強く受けて英米法系の型になり、三権分立の建前から、検事局は裁判所から独立し、行政部に属することになり、それに伴って検察官は司法官から行政官となったのである。

　ところで、警察と検察との関係であるが、旧刑事訴訟法においては、検察官が捜査の中心で警察は単に補助機関たるにすぎなかったが、現行刑事訴訟法では、原則として、上命下服の関係ではなく、協力関係である（刑訴192条）。しかしながら、捜査は公訴の提起及び公判を維持するために行われるものであるので、検察官はこの目的を達するために、司法警察職員に対し、①一般的指示、②一般的指揮、③具体的指揮をすることができるのである（同193条1・2・3項）。

　検察官は、行政部に属し、検察官一体の原則が認められている。すなわち、検察官は独任制の官庁として各自が検察権を行う国の機関なのである。ここで検察官一体の原則とは、裁判官が独立してその職権を行うのに対し、検察官は上官の指示命令によって行動する（上命下服の関係）。この指示命令の頂点は、法務大臣である。それゆえ、この指示命令にもとづき検察官が裁判の途中で交替しても、訴訟手続には何の問題もなく、同一の検察官が行ったのと同じ効果が発生するのである。

(2)　被疑事件の処理

　周知のとおり、わが国においては、検察官という国の機関が公訴を行う国家訴追主義がとられている。裁判所に対しての訴追権限は、国家機関の中でも検察官だけが独占している（刑訴247条）。これは起訴独占主義といわれている。

　検察官としての犯罪の捜査が終了すると、検察官は少年事件についての例外を除いて（少45条）、裁判所に公訴を提起するかしないかの裁量権を持っている。公訴の提起は、①公開法廷での審判すなわち公判請求か、②略式命令や即決裁判の請求の形で行われる。検察官は犯罪の嫌疑があり訴訟条件を具備し証明が

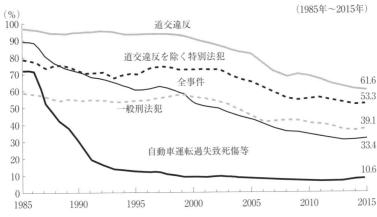

図3-9　罪種別起訴率の推移

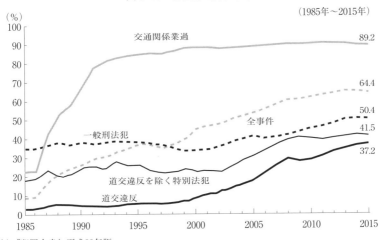

図3-10　罪種別起訴猶予率の推移

十分認められる場合であっても、犯人の性格、年齢及び境遇、犯罪の軽重及び情状ならびに犯罪後の情況により訴追を必要としないときは、罪種のいかんを問わず公訴を提起しないことができる（刑訴248条）。これを一般的に、起訴便宜主義と呼んでいる。これに対し、検察官にこのような裁量権を認めない制度を、起訴法定主義といっている。

　わが国においてこの制度は、1885（明治18）年頃から微罪不起訴、微罪不検

挙の名のもとに事実上認められるようになった。その後、1909（明治42）年に至ると、司法統計に起訴猶予という名称が用いられるようになり、1922（大正11）年に制定された旧刑事訴訟法（1924〔大正13〕年施行）において、法律上の制度として明文化され、以来、今日に受け継がれ刑事司法の中心的役割を演じている。起訴猶予の刑事政策的意義については、刑事司法機関の事件負担を軽減、訴訟経済に寄与することはいうまでもないが、何よりも①本人に短期自由刑の弊害を回避、②前科者というレッテルを貼ることを回避することができ、裁判に伴う本人、家族の経済的・精神的負担の回避……などによって、本人の改善更生、そして社会復帰を促進させることにあるといえる。

　上述したように、検察官の訴追裁量の幅が広いところから、これをチェックするための制度が必要となる。これに対するものとして、①検察審査会制度、②準起訴手続（付審判請求手続）、③告訴、告発、請求事件について処分を決めた際の告訴人への通知などが設けられている。

　図3-9、3-10は、最近における「起訴率の推移」と「起訴猶予率の推移」である。

4　検察庁の組織

　検察庁の種類には、最高検察庁、高等検察庁、地方検察庁、区検察庁の4つがあるが、これはそれぞれ最高裁判所、高等裁判所、地方裁判所及び家庭裁判所、簡易裁判所に対応して置かれている（検察2条）。その数は、最高検察庁1、高等検察庁が本庁8、支部6、地方検察庁が本庁50、支部203、区検察庁が438（2016年4月現在）となっている（図3-11参照）。これらの検察庁は、最高検察庁を頂点とする、いわゆるピラミッド型に組織されているのである。それぞれの長を検事総長、検事長、検事正、上席検察官といっている。検察官には、検事総長、次長検事、検事長、検事それに副検事という5種類があるが（同3条）、これらは官名である。

　図3-12は、東京地方検察庁の機構である（Public Prosecutors Officeから転載）。

　東京地検には1947（昭和22）年に特捜部が発足し、1957（昭和32）年、大阪地検、1996（平成8）年、名古屋地検にも特捜部が置かれ、全国で3カ所の特捜部体制となっている。一般的に特捜部といっているが、例えば、東京地方検察庁特

別捜査部が正式名称である。終戦直後の軍とか、政府関係の物資の横流しを摘発する目的で「隠退蔵事件捜査部」として発足したものであるが、1947（昭和22）年に「特別捜査部」と改名した（図3-13参照）。この特捜部は、霞が関にある法務・検察合同庁舎（20階建て）の南側の検察庁舎の8〜10階、12階にある。特捜部が扱う事件は一般的な刑事事件と異なり、政治家の汚職、大型疑獄、経済事件などを独自に捜査し、起訴することができる。

最高検察庁

図3-11　検察庁の組織

第2節　裁判所

1　裁判所の種類と審級

　裁判所とは、訴訟手続により司法作用を行う国家機関のことである。裁判所は、最高裁判所と下級裁判所に大別され、下級裁判所は、高等裁判所、地方裁判所、家庭裁判所及び簡易裁判所の5種類をもって構成されている（憲76条、裁2条）。最高裁判所は憲法で認められているが、下級裁判所は法律すなわち裁判所法に委ねられている。

　裁判所における審級については、三審制を原則としているが、これは裁判の審理を慎重にするというのが、その意図するところである。第一審判決に対して不服な者は、裁判による真実発見と公正を追求するために、さらに上級審へと上訴することができる仕組みになっている。事件の内容によって異なるが、原則として地方裁判所が第一審、高等裁判所が第二審（控訴審）、最高裁判所が第三審（上告審）である。第一審、第二審は事実審であり、第三審は憲法違反及び判例違反についてする法律審である。上訴事件に関する限り、上級裁判所は、下級審の判決を拘束することができる（裁4条）。

図3-12 東京地方検察庁の機構

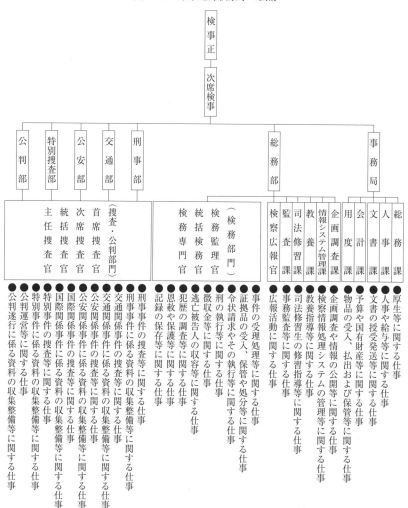

注) 検察庁の規模等に応じて編成されている。部、課・室の名称及び数は変わるが、仕事の内容は同じである。

法務省

図3-13 いわゆる東京地検特捜部

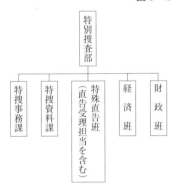

注1) 検事40人、副検事2人、事務官90人（2010年）
2) 財政班は主に国税局からの告発事件を処理する。経済班は証券取引等監視委員会からの告発事件のほか、公正取引委員会からの告発事件及び警視庁刑事部捜査第二課からの送致・送付事件を処理する。特殊直告班は贈収賄や背任、詐欺事件など、財政経済班は主に脱税事件を担当する。

2 最高裁判所

(1) 最高裁判所の構成

「最高裁判所は、その長たる裁判官及び法律の定める員数のその他の裁判官でこれを構成」する（憲79条1項）と規定している。すなわち、最高裁判所 (Supreme Court) は1人の長官と14人の判事合計15人の裁判官で構成されている。最高裁判所の裁判官は、識見の高い、法律の素養のある年齢40歳以上の者の中から任命され、そのうち少なくとも10人は一定の長期間、法律家としての経歴を持つものでなければならない（裁41条）。最高裁判所の長官は、内閣の指名にもとづいて天皇が任命し（憲6条2項、裁39条）、最高裁判所判事は内閣が任命し（憲79条1項）、天皇がこれを認証する（裁39条3項）。

最高裁判所の審理及び裁判は、大法廷または小法廷で行う。大法廷は全員の裁判官により、小法廷は5人の裁判官からなる合議体である（裁9条、最高裁判所裁判事務処理規則2条1項）。事件を大法廷または小法廷のいずれで取り扱うか

図 3-14 裁判所の管轄と審級

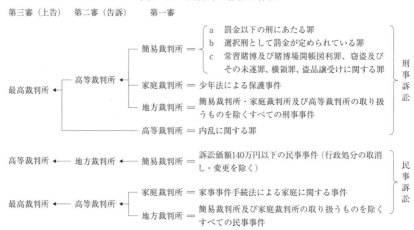

は、最高裁判所の定めるところであるが、ただし、憲法違反と判例変更に関する事件については大法廷の専管事項となっている（裁10条）。

(2) 最高裁判所の権能

最高裁判所は、直接、憲法によって認められたところの司法作用を行う国家機関である。

最高裁判所に認められている権能として、次のようなものがある。

① 一般上告裁判権　上告及び訴訟法において、とくに定める抗告について裁判権を持っている（裁7条）。

② 規則制定権（rule-making power）　最高裁判所は、訴訟に関する手続、弁護士、裁判所の内部規律及び司法事務処理に関する事項について、規則を定める権限を有している（憲77条1項）。

明治憲法の下においては、大審院にこのような権限はなかったので、規則制定権は司法大臣に帰属させていたのである。現行憲法では、英米法の法制度の影響により、最高裁判所にこの権限を与えた。この規定は、最高裁判所に実質的な立法作用を行う権限を与えたものであり、憲法が国会を唯一の立法機関と規定している（憲41条）ことに対する例外なるものを、憲法自ら認めたものである。憲法が、最高裁判所に、規則制定権を認めた理由については、司法権の自主独立性を保障するためと、司法に関する技術的・専門的なことについては、

訴訟を実際に熟知する裁判所自身に規定させることによって、より合目的な立法すなわち実情に適合した訴訟規則を制定させる趣旨であろう。

 ③ 違憲立法審査権 最高裁判所は、一切の法律、命令、規則または処分が憲法に適合するかしないかを決定する権限を有する終審裁判所である（憲81条）。

 ④ 裁判官指名権 最高裁判所は、下級裁判所の裁判官の指名権を有し、内閣は、最高裁判所の指名した名簿によって裁判官を任命する（憲80条）。

 ⑤ 司法行政監督権 最高裁判所は、最高裁判所の職員ならびに下級裁判所及びその職員を監督する権能を持っている（裁80条）。

3 下級裁判所

(1) 高等裁判所

 ① 高等裁判所の構成 高等裁判所は、全国で8カ所に置かれている。高等裁判所長官及び相応な員数の判事で構成される（裁15条）。その審理及び裁判は、3人の裁判官からなる合議体で行う（同18条）。ただし特別の事件については、5人の裁判官をもって構成する。管轄区域の広い高等裁判所には支部が置かれる（同22条）。

 ② 高等裁判所の裁判権 次のような裁判権を持っている（裁16条）。

(i) 地方裁判所の第一審判決、家庭裁判所の判決及び簡易裁判所の刑事に関する判決に対する控訴

(ii) 最高裁判所が裁判権を有する抗告を除いて、地方裁判所及び家庭裁判所の決定及び命令ならびに簡易裁判所の刑事に関する決定及び命令に対する抗告

(iii) 刑事に関するものを除いて、地方裁判所の第二審判決及び簡易裁判所の判決に対する上告

(iv) 刑法77条乃至79条すなわち内乱罪に係わる訴訟の第一審

(2) 地方裁判所

 ① 地方裁判所の構成 地方裁判所は、各都道府県庁の所在地とさらに北海道には函館、旭川、釧路の計50カ所に置かれている。地方裁判所は、相応な員数の判事及び判事補で構成される（裁23条）。地方裁判所長は、最高裁判所が、

地方裁判所判事の中から任命し、裁判所長は、司法行政を司る裁判官会議の議長となる。その審理及び裁判は、原則として単独制であるが、例外として特定事件については、3人の裁判官からなる合議体で行う（同26条）。地方裁判所に支部を置く場合がある（同31条）。

② 地方裁判所の裁判権　次のような裁判権を持っている（裁24条）。

(i) 第一審として、訴訟の目的の価額が140万円以上の民事訴訟、内乱の罪及び罰金以下の刑に当たる罪以外の罪にかかる刑事訴訟

(ii) 高等裁判所が裁判権を有する場合を除いて、第二審として簡易裁判所の民事の判決に対する控訴

(iii) 最高裁判所及び高等裁判所が裁判権を有する場合を除いて、簡易裁判所の決定及び命令に対する抗告

(3) 家庭裁判所

① 家庭裁判所の構成　家庭裁判所は、地方裁判所と同様に、全国で50カ所に置かれている。家庭裁判所は、所長及び相応な員数の判事及び判事補で構成される（裁31条の2）。その審判及び裁判は、原則として1人の裁判官であるが、とくに法で定めた場合は3人の裁判官の合議体で行う（同31条の4）。

② 家庭裁判所の裁判権　次のような裁判権を持っている（裁31条の3）。

(i) 家事事件手続法で定める家庭に関する事件の審判及び調停（同条1号）

(ii) 人事訴訟法で定める人事訴訟の第一審の裁判

(iii) 少年法で定める少年の保護事件の審判（同条3号）

(4) 簡易裁判所

① 簡易裁判所の構成　簡易裁判所は、全国で438カ所に置かれている。そして、相応な員数の簡易裁判所判事で構成される（裁32条）。審理及び裁判は、1人の裁判官でこれを行う（同35条）。

② 簡易裁判所の裁判権　次のような事項について第一審としての裁判権を持っている（裁33条）。

(i) 訴訟の目的の価額が140万円を超えない請求（行政事件訴訟にかかる請求を除く）

(ii) 罰金以下の刑にあたる罪、選択刑として罰金が定められている罪、刑法186条すなわち常習賭博罪、刑法235条すなわち窃盗罪もしくはその未遂罪

または252条すなわち横領罪もしくは256条すなわち盗品譲受け等の罪にかかる訴訟、なお、簡易裁判所は禁錮以上の刑を科することができない。禁錮以上の刑を科するのを相当と認めるときは、訴訟法の定めるところにより事件を地方裁判所に移さなければならない（裁33条2・3項）。

(5) 下級裁判所の裁判官の任命

　下級裁判所の裁判官とは、高等裁判所長官、判事、判事補、簡易裁判所判事をいう。これらの裁判官は、最高裁判所の指名した者の名簿によって、内閣がこれを任命する（憲80条1項）。高等裁判所の裁判官の任命は、天皇が認証する（裁40条2項）。下級裁判所の裁判官の任期は、10年である。独善的になることを防止する趣旨である。ただし、再任が可能である。これらの裁判官の任用資格は、高等裁判所長官及び判事は、10年以上法律家として一定の職にあった者（同42条）、判事補は、司法修習生の修習を終えた者（同43条）、簡易裁判所判事は、高等裁判所長官もしくは判事の職にあった者、または多年司法事務にたずさわり、その職務に必要な学識経験のある者（同44条・45条）の中から任命される。

4　裁判員制度

　裁判員制度とは「裁判員の参加する刑事裁判に関する法律」（平成16年5月28日法律第63号、平成21年5月21日施行）に基づき、国民の中から選任された裁判員が裁判官とともに刑事訴訟手続に関与するものである（裁判員1条）。

　裁判員法1条によれば本制度の趣旨・狙いは「司法に対する国民の理解の増進とその信頼の向上」とされている。その為、裁判員は衆議院議員の選挙権を有する者の中から選任される（裁判員13条）。欠格事由として禁錮以上の刑に処された者があり（裁判員14条）、さらに国会議員、法曹等、公務員などは就職禁止事由にあたる者とされる（裁判員15条）。

(1) 対象となる事件

　イ・死刑又は無期懲役、無期禁固に当たる罪にかかる事件（内乱首謀、外患誘致、現住建造物放火、通貨偽造、殺人など、裁判員2条1項1号）

　ロ・裁判所法26条第2項第2号事件に掲げる事件のうち故意の犯罪行為により被害者を死亡させた罪にかかる者（裁判員2条1項2号）

　ただし、上記掲げた事件について裁判員候補や裁判員の生命、身体もしくは

財産に危害が加えられるおそれ等がある場合など裁判員が職務を遂行できないとされる事情があるときは裁判官の合議体で取り扱う（裁判員3条）。

また、裁判員の参加する裁判では、裁判所が対象事件について第一回公判期日前に公判前整理手続に付さねばならない（裁判員49条）。

(2) 裁判員裁判の構成

合議体の裁判の構成は、裁判官3人、裁判員6人を原則とする（裁判員2条2項）。ただし、対象事件のうち公判前整理手続による争点整理、証拠の整理において公訴事実について争いがないと認められ、事件の内容等から考慮して適当と認められる場合は、裁判官1人、裁判員4人といった構成にすることができる（裁判員2条3項）。

(3) 裁判員の義務、権限

イ・裁判員は、独立してその職務を行う（裁判員8条）。そして裁判員には法令に従い公平誠実な職務を行う義務、裁判員法70条1項に規定する評議の秘密、その他職務上知りえた秘密を漏らしてはならず（裁判員9条1項・同2項）、裁判の公正さに対する信頼を損なうおそれのある行為、品位を害する行為をしてはならない（裁判員9条3項・同4項）。

ロ・裁判員には証人等に対する尋問、被告人に対する質問をする権限を有する（裁判員56条・59条）。尋問する場合は裁判長に告げて行う。

第3節　起訴便宜主義（起訴猶予）

1　起訴便宜主義の意義

起訴便宜主義とは、公訴を提起するに足る犯罪の嫌疑が十分であり、かつ訴訟条件が具備した場合であっても、刑事政策的配慮から検察官に追訴の必要がないと判断される場合になされる処分をいう。これに対して、犯罪の嫌疑が十分であり、かつ訴訟条件が具備している以上は、必ず起訴しなければならないとする法制度を、起訴法定主義という。この主義は、検察官に起訴、不起訴の裁量権を認めないとするものである。

起訴法定主義は、検察官の訴追権行使が恣意的に陥ることを防止し、刑事司

法が時の政治的判断によって左右されることを防止しうる長所を持つが、しかし、反面、犯罪の情状を問わずに刑事裁判にかけることは、短期自由刑の弊害を助長するばかりでなく、犯人として烙印を押されることにより、社会復帰、改善更生の機会も奪われることにもなる。起訴法定主義は、法的安定性にはすぐれているが、形式主義に堕する弊害がある。その点、起訴便宜主義は、濫訴の弊を救い、事案の具体的な妥当性にかなうものであるといえる。

2　起訴便宜主義の沿革

1880（明治13）年の治罪法及び1890年の旧々刑事訴訟法には、起訴便宜主義に関する明文の規定を見ることができないので、起訴法定主義を採用したものとされていた。しかし、実務面では、軽微犯罪を処理する上で、すでに1885年頃から司法大臣の訓令もあり、起訴猶予処分が採用されていた。その後、次第にその効果が承認されるに至り、その適用範囲は拡大していった。そして1922（大正11）年の旧刑事訴訟法279条に「犯人ノ性格、年齢及境遇並犯罪ノ情状及犯罪後ノ情況ニ因リ訴追ヲ必要トセサルトキハ公訴ヲ提起セサルコトヲ得」と、起訴便宜主義が法律の上に初めて明文化されたのである。1948（昭和23）年の現行刑事訴訟法248条は、この旧刑事訴訟法を引き継いだものであるが、「犯罪の軽重」という要件がつけ加えられた。

3　起訴便宜主義の概要

(1)　起訴猶予の基準

刑事訴訟法248条は、起訴猶予とするかどうかを判断するにあたって考慮すべき事項を列挙している。それによれば、第一に「犯人の性格、年齢及び境遇」が挙げられる。犯人自身に関する事項で、主として犯人の危険性に着眼し特別予防の観点からのものである。犯人の「性格」は性質、経歴、常習性の有無など、「年齢」は年少者、老年者などである。第二に「犯罪の軽重及び情状」が挙げられる。犯罪の「軽重」は、法定刑の軽重、被害の程度など、「情状」は犯行の原因、動機、方法、計画性の有無など、犯罪自体に関する事項で、犯人の責任の評価と一般予防の要請に関係する事項である。第三に「犯罪後の情状」が挙げられる。これには、被害弁償の有無、示談の成否、被害者の処分に

対する希望・意向、犯罪後の被疑者の心境、改悛の有無、社会情勢の変化などがあり、すべて刑事政策上考慮されるべき一切の事情を含むもので広範にわたっている。起訴猶予にすべきかどうかにあたっては、犯人の責任という面を重要視することは論をまたないが、一般予防及び特別予防も考慮し、刑事政策的見地からこれを判断すべきである。

(2) 起訴猶予の運用

起訴便宜主義は、わが国において欠くことのできない制度であるが、その運用の状況はいかなるものであろうか。起訴猶予率は、当初およそ15％であったものが、1922（大正11）年の旧刑事訴訟法の施行を機にさらに約50％に達し、1934（昭和9）年には約64％に上昇した。1937（昭和12）年以降は戦争などの理由で社会秩序が保持されたため約50％に下降した。第二次世界大戦後、アメリカ法制の影響を受けた新刑事訴訟法（現行法）になっても、しばらくは旧法時代と同様な傾向が続いたが、昭和30年代の後半から起訴猶予率の低下が目につくようになったといわれる。

わが刑事訴訟法248条は、起訴便宜主義を採用していることは前述したが、これに従うと、いかなる犯罪でも原則として起訴猶予をなしうることができるということになる。しかし、最近の統計によれば、①起訴猶予率の高いものとして、例えば失火、汚職、文書偽造、過失致死傷、詐欺、窃盗、恐喝、横領、軽犯罪法、条例違反などがある。これに対し、②起訴猶予率の低いものとして、例えば放火、強姦、殺人、賭博、強盗、業務上過失致死傷、傷害などがある。

ここで、最近の罪名別起訴・起訴猶予率をみてみると、表3-1のとおりである。

『犯罪白書』の示すところによれば、近年になってからの起訴率と起訴猶予率の推移をみると、自動車運転過失致死傷等の起訴猶予率が上昇し、起訴率が下がっている。これが、自動車運転過失致死傷等を除く一般刑法犯についてみると、起訴率も起訴猶予率もおおむね40％台で推移していることがわかる。

(3) 起訴猶予の例外

わが国では、少年事件について起訴猶予の例外が認められている。これは、家庭裁判所が、少年の犯した死刑、懲役または禁錮にあたる罪の事件について、調査の結果、その罪質及び情状に照らして刑事処分を相当と認めて、少年法20

条により検察官に送致した場合である。検察官は、家庭裁判所から送致を受けた事件について、公訴を提起するに足りる犯罪の嫌疑があると思料するときは、公訴を提起しなければならないのである（少45条）。少年事件に限り、訴追を必要とするかどうかの最終的な判断を家庭裁判所に委ねたものである。

4　起訴便宜主義の効果

　検察官が起訴猶予処分をした場合、その訴訟法上の効果はどうなのか。起訴猶予処分の取消しがない限り被疑者をして、訴追を免れしめる効果を生ずるのである。しかしながら、起訴猶予は、訴追機関の内部における一種の意思決定であり、原則として対内的なものにとどまる。その意味で起訴猶予処分は、確定力を有しない。それゆえ、公訴時効の完成などによる場合は別として、検察官はいつでも起訴の必要を生じた場合には、無条件で起訴猶予処分を取り消してあらためて起訴することができるのである。ところで、検察官がひとたび起訴猶予処分をなした以上は、原則として再び被疑者の不利益に変更しえざる効力、すなわち一種の既判力をここに認めるべきである。

5　起訴便宜主義に対する控制

　現行法では、公訴を提起できる者は国家機関たる検察官に限られている（刑訴247条）。これを、国家訴追主義、起訴独占主義といっている。国家訴追主義の当然の帰結とされるものである。起訴便宜主義は、起訴・不起訴の裁量を検察官に一任する建前をとっているので、その反面、公訴権の行使が、検察官の官僚的独善に流れ、または政治的事情に左右されることなどもある。このように検察官には強大な権限が付与されているが、常に必ずしも適正に行使されるとは限らない。そこで、恣意的な不起訴処分がなされないことを控制し、正確な運用を担保するために、次のような制度すなわち国家的配慮がなされている。

(1)　検察審査会

　検察官が独占する公訴権の実効に関し民意を反映させてその適正を図る目的で設けられたものである。

　検察審査会（検察審査会法、昭和23年法律第147号）は、全国に165カ所設置されており、衆議院議員の選挙権を有する国民の中から、くじで選ばれた11人（任

表3-1 罪名別起訴・起訴猶予率

罪名	2006年 起訴率	2006年 起訴猶予率	2007年 起訴率	2007年 起訴猶予率	2008年 起訴率	2008年 起訴猶予率	2009年 起訴率	2009年 起訴猶予率
総数	42.4	55.4	39.6	58.3	37.8	60.2	37.5	60.6
刑法犯・過失運転致死傷等	18.1	80.4	17.8	80.8	18.1	80.6	18.0	80.7
刑法犯	43.6	40.7	43.6	41.3	44.4	42.1	43.9	43.2
放火	79.5	18.5	78.5	14.4	78.4	16.9	52.9	16.5
住居侵入	35.4	9.4	28.5	14.9	14.7	11.1	44.7	47.5
通貨偽造	62.3	22.8	65.2	21.3	65.5	19.7	4.7	12.2
文書偽造	74.0	13.6	75.0	12.9	78.5	8.1	61.9	24.3
支払用カード関係	46.4	51.9	54.7	44.8	60.6	38.6	75.4	7.4
公然わいせつ	81.2	17.7	79.3	19.4	77.9	20.8	74.6	23.8
わいせつ物頒布等	86.5	12.0	81.0	16.4	85.4	12.6	83.1	12.0
強制わいせつ	59.7	6.0	57.5	7.2	54.7	8.3	56.9	7.3
強姦	61.2	7.8	54.5	6.5	52.2	7.9	48.0	8.9
賭博・富くじ	66.3	29.1	63.8	31.3	59.8	35.7	60.3	38.7
贈収賄	49.1	41.4	46.4	44.3	45.3	46.2	72.7	10.0
殺人	56.7	5.4	52.9	3.6	48.9	4.2	48.6	8.1
傷害	61.2	33.9	57.3	36.9	54.7	39.7	51.3	42.7
暴行	44.7	53.3	41.8	56.1	39.8	58.2	38.2	59.6
危険運転致死傷	59.5	14.6	53.9	13.6	53.0	14.7	95.9	0.4
窃盗	57.0	32.3	51.8	32.8	42.4	42.6	43.8	43.8
強盗	80.5	3.1	73.2	4.5	67.1	4.0	66.1	3.8
詐欺	36.6	43.3	39.6	41.8	64.2	24.7	65.4	22.9
恐喝	67.2	23.4	64.3	23.6	45.5	40.2	42.6	41.7
横領	15.3	82.9	14.5	83.9	16.1	82.1	17.5	80.4
暴力行為等処罰法	97.4	1.3	95.8	2.4	89.6	4.1	58.7	35.9
その他	35.6	37.9	34.2	38.5	31.9	42.0	29.0	45.4
過失運転致死傷等	10.3	89.5	9.9	89.9	9.8	90.0	9.7	90.1
特別法犯	75.3	23.6	70.6	28.3	67.5	31.3	68.2	30.5
道交違反を除く特別法犯	62.8	34.1	60.2	36.7	57.2	39.8	55.9	40.9
公職選挙法	48.8	37.6	53.3	43.1	20.7	76.6	46.6	49.8
銃刀法	52.2	43.8	44.3	52.1	40.5	56.1	36.9	60.4
売春防止法	83.9	6.3	83.2	6.7	81.7	7.8	57.7	40.7
廃棄物処理法	63.4	28.8	59.8	31.6	59.9	33.4	62.8	36.0
大麻取締法	70.9	27.3	60.9	33.5	87.5	9.1	58.9	34.0
麻薬取締法	89.5	7.8	89.1	7.9	48.2	49.6	61.8	21.0
覚せい剤取締法	71.7	17.1	69.2	16.6	63.6	25.0	83.4	6.9
毒劇法	69.8	28.9	66.2	32.4	61.5	37.5	85.6	11.1
麻薬特例法	70.1	28.5	68.9	29.9	66.0	32.7	52.3	42.6
入管法	44.9	54.8	45.3	54.5	43.2	56.5	41.0	58.6
その他	58.5	39.7	54.8	43.5	51.3	46.9	49.2	48.7
道交違反	77.4	21.9	72.7	26.7	69.7	29.6	71.1	28.2

注1)　検察統計年報による。
　2)　「横領」は、遺失物等横領を含む。
　3)　「支払用カード関係」は、刑法第2編第18章の2の支払用カード電磁的記録に関する罪をいう。
　4)　「公職選挙法」は、農業委員会等に関する法律（昭和26年法律第88号）、漁業法（昭和24年法律第267号）及び地方自治法（昭和22年法律第67号）の選挙・投票・署名に関する罪を含む。

(2006～2015年)

| 2010年 | | 2011年 | | 2012年 | | 2013年 | | 2014年 | | 2015年 | |
起訴率	起訴猶予率	起訴率	起訴猶予率	起訴率	起訴猶予率	起訴率	起訴猶予率	起訴率	起訴猶予率	起訴率	起訴猶予率
36.2	61.8	35.0	63.1	34.0	64.0	32.8	65.2	32.8	65.0	33.4	64.4
17.4	81.3	17.0	81.7	17.1	81.5	16.9	81.7	17.8	80.7	18.5	79.9
42.5	45.4	41.9	46.5	40.7	48.0	38.9	50.1	38.5	50.6	39.1	50.4
50.4	15.9	44.3	22.3	44.1	25.4	48.1	21.8	45.7	23.9	30.6	66.7
45.6	47.0	43.0	49.6	42.0	50.5	41.4	51.6	40.2	52.4	42.3	50.7
3.9	17.2	3.0	12.5	3.1	8.5	1.1	26.8	0.3	38.5	49.1	8.2
56.9	25.4	52.9	29.3	45.7	35.3	43.7	33.8	45.3	35.4	57.2	27.8
59.6	14.8	63.5	10.7	67.9	10.0	68.9	5.6	80.2	7.1	32.4	50.9
73.6	24.5	70.2	27.4	69.4	28.0	63.2	33.8	63.9	32.5	88.5	3.4
82.0	15.3	79.8	18.0	79.2	18.4	74.8	21.4	74.3	23.6	33.4	10.5
57.4	7.8	52.9	9.2	49.4	7.4	48.8	8.8	45.8	9.9	46.8	52.5
45.2	6.9	47.9	6.0	50.3	5.9	43.5	6.5	37.2	10.4	35.3	7.6
53.4	45.2	46.7	50.9	52.3	47.0	44.6	54.2	44.1	55.0	18.8	79.0
84.3	11.7	82.0	9.1	61.1	18.9	60.3	8.4	83.9	7.6	86.8	5.0
38.3	8.0	37.1	7.7	31.8	11.6	30.7	10.7	34.6	13.7	43.9	21.3
51.5	43.0	48.7	45.5	46.2	48.9	42.7	52.2	40.5	54.5	3.3	23.9
37.5	60.5	37.5	59.9	37.1	60.3	33.6	64.0	32.0	65.6	38.3	40.0
89.1	2.1	88.3	2.8	86.6	4.5	91.1	0.5	92.8	1.9	39.5	55.0
42.8	46.7	43.8	47.3	42.2	49.5	41.3	51.5	42.1	51.0	64.3	20.6
59.4	3.3	54.7	5.5	59.2	6.9	54.4	8.9	53.3	7.3	39.0	52.7
60.1	26.4	54.7	28.2	55.0	28.4	53.3	30.9	55.0	29.3	61.0	35.4
41.1	42.9	37.8	45.3	40.0	43.9	39.2	45.0	35.4	49.4	69.8	25.0
18.3	79.5	19.8	77.7	18.7	78.4	17.8	80.1	18.0	80.0	43.4	10.1
61.6	33.3	53.3	41.0	52.7	41.6	48.2	45.2	45.1	49.2	43.6	51.7
28.5	46.7	27.5	48.7	27.2	48.2	27.2	48.3	27.2	49.8	25.8	50.1
9.5	90.3	9.3	90.5	9.4	90.4	9.5	90.3	10.2	89.5	10.6	89.2
67.5	31.0	66.0	32.5	63.7	34.7	62.2	36.0	60.4	37.5	59.7	38.1
56.3	40.2	56.8	39.5	55.3	40.5	54.3	41.2	53.2	42.0	53.3	41.5
50.9	42.2	31.1	66.7	17.6	68.9	42.8	53.0	43.4	37.8	43.0	53.8
35.1	61.7	36.3	59.7	33.8	62.6	33.0	63.4	29.4	67.2	26.9	70.3
60.5	36.8	59.3	37.2	56.4	40.1	56.5	39.5	57.1	38.8	52.9	45.3
60.6	38.2	59.2	39.4	58.7	39.6	61.1	37.1	60.9	37.4	60.0	38.5
62.1	28.2	57.1	31.9	52.4	33.9	46.6	37.5	50.4	33.9	51.6	25.2
65.9	18.2	59.1	23.9	48.1	28.8	47.7	29.2	40.8	32.4	81.3	7.1
83.5	7.0	83.3	6.6	80.8	7.9	80.6	8.2	80.4	8.0	50.6	34.1
83.0	11.9	81.1	15.1	79.7	15.2	81.5	14.9	78.7	15.5	75.9	16.9
53.6	41.2	33.3	62.1	35.8	58.6	40.3	50.2	45.8	42.6	41.8	51.8
36.1	63.6	32.7	66.9	27.4	72.3	24.8	74.7	21.6	78.2	35.1	64.0
49.5	48.2	50.8	47.0	49.9	47.5	49.2	47.9	48.5	48.2	47.4	48.8
70.2	28.9	68.2	30.9	65.7	33.3	64.2	34.7	62.5	36.3	61.6	37.2

期6カ月で、3カ月ごとに5、6人ずつ交代する）の検察審査員で構成されている。主な仕事として、「検察官の公訴を提起しない処分の当否の審査に関する事項」を取り扱う。ことに告訴や告発をした者または犯罪の被害者は、検察官の不起訴処分について不服があるときは、検察審査会に申立てをすることができる。検察審査会ではこの申立てがあったとき、審査を開始する。また、検察審査会は、被害者などからの申立てがなくとも進んで検察官が不起訴にした事件を取り上げて審査をすることができる。検察審査会では、11人の検察審査員全員が出席し、検察審査会議を開催して、事件の記録を調べたり、必要に応じて証人を呼んだり実地見分をしたりする。不起訴処分の当否の審査を開始し、審査会で審査した結果、不起訴不当（さらに捜査をすべきである。議決は過半数）とか、あるいは起訴相当（この事件について起訴すべきである。議決は11人のうち8人以上の賛成が必要）という議決をしたときは、議決書を作成して検事正及び検察官適格審査会に送付する（検察審査会法40条）。しかし、この議決書は2009（平成21）年5月20日以前には法的に拘束する効力はなく、この方法によって間接に訴訟機関たる検察官の不起訴処分の修正を促す機能を持つものであった。しかし、司法制度改革の一環として検察審査会法が改正され、2009年5月21日以降は、起訴相当議決後の再捜査でも検察当局が不起訴とした後、検察審査会が8人以上の賛成で起訴相当と議決すると裁判所が指定する検察官役の弁護士が強制起訴することができるようになった。不起訴不当とか起訴相当という議決があったときには、検事正はその議決を参考にして事件を再検討し、起訴するのが相当であるとの結論に達したときは、起訴の手続をとらなければならない（同41条）。表3-2は、2006（平成18）年から2015年までの10年間における検察審査会の事件の受理・処理状況をみたものである。

(2) 裁判上の準起訴手続

別の名を、付審判の請求ともいわれている。いわゆる公務員の職権濫用罪（刑193〜196条）、その他（破防45条、無差別大量殺人行為を行った団体の規則に関する法律42・43条）についての告訴、告発をした者は、検察官の不起訴処分に不服があるときは、その検察官所属の検察庁の所在地を管轄する地方裁判所にその事件を裁判所の審判に付することを請求することができる。この請求は不起訴処分の通知を受けた日から7日以内に請求書を当該検察官に差し出してこれをす

表3-2 検察審査会事件受理・処理人員

(2006年～2015年)

年次	新受			処理				未済
	総数	申立て	職権	総数	起訴相当・不起訴不当	不起訴相当	その他	
2006年	2,603	2,569	34	2,795	124	2,286	385	1,069
2007	2,274	2,242	32	2,396	128	1,863	405	947
2008	2,039	2,006	33	2,366	130	1,734	502	620
2009	2,663	2,613	50	2,447	124	1,866	457	836
2010	2,304	2,273	31	2,320	159	1,764	397	820
2011	2,094	2,069	25	2,178	131	1,724	323	736
2012	2,174	2,131	43	2,152	136	1,600	416	758
2013	1,947	1,899	48	1,968	78	1,658	232	737
2014	2,080	2,043	37	2,019	123	1,670	226	798
2015	2,209	2,174	35	2,171	122	1,801	248	836

注1) 最高裁判所事務総局の資料による。
 2) 数値は、被疑者数による延べ人員である。
 3) 「その他」は、申立却下、移送及び審査打切りである。

る(刑訴262条)。

地方裁判所がこの請求を入れて事件を裁判所の審判に付する旨の決定をしたときは、その事件は、検察官の起訴がないのに公訴の提起があったものとみなされて公判審理が開始されるのである(刑訴267条)。この決定により、裁判所は公訴の維持にあたらせる弁護士を指定し、検察官の職務を行わせる(同268条)。

これはドイツの起訴強制手続(Klagerzwingungsverfahren、ドイツ刑172条)から示唆を受けたものであるが、人権蹂躙事件について不当に起訴猶予が行われないように認められた制度であり、その意において起訴便宜主義の控制であり、起訴独占主義の例外でもある。

表3-3は、2006(平成18)年から2015(平成27)年までの10年間における付審判請求事件の受理・処理人員をみたものである。

表3-3 付審判請求受理・処理人員

(2006年～2015年)

年次	受理人員	処理人員	付審判決定
2006年	243	476	－
2007	202	206	－
2008	304	201	1
2009	353	425	2
2010	468	479	1
2011	162	162	－
2012	172	172	－
2013	172	183	－
2014	285	256	－
2015	271	228	－

注) 司法統計年報及び最高裁判所事務総局の資料による。

(3) 不起訴処分の告知義務

　検察官が不起訴処分をした場合、被疑者は請求により速やかにその旨の告知を受ける権利を有し、検察官はその請求があれば、この結果を告知する義務がある（刑訴259条）。また、検察官は、告訴、告発のあった事件については、起訴または不起訴処分いずれの場合でも、速やかにその旨を告訴人、告発人に通知しなければならない。不起訴処分をした場合において、告訴人、告発人の請求があれば、速やかにその理由を告げなければならない（刑訴260・261条）。

　さらに、告訴、告発のあった事件以外の一定の事件についても、被害者、遺族、重要証人に対し、公訴を提起したとか、裁判の結果などを知らせる「被害者等通知制度」が、1998（平成10）年8月3日から東京地検で実施された（1999年4月1日以降は全国で実施されている）。

6　起訴便宜主義の刑事政策的意義

　第一に、短期自由刑の弊害を回避することにある。刑務所には多種多様な犯罪を行った者が収容されており、たとえ収容期間が短期間であっても、他の収容者から知らず知らずのうちに悪影響を受け、気がついたときには悪風に感染しているという場合が多い。収容されたために、従前よりさらに悪くなってしまうということがしばしばあり、このところからよく「刑務所は犯罪初等学校」とさえいわれている。百害あって一利なしとまでいわれ、短期間では自己の改善更生を達成することは、ほとんど不可能である。

　第二に、犯人に起訴という烙印を押し、犯罪者・前科者というレッテルを貼ることを回避することにある。有罪になり刑務所に収容されると、刑の執行を終わったとしても、俗に前科一犯ということになる。前科は10年間で抹消されるが、それだけではなく種々の社会的不利益を受けることになる。前科者というレッテルを貼られると、その結果、資格剥奪がなされる。わが国においては、資格制度が厳格であり、公務員はもちろん、公職に就くことや、医師とか、弁護士とか一定の職業に就くことが禁じられている。また、選挙及び被選挙権が喪失したり、停止したりすることがある。

　第三に、起訴猶予された者が、再び犯罪を犯せば前に犯した罪も起訴の可能性が大きいということを犯人に印象づけ、その威嚇力によってその後の行状を

慎ませ、自律的更生に期待する。

　第四に、訴訟経済に資することができるということである。すなわち、比較的軽微な事件を起訴しないことによって、国家は被告人に対して無用の公判手続と費用の節減を図ることができるのである。それに、この制度の運用により家族の経済的困窮を避けることもできるのである。

　この起訴便宜主義（起訴猶予）は、本人に犯罪者のレッテルを貼らないで、本人の改善更生を促進することにあるが、その刑事政策的意義を全うするためには、更生保護の完備が急務である。わが国においては、起訴猶予者に対し保護観察は付されず、更生保護法85条1項5号にもとづく任意的な更生緊急保護に委ねられているのみであり、制度としてはきわめて不十分としかいえない。

第4節　刑の執行猶予

1　概　　　念

　刑の執行猶予（bedingte Strafaussetzung）とは、裁判所が刑の言渡しをする場合に、有罪判決をもって刑の宣告をしても、情状により一定の期間その刑の執行を猶予し、猶予期間を無事に経過したときは、刑罰権の消滅を認めるという制度である。

　この目的は、短期自由刑の弊害を回避するための手段としてよりは、むしろ社会内処遇によって、本人自らの改善・更生を図るという面と、刑罰を執行しないで執行したのと同じ効果を挙げようとする要請にある。猶予期間が取り消されることなく経過したとき、猶予期間経過の効力が生ずるが、どのような法的効果が生ずるかについては、①執行を猶予された有罪判決の言渡しそのものが効力を失うとする、条件付有罪判決主義（ベルギー、フランス、デンマーク、日本など）と、②刑の執行が終局的に免除されるとする、条件付特赦主義（イタリア、オランダ、ドイツなど）とがある。執行猶予は、もともと英米の宣告猶予の制度（裁判所が被告人の有罪を認定する場合に、一定の条件下で一定期間有罪判決の宣告もしくは刑の宣告を猶予すること）に、その起源を持ち、1880年代後半にヨーロッパ諸国に継受され、各国で独自の法律構成がなされている。

2　わが国の執行猶予の沿革

　わが国における執行猶予の制度は、古くは、1905（明治38）年、「刑ノ執行猶予ニ関スル法律」（明治38年法律第70号）が制定され、1年以下の重・軽禁錮者に対して、条件付特赦主義の形式で初めて採用された。1908（明治41）年の現行刑法では前と異なり条件付有罪判決主義を採用した。以後、今日に至るまでの間に5回ほどの改正がなされている。まず最初の改正であるが、1908年の現行刑法25条で執行猶予の適用範囲が1年以下の禁錮の言渡しの場合に限定されていたのを2年以下の懲役・禁錮の言渡しの場合にまで拡大され、1947（昭和22）年の第2回目の刑法改正では、これを3年以下の懲役・禁錮、5000円以下の罰金にまで認められ、さらに1953（昭和28）年の第3回目の改正では、猶予期間中に犯した罪に対しても1年以下の懲役・禁錮に対して再度の執行猶予にまで拡大し（刑25条2項追加）、同時に必要的に付される保護観察の制度を採用した（同25条ノ2追加）。1954（昭和29）年の第4回目の改正によって、初度の執行猶予に対しても保護観察が付されるようになったのである（同25条ノ2改正）。その後、1991（平成3）年に行われた第5回目の改正では、罰金についての適用範囲が50万円にまで引き上げられたのであった。このように、わが国における執行猶予の沿革は、数次の改正で執行猶予の適用範囲、すなわち要件を緩和して今日に至った。そして、それは拡大の歴史であったといえる。

3　執行猶予の要件

　(1)　初度の執行猶予（刑25条1項）　宣告刑が3年以下の懲役もしくは禁錮または50万円以下の罰金である場合（平成3年法律第31号本項改正）であって、①前に禁錮以上の刑に処せられたことのない者、②前に禁錮以上の刑に処せられたことがあってもその執行を終わり、または執行の免除を得た日から5年以内に禁錮以上の刑に処せられたことがないこと。それに、執行猶予をなしうべき情状がある場合である。

　(2)　再度の執行猶予（同25条2項）　宣告刑が1年以下の懲役もしくは禁錮である場合であって、前に禁錮以上の刑に処せられて、現在その執行を猶予させられている者。それにとくに酌量すべき情状がある場合である。猶予期間は、

裁判確定の日から、初度・再度とも1年以上5年以下である。猶予期間中は、初度の執行猶予には、任意的に、再度の場合には必要的に保護観察に付さねばならない。

4　執行猶予の取消し

執行猶予の取消しには、必要的取消しと、裁量的取消しの場合がある。必要的取消事由（刑26条）として、①猶予の期間内に、さらに罪を犯して禁錮以上の刑に処せられ、その刑について執行猶予の言渡しがないとき。②猶予の言渡し前に犯した他の罪につき禁錮以上の刑に処せられ、その刑について執行猶予の言渡しがないとき。③猶予の言渡し前に他の罪につき禁錮以上の刑に処せられたことが発覚したときである。

裁量的取消事由（刑26条の2）として、①猶予の期間内さらに罪を犯し罰金に処せられたとき、②25条の2第1項の規定によって保護観察に付された者が、遵守事項を遵守せず、その情状が重いとき、③猶予の言渡し前に、他の罪につき禁錮以上の刑に処せられ、その執行を猶予せられたことが発覚したときである。

5　執行猶予の効果

刑の執行猶予があった場合でも、刑の言渡しがあったのであるから、刑罰執行権は発生するも、その執行が猶予されるのである。したがって、この場合にも刑に処せられたことになるのである。刑の執行猶予の言渡しが取り消されることなく、猶予期間を無事経過したときは、刑の言渡しは効力を失う（刑27条）。刑の言渡しの失効の結果、その刑に処せられなかったことになり、刑の言渡しの効力が全面的に消滅する。

6　改正刑法草案における執行猶予

それでは、刑法の全面改正を企図した改正刑法草案は、執行猶予に対していかなる態度をとっているのであろうか。現状をみた上で、いくつかの改善策がみられ、前向きの姿勢である。まず、第一に、現行法において、保護観察中に罪を犯した場合には、猶予されないことになっているのであるが（同25条2項但

書)、改正刑法草案はその制限を撤廃している（草案68条）。第二に、これは中間報告の代案（1976〔昭和51〕年3月）によるものであるが、従来、罰金についても猶予が認められているのに、なぜか軽い科料については認められておらず、不合理であった。これによると、拘留、科料にも執行猶予を認めようとするものである。第三に、裁判所が裁量的に、執行猶予を言い渡す場合に資格制限の法令の適用を排除する旨の言渡しを可能にした点である（草案70条）。第四に、現行刑法上、執行猶予の実質的要件としての情状を、刑の適用に関する一般基準の趣旨、というように方向性を示したことである（同68条1項）。

7　刑の一部執行猶予制度

(1)　概　　念

わが国において刑の一部執行猶予制度が、2016（平成28）年6月1日から始まった。刑の一部執行猶予制度とは、実刑と執行猶予の中間にあたるもので2013（平成25）年6月の刑法等の一部改正、「薬物使用等の罪を犯した者に対する刑の一部執行猶予に関する法律」の制定により導入されたもので、裁判所が刑の言渡しをする場合に一部を実刑として執行した後、残りの刑を一定期間猶予し、猶予期間を取り消されることなく経過したとき、猶予された実刑期間が失効して宣告刑が実刑部分に減刑される制度である。

この目的は、薬物常習者等を早期に社会復帰させる代わりに、長期にわたって再犯防止プログラムや専門治療を受けさせるのが狙いであるが、受入先の確保や量刑などについての問題や課題が多いといえる。なお、諸外国においてはフランスに同様の制度があるほか、アメリカ合衆国の一部の州で行われている分割飛制度がある。

(2)　一部執行猶予制度の要件

宣告刑が刑法で執行猶予を付される3年以下の懲役もしくは禁錮刑である場合であって、前に禁錮以上の刑に処せられたことのない者。犯情の軽重及び本人の境遇その他の情状を考慮して、再び犯罪をすることを防ぐために必要であり、かつ相当である場合。猶予期間は1年以上5年以下である。猶予期間中は初度の執行猶予には任意的に、2回目以降（薬物事犯のみ）は必要的に保護観察に付される。

8 刑事政策的意義

(1) 「刑務所帰り」というスティグマ

「刑務所帰り」というラベルを貼ることを避け、そうすることにより、本人の改善・更生と社会復帰を促進させることにある。

犯罪者の社会復帰に際して、その者が刑務所で懲役とか、禁錮の執行を受けたという事実が、スムーズな社会復帰の実現に大きな障害となっているのである。自由刑の執行を終えた犯罪者の側に十分な改善・更生の意欲があっても、「刑務所帰り」というスティグマ（烙印）が一度押印されると、職場復帰、再就職、その他社会生活関係に重大な支障をもたらすことはいうまでもない。

(2) 刑務所内の悪風感染

応報刑の申し子である短期自由刑は、犯罪人をして威嚇することも、また改善することもできず、かえって刑務所収容生活において悪風感染し、彼をして改悪すらするという副作用を有している（百害あって一利なし）。それどころか、再犯原因にも一役を買っているということであり、刑務所をして「犯罪初等学校」とさえいわれている。

(3) 威嚇による特別予防

執行猶予にある者は、その期間中はぜひとも善行を保持しなければならない。もし善行を保持することができなければ、これは刑の執行を猶予する制度であるから、刑の猶予は取り消されて、実刑が執行されることになる。この刑が執行されるという威嚇、心理的強制がなされるということで、本人の自力更生に期待するのである。

(4) 刑の執行の弊害の回避

執行猶予の制度は、かつては短期自由刑の弊害を回避するための代替手段であるといわれてきた。一度刑務所に入り再び社会に現われると、犯罪人名簿には登載され、その他種々の資格制限などが伴うと同時に、前科者とか、別荘帰りの名の下に冷遇されることはいうまでもない。

確かに、刑の執行の弊害というものは、端的には短期自由刑において強く表われているが、しかしながら、何も短期自由刑に限定されるものではない。すべての刑の執行にはさまざまな弊害がつきものである。それゆえ、刑の執行を

猶予してその弊害を回避するところに意義があるのである。その意味で、刑の執行猶予を短期自由刑の弊害を回避するための手段としてよりも、むしろ近時においては、本人の自らの更生・改善と、1日も早く社会に復帰させるという機能を営んでいると解される。換言すれば、ダイヴァージョンの一方策である。

第4章　刑事制裁の種類（司法処分の諸形態）

第 1 節　刑罰の本質・目的（応報刑論、教育刑論）

　刑罰とは、犯罪に対する法律上の効果として国家によって行為者に科せられる一定の法益の剥奪である。それは、犯罪行為を根拠として、国家が行為者に加える国家的非難の形式である。過去の犯罪に対して刑罰を科するものであるから、刑罰は犯罪の予防を目的とした応報ということになる。

　刑罰の本質は、なにゆえに法律をもって刑罰を規定し、裁判によってこれを言い渡し、さらにこれを執行しなければならないかということである。これについては、まず17世紀にグロチウス（H. Grotius）をはじめとしてホッブズ（T. Hobbes）などの自然法学者によってその究明がなされて以来、18世紀にはカント（I. Kant）、ベッカリーア（C. Beccaria）などの哲学の影響を受けた刑法学者によって検討され、現在に至っている。

　ところで、刑罰の本質については、それが犯罪に対する応報であるのか、それとも受刑者の改善・教育でなければならないのか、従来から刑法学派の争いに関連して、応報刑論と教育刑論との根本的な対立がみられるのである。これに対し、刑罰の目的に関しては、刑罰の機能を中心にして、一般予防とするものと特別予防とするものとがあり、概して、応報刑論は一般予防にかたむき、教育刑論では特別予防に重点を置くといえる。刑罰理論における学説は、これらの組み合わせにより成立する。応報＝一般予防か、教育＝特別予防か、が重要な論点をなす。

　歴史的には、応報を刑罰の本質とする思想が支配的であったといえる。応報刑論は、犯罪は害悪であるから、この悪には苦痛の害悪をもってむくいるべきであって、刑罰は罪が犯されたという事実にもとづいて科せられる応報以外の

何ものでもないとするもので、絶対主義ともいわれる。ところで、応報は動に対する反動であるから、刑罰は犯罪という害悪行為に対して、これに相当する害悪・苦痛が科せられるべきものであるとする。ここで相当とは、同等の意味であるが、これを事実的意味に解するか、価値的意味に解するかによって見解が分かれるのである。カントは、個人主義的観点から、「刑罰は、犯罪に対する吾人の理性の当然の要求として、犯罪者に科せられる。すなわち、犯罪者が刑罰を科せられるのは、単に犯人が犯罪を犯したためであって、それ以外に何等の目的を達するためではない。刑罰は、目には目を、歯には歯をもってする」として、事実的相当性を要求するいわゆる同害報復こそ、応報の尺度となるものであると主張した。これに従うと、刑罰は、犯罪をもってなされた害悪と事実的に同じ害悪を加えるもので、例えば人を殺したら殺して返すべきであるということになる。これを、同害報復説といっている。これに対し、ヘーゲル（G. W. F. Hegel）は、国家主義的観点から、「法は、正義を実現せんとする一般的意思であり、犯罪はこれを一時的に否定する特殊の意思に過ぎない。犯罪は法の否定であり、刑罰はさらにこれを否定する法の否定の否定すなわち、正義である」とし、侵害の価値に応じた相当性でよいとする。すなわち、刑罰は、犯罪をもってなされた害悪と価値的に同じ害悪を加えるもので、例えば他人の財物を窃盗した者に対しては10年以下の懲役でよいということになる。これを、等価説といっている。このうち同害報復説は、理論的にも実際的にも実現不可能であり、今日においては等価説が等価的応報論として主張されている。応報刑論における応報は、正当な応報であり刑罰を正当化するものと解し、「犯罪防止の効果」の有無と関係はない。犯罪防止の効果は、刑罰にとって付随的・偶然的なものであるとする。

　刑罰の目的に関し、旧派は一般予防を主張する。一般予防とは、刑罰によって一般の人たちが犯罪に陥ることを予防する思想である。人間というものは、不快を避け快楽を求めて利害の打算の上に行動する動物である。したがって、犯罪を犯すことにより得られる快楽よりも、犯罪によって科せられる不快の方が大であることを刑罰の威嚇をもって予告すれば、犯罪を思いとどまらせることができるという。これが、フォイエルバッハのいわゆる心理強制説である。ここに、一般人に心理的強制を与えるためには、あらかじめ法律で犯罪と刑罰

の関係を定めておかなければならないとする思想が強調される。すなわち、罪刑法定主義の原則の確立である。しかし、心理強制説は、人間を単に合理的打算の動物と理解する点に疑問が持たれている。また、犯罪者に対する刑罰の執行が第二義的なものとされる点で批判を免れない。

ところで、19世紀初頭以来、ヨーロッパ諸国においては、自然科学の発達と物質文明の進歩により産業革命が起こり、その進展が資本の集中化をもたらした。資本主義の発達は、資本家と労働者の対立、無産大衆の増加を呼び、ここに貧困を原因とする犯罪、ことに常習犯及び少年犯罪等の激増を招いたのである。このような現象に対し、従来の応報刑論の主張する刑罰理論をもってしては、根本的に犯罪原因を撲滅することはできず、犯罪対策としてあまりにも無力であってなすべき道を知らない。これに対処すべく、19世紀中葉に至り、実証的諸科学の発達に伴い、犯罪者に対する新たな犯罪原因の解明の必要性が痛感された。また、犯罪及び犯罪人に対する観念が一変し、そして犯罪に対する闘争の方法としては、一般予防よりも、むしろ犯罪人が再び犯罪に陥るのを防止することに重点を置く特別予防に力を注ぐべきであるという思想が醇化し、ここに目的刑論は、応報刑論の批判を通して確立されたのである。

この目的刑論をさらに修正・発展させたものが、教育刑論である。そして今日では、目的刑論はこの教育刑論に発展解消している。これによると、犯罪は悪であり非難されなければならないとする点は、応報刑論と軌を同じくするが、犯罪は犯罪者の反社会的な性格の表われであるから、犯罪を防止する手段としての刑罰は、犯罪者の性格を矯正して、社会に適応復帰させる目的を持つものであるとし、それは応報ではなくして教育でなければならない、と主張する。この説によれば、死刑は否定され自由刑が刑罰の中心とされるのである。配分的正義を目的とする教育刑論は、犯罪と犯罪行為者にしたがって個別化されなければならない。今日の法制化においては、犯罪者に最も効果的な処遇をなすべきであるとし、個別的処遇の原則として具現されようとしている。このうち、刑務所に収容することなく本人を改悛させるものとして、起訴猶予・刑の執行猶予、刑務所内における教化目的達成の方法として、累進処遇・仮釈放の制度が実施されている。

今日において刑罰は、応報（通説）であると同時に、その中には威嚇、教育、

改善の要素も含むものであり、その意味で、それは一般予防と特別予防の作用も営んでいる。ところで、応報刑論は、刑罰の本質と目的とを分けている。人間の意思によって加工された文化的事実については、目的と離れて本質を把握することはできない。文化的事実の本質は、その目的であり、その目的が本質なのである。しかるに、刑罰は文化的事実であるから、刑罰において本質と目的とは別個のものではなく、全く同一のものである。そこで、刑罰の本質はその目的であり、刑罰の目的はその本質なのである。

第2節　刑罰の種類

　刑罰の種類は、歴史的発展と諸国の伝統によって異なるが、刑罰史上、死刑は最も古くからある刑罰だといわれ、かつては生命刑（死刑）と身体刑（人の身体に侵害を加える刑、例えば笞刑、刑、杖刑など）が刑罰の主役を演じていた。文化の発展とともに、その適用範囲は次第に制限あるいは廃止され、現代では自由刑と財産刑がこれにとって代わっている。今日において、自由刑は刑罰制度の中で中心的地位を占めているといえる。

　現行刑法において、刑罰とされるものは、生命刑として死刑、自由刑として懲役・禁錮・拘留、財産刑として罰金・科料・没収の7種類であり（刑9条）、この7種類のほかに、一切の刑罰は認められない。このうち、死刑から科料までを主刑といい、それだけを独立して科することのできる刑罰である。これに対し、没収は付加刑とされ、それだけを独立して言い渡すことはできず、主刑に付随してのみ科しうる刑罰である。

1　死　　刑

　死刑（Todesstrafe）とは、受刑者の生命を奪い、その社会的存在を永久に抹殺することを内容とする刑罰である。死刑は、あらゆる刑罰の中で、沿革的に最も古く、またかつては刑罰の主役の地位を占めていた。死刑の執行方法は、諸国により、時代によって多種多様で、釜ゆで・火あぶり・生き埋め・八つ裂き・はりつけ・溺殺等残虐なものが用いられた。しかも、その執行は、これを公開しており、それはその残酷性を一般人に周知せしめることによって犯罪を

予防しようとしたのであった。

フランス革命を契機として、各国において執行方法は統一・単一化され、現在では電気殺・ガス殺・銃殺・斬殺・絞殺・それに無痛（致死薬）注射等が用いられている。しかしながら、世界的傾向としては、文明の進歩とともに、死刑の意義は減少し、その適用範囲は次第に制限されており、すでに死刑を廃止した国もかなり多数存在している。なお、改正刑法草案も、依然として死刑制度を存置しているが、現行法に比べて、死刑犯罪の数を若干減らし、とくに「死刑の適用は特に慎重でなければならない」（草案48条3項）と量刑上の基本原則を規定したのは、死刑廃止の方向へわずかながら歩み寄りを示したものといえる。

2　自　由　刑

自由刑（Freiheitsstrafe）とは、受刑者を一般社会生活より隔離して、自由の剥奪を内容とする刑罰である。古代・中世においてその代表的な刑罰といえば、当時は死刑・身体刑であったが、その刑罰組織の不合理性が指摘され、ここに死刑・身体刑を緩和する方法として自由刑がこれに代位して刑罰組織の中心となったのである。自由刑は、もともと16、17世紀にヨーロッパ各地の都市において発達した労役場をその起源とするもので、これは浮浪者・乞食・売春婦・労働嫌忌者・不良少年等を収容して、彼らを規則正しい労働に従事させることによって改善しようとする労作訓練場の制度として成立したものである。とくに今日的意味における自由刑の先駆をなすものは、1595年にアムステルダムに設立された男子懲治場であるといわれる。過去の自由刑は、応報的な懲罰観念に支配されていたが、刑罰思想の幾多の変遷に伴い、あるいは18世紀後半におけるハワード（J. Howard）等の監獄改良運動により、漸次、近代的自由刑としての意義と目的が認められ、今日に至っている。

(1)　種　　　類

わが現行刑法が認めている自由刑は、懲役・禁錮それに拘留の3種類であるが、それは今日の刑罰組織のうちで、その適用範囲も広くまたその作用も大きいところから、最も重要で中心的な地位を占める刑罰である。懲役と禁錮とは、ともに受刑者を刑事施設内に拘置するものであるが、懲役には定役すなわち刑

務作業が科せられるのに対して、禁錮においてはこれが科せられない点において区別される。ただし、禁錮囚も請願により作業に従事することができる。これを請願請求といっている。懲役及び禁錮は、それぞれ無期と有期とに分かれ、無期は終身で期間の定めはない。有期の懲役・禁錮は1月以上20年以下とされ（刑12条・13条）、なお有期の懲役・禁錮を加重するときは、30年に至ることができ、これを減軽する場合は、1月未満に下げることができる（同14条）。

　懲役と禁錮という刑罰は、犯罪人の人格・動機等を考慮した結果認められたもので、前者は殺人・放火・強盗等破廉恥犯に対して、後者は政治犯・行政犯・過失犯等非破廉恥犯に対して科せられている。拘留は、軽微な犯罪に適用される自由刑であり、1日以上30日未満すなわち最高29日とし、刑事施設に拘置される（刑16条）。定役を科せられない点は禁錮と同じであるが、請願によって作業につくことができる（刑事収容93条）。刑期が短いこと、拘置の場所が刑事施設である点等は、懲役・禁錮と異なるところである。刑事施設は、実際には、代用監獄としての最寄りの警察署付属の留置場に拘置するのが通例になっている。

　(2)　自由刑の課題

　自由刑に関して、短期自由刑の弊害ということが問題になる。短期間の拘禁では、教化が不可能であり、とくに初犯の受刑者に対しては刑事施設内において悪風への感染率が高く、再犯の原因にも一役買っており、「改善にも威嚇にも役立たず」刑罰として無価値であるといわれる。それで、短期自由刑は有害無益であるから、これに代わるものとして起訴猶予・執行猶予制度の活用が主張される。

　それにもう一つ、自由刑の単一化が問題とされる。懲役と禁錮の区別は、刑務作業が科せられるかどうかにある。自由刑が、積極的に犯罪人の教化改善を目的としており、その目的の到達は、実は刑務作業を不可欠としている。そうすると、ここに自由刑を懲役・禁錮に分ける実質的な理由はなくなる。そこで両者の区別を撤廃して、自由刑を単一化して単一刑とすることが主張されている。

3　財　産　刑

　財産刑（Vermögensstrafe）とは、犯罪者から一定の金額を剝奪することを内容とする刑罰をいう。罰金は、刑罰制度として、自由刑に比較して古い歴史を有している。罰金刑は古くは、加害者が被害者に対して支払う賠償を意味しており、それは公刑罰的のものではなく、私刑罰的性質を持つものであった。公刑罰としての罰金は、ドイツ古法にみられる私刑罰的贖罪の授受に際し国家に収める上納金（平和購買金）の制度として発達したものとされている。罰金が、独立の刑罰すなわち主刑の一態様として確立されるに至ったのは、比較的近世のことである。19世紀において刑罰組織の中心は、自由刑であった。しかし、自由刑の改善作用は必ずしも成功を収められなかった。ことに短期自由刑は、改善も威嚇もせずということを発見し、この弊害を救済する方法として、自由刑に代わる刑罰として、財産刑の適用が拡張されるようになった。

　(1)　種　　類

　刑法の認める財産刑は、罰金・科料・没収の3種類である。罰金・科料は、いずれも一定の金額の納付を命ずるものである。罰金・科料の差は、単に金額の相違のみで、両者に本質的な相違点はない。科料は、軽微な犯罪に対して科せられるもので、刑法典上は、暴行（刑208条）、器物損壊（同261条）、侮辱（同231条）、賭博（同185条）等について規定されている。罰金刑は、短期自由刑に代わる制度として適用されてきたが、今日ではこれに加えて、過失犯・行政犯・法人犯罪の処罰に対する刑罰として果たしている機能は見逃せない。わが刑法の規定によると、罰金は1万円以上、科料は1000円以上1万円未満とされる（同15条・17条）。

　(2)　労役場留置

　罰金・科料を完納することができない者は、換刑処分として一定期間、労役場に留置される（刑18条）。その期間は、原則として罰金不完納なら1日以上2年以下、科料の場合は1日以上30日以下である。罰金を併科した場合、罰金と科料とを併科した場合は、留置の期間は3年までを限度とし、科料を併科した場合は、60日までを限度とする。罰金・科料を言い渡す場合には、それと同時に、罰金・科料を完納しなかった場合の労役場留置の期間を、あらかじめ定め

て言い渡すことが必要である。執行については、本人の承諾が前提となるから、罰金については30日以内、科料については10日以内の納付のための余裕が与えられる。労役場に留置された者は、情状によって行政官庁の処分をもっていつでも仮出場が許される。

ところで、資力の有無により、罰金の完納不能者を労役場に留置することになると、結局、無産者だけが留置されることになり、このことは、憲法で規定する法の下の平等（憲14条）に違反しないかが問題とされた。刑法18条は憲法に違反しない、すなわち、合憲性を肯定するのが判例の態度である（最判昭25・6・7刑集4巻6号956頁）。

(3) 没　収

没収（Einziehung）とは、犯罪に関係ある特定の物の所有権を剥奪して国庫に帰属させる処分をいう。没収は付加刑であって、有罪判決において何らかの主刑を言い渡すとき、それと同時に言い渡されるものである。現行法上は付加刑とされているが、その本質において財産刑としてよりは、むしろ対物的保安処分としての性格を持っている。改正刑法草案では没収を付加刑でない独立の処分としている。

没収の対象物については、刑法19条に規定されている。①犯罪行為を組成した物（通常、犯罪組成物件と呼ばれている。例えば賭博罪における賭物）、②犯罪行為に供し、または供せんとした物（通常、犯罪供用物件ともいわれている。例えば、殺人に用いた凶器）、③犯罪行為より生じた物（通常、犯罪生成物件ともいわれている。例えば、通貨偽造罪における偽貨）、犯罪行為によって得た物（通常、犯罪収得物件ともいわれている。例えば、恐喝によって得た証書）、犯罪行為の報酬として得た物（例えば、堕胎手術に対する謝礼）、④前記③に揚げた物の対価として得た物（例えば、盗品の売却代金）。

没収できるのは、上記の対象物が、現に存在する場合に限られ、その同一性を失ったり、その物が滅失したりしたときは没収できない。没収は、その物件が犯人以外の者に属さないときに限って許される。しかし、犯罪後、犯人以外の者が情を知ってその物を取得したときは、それが犯人以外の者に属する場合でも没収できる（刑19条2項但書）。これを、「第三者没収」といっている。なお、③・④に記載した物件の全部または一部を没収することができないときは、犯

罪による不正利益を犯人の手元に残さない意味で、その価額を追徴することができる（同19条の2）。

第3節　死　　刑

1　死刑犯罪

　死刑（Todesstrafe）とは、受刑者の生命を奪い、その社会的存在を永久に抹殺することを内容とする刑罰である。刑法と死刑とは、その歴史を同じくするといわれるように、刑罰としての死刑の沿革は古く、かつて死刑は刑罰の中心であった。しかし、文明の進歩とともに死刑の適用範囲は次第に制限されてきている。旧刑法（明治13年太政官布告第36号公布、明治15年1月1日施行）では、大逆罪（73条）をはじめとして20余種にわたって死刑犯罪が規定されていた。

　現行刑法において死刑を科すことのできる犯罪は、次の12種、すなわち①内乱罪の首魁（77条1項）、②外患誘致罪（81条）、③外患援助罪（82条）、④現住建造物放火罪（108条）、⑤激発物破裂罪（117条1項）、⑥現住建造物浸害罪（119条）、⑦汽車・電車転覆致死罪（126条3項）、⑧往来危険汽車・電車転覆・破壊致死罪（127条）、⑨水道毒物混入致死罪（146条後段）、⑩殺人罪（199条）、⑪強盗致死罪（240条後段）、⑫強盗強姦致死罪（241条後段）である。この中で、刑法81条で規定している外患誘致罪は死刑のみが絶対的法定刑として認められているが、他の場合はすべて相対的死刑犯罪であり、死刑のほか選択刑として無期または有期の懲役または禁錮が規定されている。そのほか、特別法においては、爆発物使用罪（爆発物取締罰則1条・明治17年）、決闘致死罪（決闘罪ニ関スル件3条・明治22年）、航空機強取致死罪（航空機の強取等の処罰に関する法律2条・昭和45年）、航空機墜落致死罪（航空の危険を生じさせる行為等の処罰に関する法律2条3項・昭和49年）、人質殺害罪（人質による強要行為等の処罰に関する法律4条・昭和53年）など5つの犯罪に死刑が認められている。

　刑法の全面改正を企図している刑法草案（1974〔昭和49年〕5月29日法制審議会総会決定）では、死刑制度は存置しているが、現行法で死刑犯罪とされているもののうち、放火、溢水による浸害、汽車等転覆致死、水道毒物混入致死、強

盗致死などについては、死刑を削除することにした。

2　死刑制度

(1) 執行手続

　死刑の執行は、その判決確定の日より原則的には6カ月以内に法務大臣の命令にもとづいて行われることになっている（刑訴475条）。これは、不当に長く死の恐怖を継続させないためである。しかし実際には上訴権回復の請求（同365条）、再審の請求（同442条）、非常上告（同459条）、恩赦の出願や申立（恩赦12条）があったときは、その手続が終了するまでの期間、共同被告人であった者に対する判決が確定するまでの期間は、この6カ月の期間に算入されない（刑訴475条2項）ことになっているので、死刑確定の後、死刑の執行を受けることなく数年もの間、拘禁されている者もまれではない。これは、死刑執行の生命の剥奪という重大性に鑑み、死刑が回避される可能性がある間は、死刑執行をすべきではないという配慮にもとづいているものである。法務大臣が死刑執行命令書に署名・捺印すると、5日以内にその執行をしなければならない（同476条）。このように法務大臣に死刑執行命令の権限が委ねられているのは、死刑という冷厳な刑罰に限り、司法権が確定したものを、行政権の方でもう一度事後に審査するという、いわゆる三権分立の建前からである。しかしながら、死刑確定者が、心神喪失の状態にあるとき、または懐胎しているときは、法務大臣の命令によって刑の執行は停止される。そして心神喪失の状態が回復した後、または出産の後、法務大臣の命令がなければ執行することはできない（同479条）。執行命令を発するに際しては、死刑執行の重要性にもとづき、すべての事由を検討した後になされる。

　ただし日曜日、土曜日、国民の祝日に関する法律に規定する休日、1月2日、3日、12月29日から31日には執行しないことになっている（刑事収容178条2項）。これを除刑日といっている。少年については、死刑は認められていない。すなわち罪を犯したとき18歳に満たない少年に対しては、いかなる犯罪についても死刑の適用はない（少51条）。

　死刑確定者は、死刑の執行があるまで刑事施設に拘置されることになっているが（刑11条2項、刑事収容3条4号）、死刑の言渡しを受けた者は受刑者ではな

第4章　刑事制裁の種類（司法処分の諸形態）　　81

く、刑の執行を待つ者であるところから、特別の処遇規定を除いては、受刑者より一段とゆるやかである未決拘禁者に適用される処遇が準用されている。もし、拘禁されていないときは、検察官は執行のためにこれを呼びだすことを要し、呼出しに応じないときは、収容状（刑訴487条）を発しなければならない（同484条）。死刑は刑法11条の規定により、刑事施設内で絞首によって行われることになっている（刑11条1項）。その執行は、かつては公開であったが、今日では密行主義が原則である。検察官、検察事務官、刑事施設の長またはその代理人の立会いの上で執行され、検察官または刑事施設の長の許可を受けた者でなければ刑場に入ることができないことになっている（刑訴477条）。通常は、これ以外に医師、教誨師などが立ち会っている。絞首の後、死亡を確認し、なお5分間を経過してからでなければ絞縄を解くことができない（刑事収容179条）。絞首を実行したが、なお死刑囚の生命を絶つことのできなかったときは、再度絞首する。死刑執行に立ち会った検察事務官は、執行始末書をつくり、検察官及び刑事施設の長またはその代理人とともに署名捺印しなければならない（刑訴478条）。検察官は、法務大臣に死刑執行を報告する。そして刑事施設の長は当該刑事施設所在地の市町村長に、死刑のための死亡を報告するとともに、死者の家族・親族に死亡通知が出される。その死体または遺骨は、死亡者の親族、故旧に交付することもできるが、死刑執行後2年を経過し、刑事施設の墓地に合葬した後には許されないことになっている。また死体の埋葬または火葬を行う者がないときは、市町村長に代わって刑事施設の長が行う（刑事収容177条）。なお、受刑者の死体は、場合によっては解剖のために病院、学校またはその他の公務所に送付されることもある。

　それでは、ここにおいて死刑の執行に関する法律をまとめてみておこう。
　　刑法
　　第11条（死刑）①死刑は、刑事施設内において、絞首して執行する。
　　　②死刑の言渡しを受けた者は、その執行に至るまで刑事施設に拘置する。
　　刑事訴訟法
　　第475条（死刑の執行）①死刑の執行は、法務大臣の命令による。
　　　②前項の命令は、判決確定の日から6箇月以内にこれをしなければならない。但し、上訴権回復若しくは再審の請求、非常上告又は恩赦の出願

若しくは申出がされその手続が終了するまでの期間及び共同被告人であつた者に対する判決が確定するまでの期間は、これをその期間に算入しない。

第476条（死刑の執行）法務大臣が死刑の執行を命じたときは、5日以内にその執行をしなければならない。

第477条（死刑執行と立会い）①死刑は、検察官、検察事務官及び刑事施設の長又はその代理者の立会いの上、これを執行しなければならない。

②検察官又は刑事施設の長の許可を受けた者でなければ、刑場に入ることはできない。

第478条（執行始末書）死刑の執行に立ち会つた検察事務官は、始末書を作り、検察及び刑事施設の長又はその代理者とともに、これに署名押印しなければならない。

第479条（死刑執行の停止）①死刑の言渡を受けた者が心神喪失の状態にあるときは、法務大臣の命令によって執行を停止する。

②死刑の言渡を受けた女子が懐胎しているときは、法務大臣の命令によつて執行を停止する。

③前2項の規定により死刑の執行を停止した場合には、心神喪失の状態が回復した後又は出産の後に法務大臣の命令がなけれは、執行することはできない。

④第475条第2項の規定は、前項の命令についてこれを準用する。この場合において、判決確定の日とあるのは、心神喪失の状態が回復した日又は出産の日と読み替えるものとする。

刑事収容施設及び被収容者等の処遇に関する法律

第176条（死亡の通知）刑事施設の長は、被収容者が死亡した場合には、法務省令で定めるところにより、その遺族等に対し、その死亡の原因及び日時並びに交付すべき遺留物、支給すべき作業報奨金に相当する金額若しくは死亡手当金又は発受禁止信書等があるときはその旨を速やかに通知しなければならない。

第177条（死体に関する措置）被収容者が死亡した場合において、その死体の埋葬又は火葬を行う者がないときは、墓地、埋葬等に関する法律（昭和23

年法律第48号）第9条の規定にかかわらず、その埋葬又は火葬は、刑事施設の長が行うものとする。

　②前項に定めるもののほか、被収容者の死体に関する措置については、法務省令で定める。

第178条（死刑の執行）死刑は、刑事施設内の刑場において執行する。

　②日曜日、土曜日、国民の祝日に関する法律（昭和23年法律第178号）に規定する休日、1月2日、1月3日及び12月29日から12月31日までの日には、死刑を執行しない。

第179条（解縄）死刑を執行するときは、絞首された者の死亡を確認してから5分を経過した後に絞縄を解くものとする。

(2)　死刑執行起案書

　それではここにおいて、死刑執行起案書の起草から死刑執行命令書ができるまでを簡単にみてみることにする。第一審または第二審で言い渡された死刑判決は、ほとんどといってよいくらい最高裁判所に上告されるので、最高裁判所がこの上告を棄却して、被告人が判決訂正申立ての期間が経過したとき確定する。また、本人が上訴しないで第一審または第二審の判決に服すれば、14日間の上訴期間を経過すれば自動的に確定することになる。

　死刑の判決が確定すると、判決謄本及び公判記録はすべて二審裁判所（一審で確定の場合は一審地方裁判所）に対応する高等検察庁に送付され、高等検察庁の検事長（または地方検察庁検事正）は、死刑執行に関する上申書を法務大臣に提出する。この上申書の実際の処理は、法務省刑事局で行う。まず、死刑囚一人ひとりの動静を毎日観察している各拘置施設から、死刑の上申書が、この刑事局に提出されることから始まる。死刑執行を所管する刑事局は、これにもとづき当該検察庁からその死刑確定者の裁判の公判記録、公判未提出記録など一切を取りよせ、刑事局付検事に審査を命ずるのである。審査は、有罪認定証拠、刑の執行停止、恩赦、再審、非常上告などすべての事由について一つひとつ丹念に納得のいくまで検討される。審査の結果、判決に誤りがなく、上述した事由の見つからない場合に初めて死刑執行起案書にとりかかるのである。

　この死刑執行起案書は、担当検事から刑事局参事官→総務課長→刑事局長というルートで回り、刑事局長が決裁すると、次に矯正局に回付される。ここで

は概して、死刑確定者が現実に死刑を執行していい心身の状態にあるか否かなどを確認するためのものである。ここでも参事官→保安課長→総務課長→矯正局長、矯正局長が決裁すると、次に保護局に回付される。ここでは概して、恩赦に該当する事由のないことを確認するためのものである。ここでも参事官→恩赦課長→総務課長→保護局長と決裁する。このように、死刑執行起案書は、法務省の刑事局、矯正局それに保護局の内部チェックを受けるのである。ここで、刑事局長は、刑事局、矯正局それに保護局の各決裁を確認した後、死刑執行起案書は、今度は死刑執行命令書と名をかえて法務大臣へ回される。法務大臣官房でも、秘書課付検事→秘書課長→官房長→法務事務次官と順番に決裁する。その後、秘書課長が大臣室に持参して、死刑執行命令書を大臣の机の上に置くことによってすべての手続が完了することになる。

(3) 死刑執行場

わが国における死刑執行は、現在、次の7カ所において行われている。

① 福岡拘置所（福岡市早良区百道2-16-10）福岡高等裁判所管内8県
② 広島拘置所（広島市中区上八丁堀2-6）広島高等裁判所管内5県
③ 大阪拘置所（大阪市都島区友渕町1-2-5）大阪高等裁判所管内2府4県及び高松高等裁判所管内4県
④ 名古屋拘置所（名古屋市東区白壁1-1）名古屋高等裁判所管内6県
⑤ 東京拘置所（東京都葛飾区小菅1-35-1）東京高等裁判所管内1都10県
⑥ 宮城刑務所（仙台市若林区古城2-3-1）仙台高等裁判所管内6県
⑦ 札幌刑務所（札幌市東区東苗穂2条1-5-1）札幌高等裁判所管内

高等裁判所は全国に8カ所設置されているが、この各高等裁判所に対応して、各管内に1カ所ずつ死刑執行場があるということになり、いずれもその高等裁判所管内の死刑確定囚を執行するのである（上記したように大阪の刑場では、大阪及び高松高等裁判所管内の死刑確定囚を執行する）。

3 死刑の執行（死刑適用の実態）

わが国においては、死刑制度を維持しているが、この死刑はいかに運用されているのであろうか。死刑の運用の実態を調べてみると、明治時代における年間平均の死刑執行数は125件、大正時代は40件と非常に多い数字を示している。

昭和に入ってからは、1926（昭和元）年から1935（昭和10）年にかけての10年間における年間平均の死刑執行数は約21件、1936（昭和11）年から1945（昭和20）年までは約16件、1946（昭和21）年から1955（昭和30）年までは約25件、1956（昭和31）年から1965（昭和40）年までは約17件、1966（昭和41）年から1975（昭和50）年までは約12件、1976（昭和51）年から1985（昭和60）年までは約3件である。1986（昭和61）年以後は非常に減少し、1986年、1987（昭和62）年、1988（昭和63）年は各2件である。平成に入ってからは、1989（平成元）年に1件あったのみである。ところが、1993（平成5）年になると、3年4カ月ぶりに死刑が再開され、この年だけで何と7件もの数が記録された。1994（平成6）年には2件、1995（平成7）年、1996（平成8）年には6件、1997（平成9）年には4件、1998（平成10）年では6件、1999（平成11）年には5件、2000（平成12）年には3件、2001（平成13）年、2002（平成14）年には各2件、2003（平成15）年には1件、2004（平成16）年には2件、2005（平成17）年には1件、2006（平成18）年には4件、2007（平成19）年には9件、2008（平成20）年には何と15件、2009（平成21）年には7件、2010（平成22）年には2件、2011（平成23）年には0件となったが、2012（平成24）年には再び7件、2013（平成25）年には8件、2014（平成26）年には3件、2015（平成27）年には3件の執行がみられた。

　戦前はさておいて、第二次世界大戦の苛酷な戦争体験は、国民をして生命軽視の感覚をもたらした。ことに戦後の混乱期における凶悪犯罪の発生は、死刑の数を増加させた。ちなみに、1948（昭和23）年及び1949（昭和24）年にはその頂点に達し、各33件の執行件数を見出すのであった。これは秩序の崩壊と殺伐たる世相を反映してのことであろう。1950（昭和25）年以降は、減少の傾向にあるが、1957（昭和32）年以降再び増加している。そして1957年及び1960（昭和35）年度における死刑数は各39件であり、何と不名誉ながら戦後最高の記録を樹立した。1970（昭和45）年の26件という数は、その時代の犯罪の悪質化を物語っている。それ以後は、多少の増減はみられるも下降の一途をたどっている。また、1964（昭和39）年、1968（昭和43）年、平成に入ってから1990（平成2）年、1991（平成3）年、1992（平成4）年度には死刑執行件数が0となったが、これはわが国の刑法史上始まって以来のことであった。ましてや、1990年、1991年及び1992年と3年間以上も続いたということは、明治以来初めてのことであっ

表4-1 年度別死刑執行数

年	人数	年	人数	年	人数	年	人数
1873	961	1909	18	1945	8	1981	1
1874	748	1910	39	1946	11	1982	1
1875	452	1911	40	1947	12	1983	1
1876	378	1912	24	1948	33	1984	1
1877	135	1913	60	1949	33	1985	3
1878	169	1914	5	1950	31	1986	2
1879	154	1915	94	1951	24	1987	2
1880	125	1916	63	1952	18	1988	2
1881	96	1917	53	1953	24	1989	1
1882	51	1918	56	1954	30	1990	0
1883	61	1919	41	1955	32	1991	0
1884	52	1920	41	1956	11	1992	0
1885	130	1921	25	1957	39	1993	7
1886	131	1922	32	1958	7	1994	2
1887	97	1923	32	1959	30	1995	6
1888	60	1924	13	1960	39	1996	6
1889	49	1925	19	1961	6	1997	4
1890	39	1926	29	1962	26	1998	6
1891	66	1927	12	1963	12	1999	5
1892	51	1928	21	1964	0	2000	3
1893	46	1929	13	1965	4	2001	2
1894	52	1930	15	1966	4	2002	2
1895	75	1931	19	1967	23	2003	1
1896	72	1932	22	1968	0	2004	2
1897	21	1933	28	1969	18	2005	1
1998	48	1934	35	1970	26	2006	4
1899	37	1935	14	1971	17	2007	9
1900	33	1936	11	1972	7	2008	15
1901	29	1937	23	1973	3	2009	7
1902	28	1938	15	1974	4	2010	2
1903	41	1939	14	1975	17	2011	0
1904	45	1940	20	1976	12	2012	7
1905	36	1941	22	1977	4	2013	8
1906	19	1942	11	1978	3	2014	3
1907	12	1943	13	1979	1	2015	3
1908	51	1944	25	1980	1	2016	2

注)「司法統計年報」「刑事統計年報」などにより作成(2016年4月末現在数)。

た。なお、死刑執行はいずれも男性であり、筆者の知る限り、1938（昭和13）年以降1969（昭和44）年まで女性に対して死刑確定者はいても執行した例は1件もなかったが、1970（昭和45）年には戦後初めて女性に対し死刑執行が行われた。1977（昭和52）年から今日に至るまでは2008年を除きついに1ケタの執行件数を示すまでに至り、死刑執行件数は確実に減少傾向にある。今日、死刑は「卑劣な動機にもとづき計画的意思をもって、あるいは残虐な方法で人を殺害し大きな社会不安をもたらした凶悪な殺人犯」というごく限られたものに対して科せられているということである。ここで、注意しておかなければならないのは、まず、第一審で死刑を言い渡された者すべてが死刑囚でないということである。死刑の言渡しを受けた者の多くは控訴、上告をしており、その結果、死刑から無期とか軽い刑に変更されている場合が時としてある。次に、何年度に何件執行されたといっても、事件によって一概にいうことはできないが、実際の犯罪は数年前あるいは7～8年くらい前に行われたものである（犯罪——逮捕——裁判——確定——執行）。表4-1は、年度別死刑執行数である。

4　死刑存廃論

死刑は人の生命の剥奪を内容としているので、従来からこれを存置すべきか、廃止すべきかについて多くの論者によって論議が展開されている。モンテスキュー（C-L. Montesquieu）、ルソー（J. J. Rousseau）、カントなどは、死刑を正当なものとして肯定している。これに対して近世以降、次第に死刑廃止論が唱えられ、その火つけ役を演じたのは個人主義的啓蒙思想に基礎を置くイタリアのベッカリーアである。彼はルソーの社会契約論にその影響を負うところが大であるが、その著『犯罪と刑罰』（1764年）の中で死刑の不合理性を強調しその廃止を展開したのであった。そしてそれが、当時の全ヨーロッパに強い影響を及ぼしたのであった。死刑存廃のその論拠は、時代とともに変遷してきており、ベッカリーアの時代と比較すると比較しえないほど複雑なものとなり、深く掘り下げられている。死刑に関する存廃については多種多様な相当の理由が挙げられている。いずれの論者の立場を踏まえるにしてもするにしても、議論を実証的基礎の上に置くことが必要である。今日主張されている存置論、廃止論の主な根拠を挙げてみることにする。

(1) 死刑存置論

①民族的法律観念を理由とするもので、人の生命を奪った者はその生命を奪われなければならないとし、これは国民一般の持つ法的確信であるとする。したがって、極悪非道な殺人犯に対する刑罰として、死刑は応報感情の満足と法秩序の維持という点から当然の要請であり、正義にかなう刑罰であるとしている。②犯罪抑止力（威嚇力〔Deterrent effect〕）を理由とするもので、重大な犯罪に対しては死刑をもって威嚇しなければ、法秩序を維持する上において法益保護の目的を達することができないという。死刑は、生命という計り知れない最高に大切なものを剥奪するゆえ、犯罪に対して最大の抑止的効果を持つという。概して犯罪を行う者の多くは利己的であり、この者に対して最も効果ある方法は、生命を剥奪することをもって威嚇するにある。さらに、死刑の非回復性すなわち一度執行されると回復することができないという性質は、その威嚇力をいっそう大にする。死刑の存在は、罪を犯そうとする者にとって大きな心理的抑制を持ち、現に犯罪が現状にとどまっているのは、刑法に死刑を規定しているためである。③凶悪犯罪人を社会に放置するのは非常に危険であり、完全に隔離する必要がある。とくに凶悪な犯罪人に対応する機会の多い警察官や、刑務官は安心して職務を遂行することができない。それを保障するためにも死刑はぜひ必要で、世論は死刑の存置を希望しているというのである。その他には、④社会契約を理由とする存置論、⑤国民性と社会状態を理由とする存置論もみられる。

(2) 死刑廃止論

まず、①人道主義を理由とするもので廃止論の中核である。死刑は野蛮かつ残酷で人道上許されないとする。国家が人間の生命を奪うということは、それが極悪非道な犯罪人の生命であるとしても許されない。それに人が人の命を抹殺する制度、すなわち国自ら生命無視の手本をつくり、それを運用する人間を置くことは国家が殺人を禁じていることと矛盾するという。これは主として宗教的立場から出発するものである。②誤判を理由とするもので、裁判が神ならぬ人間によってなされる限り、万全の措置を講じても絶対に無実の者に対する誤判は避けられないとする。仮に誤判によって死刑が執行されたとすれば、他の刑罰ならまだしも死刑は執行されると人命は回復することができない。生き

ている者は、無実を証明することが可能だが、執行された者は自己を語ることは不可能である。真犯人が明らかにされなければ誤判と決定されない。その意味で挽回不可能 (an irrevocable penalty) といわれている。③死刑には刑事政策的にみて犯罪抑止力（威嚇力）がないことを理由とする廃止論がある。死刑は極刑といわれ、確かに恐怖の刑罰であるが凶悪犯罪を行う者にとって、死刑の存在のためにその犯行を止めるというのは単なる幻想でしかないという。極悪非道な犯罪をみるとき、概して行為時の激情にかられた犯行とか、精神異常者による犯行とか、犯罪者は絶対に発覚しないと信じて行為に及ぶとかが多く、この人たちに対して人を殺せば死刑に処するといって嚇してみても、威嚇力が働かない場合がある。またそのほかには、④被害者賠償を理由とする廃止論もある。これに従えば今日の死刑制度は、犯罪人の生命を剥奪するということにのみ着眼し、被害者救済方法については考慮されていない。死刑は加害者、被害者ともに家族の経済的生活を困窮させることになるので、死刑を無期刑に代えて刑務作業による収入で被害者の遺族に対し援助、補償の制度を確立しなければならないとするのである。

(3) 死刑の犯罪抑止力

死刑廃止論が攻撃的なのに対し死刑存置論は防禦・守勢に立たされているが、死刑の犯罪抑止力すなわち威嚇力に関しては、存置論・廃止論のクロスする点である。死刑に世間一般でいう犯罪を防止する効果があるのかどうか。もしないとすれば、刑法に死刑を規定することは意味がないといわなければならない。実に、この威嚇力の有無が古くから死刑存廃の焦点になっている。

かつては、存置・廃止両論とも、統計的数字を基礎にしてこの威嚇力の有無の論証を試みたが、今日では統計によっては威嚇力の証明も否定できないと批判されるに至った。これを証明するには、まず前提として、殺人を犯した者すべてが発覚し、逮捕され、刑を執行されることが必要であるからである。他方、経済的構造を異にし年齢と男女区別の分布状態を異にし、人種を異にした上、あるいは風土気候を異にした社会相互を比較することの困難性にあるからである。死刑の犯罪抑止力の有無につき、これに関しての実証的研究が、いろいろな観点から行われている。セリンは、大体同じ文化状態にあり、しかも死刑制度の存置廃止について異なるアメリカ合衆国の2つのグループにつき比較研究

したところ、そこには実証的に「殺人の比率には差異はない」とし、死刑の一般的予防効果はないとしている。古くなるが、1967年の国連の死刑に関する報告書（モーリス）に従うと、死刑廃止によって凶悪犯罪が増加したり、復活によって減少するような事実は認められなかったといっている。また、プレヴザー教授（ロンドン大学）によれば、イギリスで犯された殺人の多くは精神異常者あるいは激情にかられた者によってであり、これらの者に対して死刑の威嚇力はほとんど期待不可能といっている。仮に死刑というものに威嚇力を認める場合、それは国民一人ひとりすべての人に対して普遍的かつ均等に作用しているということができるものでなければならない。死そのものをおそれない動機から犯罪行動に走る殺人犯に対しては、死刑をもって反対動機を形成することは不可能といわねばならない。周知のとおり、アメリカで死刑志願のゲーリー・ギルモア事件（1977年）があったが、彼に対しては威嚇力は作動しなかったのである。そうすると、犯罪を防止（威嚇）するのは刑罰の重さではなく、犯罪の発覚を確実にすることと刑事訴訟の確実性、それに対する処罰が迅速に行われることが重要である。威嚇力の有無の判断は、統計的・実証的な見地から決定しなければならないが、今日では刑事政策的にみて、死刑が凶悪犯罪に対してあまり期待された力を持っているとは認められないようである。

5　憲法と死刑との関係

1947（昭和22）年に新憲法が施行され刑罰に関して種々の規定を設けた。ここで36条は、「公務員による拷問及び残虐な刑罰は、絶対にこれを禁ずる」と残虐なる刑罰の禁止を規定した。このことから刑法に規定する死刑は、憲法にいう、いわゆる「残虐な刑罰」（cruel punishment）に該当するのかどうかが問題にされるに至った。この点に関して、最高裁判所の判例は、死刑は残虐なる刑罰ではなく、死刑に関する規定は、憲法に違反するものではないとした（最判昭23・3・12刑集2巻3号191頁）。憲法36条の残虐な刑罰を禁止する思想は、1776年のヴァージニアの人権宣言9条を経て、アメリカ憲法修正8条に取り入れられ、それから由来したものといわれている。残虐刑とは、通常の人間的感覚を持つ者にとって異常の衝撃を与える種類の刑を意味する。この判例に従うと、憲法にいう残虐な刑罰とは、執行方法の残虐性、例えば昔行われた火あぶり、

はりつけ、さらし首、釜ゆでの刑のように、反文化的、反人道的な執行方法によることをいうのである。そこで、現在わが国の刑務所で執行されている絞首刑の程度では憲法でいう残虐な刑罰の概念には該当しないということになる。残虐とは、社会感情と相対的なものであり、残虐でないという根拠は、それは一定の重大犯罪に対して、死刑を科すのは健全な国民感情がこれを妥当視しているからであるとする。

　憲法13条は、個人の尊重、生命に対する権利を規定しているが、同時にそれは「公共の福祉」に反しない限り、という条件の下にあり、公共の福祉に反する場合には、生命に対する国民の権利でも立法上制限剥奪されることを予想している。したがって、憲法は生命を奪う刑罰それ自体を、残虐な刑罰とは考えていないのである。生命を奪う刑罰もその種類ないし執行方法のいかんによりこれを残虐な刑罰といわなくてはならないことがあり、憲法36条は判例の称するように執行方法の残虐性を禁ずるものであって、31条との関連において、そのような「残虐な刑罰」をば絶対的に禁止しようとして置かれているものである。この判決は、憲法13条・31条を根拠として、死刑制度の合憲性を承認したものである。

6　死刑に代わる刑罰

　死刑に代わる刑罰は、少なくとも生命そのものを奪う死刑に代わるべきものであるから、死刑と同じ程度の機能を果たしうる価値・意義あるものでなければならない。死刑に代わる刑罰として、諸種のものが考えられるが、ここでは、「終身拘禁」刑いわゆる重い無期刑を提唱したいのである。これは、特殊刑務所において犯罪人自身の犯罪行為についての反省批判と、その改善更生とを図ることを目的としている。終身拘禁といっても、受刑者をして、一生刑務所に拘禁するものではない。いわゆる生きながらの葬りのような一切の希望（例えば、仮釈放とか、恩赦の適用とか）を奪うほどの刑を科すことは、人道上不適当である。希望を与えないで本人の悔悟や更生を期待することは不可能である。いつの日にか、自由の回復が可能であることを期待できるものでなければならない。換言すれば、受刑者に対する社会復帰が図られており、それが目標とされているのである。現行刑法によると、無期自由刑に処せられた者でも、服役後

10年の経過により仮釈放することができるようになっている(刑28条)。斎藤静敬博士の提唱する終身拘禁刑においては、これを15年服役した後、改悛の状が顕著である場合には、被害者の遺家族の同意を要件として仮釈放を認めようとするものである。注意すべきは、この15年という刑期は、絶対的なものであり、恩赦の適用範囲外とする。この点から、他の刑罰と異なるものである。その意味で、終身拘禁刑といっても、15年の服役後に仮釈放の恩典に浴せしめうる可能性を残しておくものである。仮釈放は、被害者側の心理が移行して加害者を許す気持になった場合、これを刑務所に拘禁しておく必要はなく、仮釈放への道を開いた方が、本人更生のために、より効果的であろうと思われるからである。本人が十分に罪を悔い改めたにもかかわらず、被害者遺家族側の同意が得られないということもあるかも知れない。それはやむをえない。仮釈放がなされた場合、自動的に保護観察に付さなければならない。その期間は5年間が妥当と考えられる。それから、本人が仮釈放された場合には、少なくとも1年間のボランティア活動を社会に対しなすべきであり、これを義務づける。その内容であるが、公共施設(例えば道路、公園)などの清掃、高齢化社会を迎え老人施設における介護……など多種考えられる。いたずらに仮釈放を叫ぶのではない。釈放については、とくに慎重を期したい。一歩運用を誤れば皆無に等しくなるからである。そのためには、「釈放審査会」なる機関の設置が必要になり、ここにおいてより具体的な釈放への道が決定されるのである。この釈放審査会は、裁判官、検察官、弁護士、世論代表、心理学者、被害者代表などから構成されるのである。概して、犯罪は、一種の病的現象であるともいわれている。とくに死刑囚には、発揚情性人格、情性欠如人格それに意志薄弱人格の性格者が多くみられるとのことである。現代の科学は、凶悪犯罪人といわれる者でも、その治療いかんによっては、相当の効果があることを信じている。しかしながら、社会から隔離され、いかに立派な教育がほどこされても、不幸にして悪魔に魂を売ってしまったがために、矯正改善不可能な者——いわゆる改善不能性犯人(sogen Unverbesserlicher)が中には存在する。その者は、永久に特殊刑務所の中に入れておけばよいのである。いかなる凶悪犯罪人で改善不可能な者でも、天寿を全うして死の直前にでも真人間に立ち戻るかもしれないという微妙な可能性を内在している。そのときこそ、死刑に代わる終身拘禁が実を発揮す

るのである。

　ところで、現代の文化国家は、国民を社会の犯罪から防衛すべき責任を持っており、国家はこれを構成する国民の生命財産などの安全を守り、平和な社会生活を維持すべき任務を負っているのである。今日の死刑制度をみると、犯罪人の生命を剥奪するということにのみ着眼し、被害者救済については全く、考慮されていない。不幸にして、犯罪により生じた損害は、被害者の遺族を経済的困窮から救済するためにも、国は補償すべきである。諸外国では、すでに古くから犯罪被害者補償制度が実施されており、わが国でも、国の補償実現が早くから期待されていた。おくればせながら、これに対応するものとして、「犯罪被害者等給付金支給法」が、1981（昭和56）年1月1日から実施された。受刑者は、死刑の代わりに終身拘禁として特殊刑務所に送られるのであるが、ここにいう刑務所は、通常のものではなく、終身拘禁を対象にした専門の刑務所であり、立地条件などを考慮して重警備のものを特別に設置する。脱走防止のための細心の留意が必要であることは、いうまでもないが、所内においては比較的自由に行動させることも考えられる。もちろん、この15年間という拘禁の期間中の執行においても、その受刑者は、いずれ社会に復帰していくということを前提においた処遇が行われなければならない。そのために、合理的な刑務作業を遂行するに十分な施設の整備が必要である。ここにおいて受刑者は、強制労働が科せられる。そして、これらを通じて、生活費、社会に与えた損害賠償などをつくりだすべきである。

　ここでいう終身拘禁刑は、少なくとも15年間は刑務所において、そして改悛の状が顕著であるかどうかによって仮釈放の恩典に浴することができるのである。その際、被害者の遺家族の感情をも考慮しつつ行われるものであるから、全く新しい型の仮釈放形式であるといえる。15年という刑期については、「刑務審査会」の権限に属し、その後においては、「釈放審査会」の管轄に属するということになる。ここでの刑期15年間は、冷静にして自己の犯罪行為を深く反省し、それに改善更生の効果をみるものである。一口にしていうならば、「もう一度立ち直りのチャンスを与える」というものである。死刑に代わる刑罰とは、以上のような内容を意味するものであり、現行刑法典から、「死刑」なる語を削り、代わりに「終身拘禁」刑に改めるべきと思う。このような方策をと

ることが、誤判の救済も可能にし、死刑に代わるべき最良のものであると信ずる。

1989（平成元）年12月15日には国連において死刑廃止条約が可決され、1991（平成3）年7月11日より発効した（日本は批准していない）。本条約の発効により死刑廃止は世界的動向といえよう。また、2016（平成28）年10月7日、日本最大の人権団体である日本弁護士連合会が死刑制度の廃止宣言を採択した。宣言は、2020年までに死刑廃止を目指すとする内容で、代替措置として終身刑の導入も提言した。

7　死刑の代替刑の現状

死刑を廃止した諸外国では、死刑廃止後の代替刑制度としてどのような方策をとっているのであろうか。その立法例としては多種多様であるが、ここでは、代表的なものを紹介してみることにする。

(1)　イギリス

イギリスでは、死刑廃止後の死刑に代わる刑罰として、いわゆる無期拘禁刑が採用されている。通常、無期拘禁刑といえば、終身を意味するが、ここでいう無期拘禁は、20年を超えることはまずなく、恩赦によって釈放されているというのが現状である。1952年に成立した監獄法は、その27条で、「内務大臣は適当と認める時はいつでも、遵守すべき条件を定めて終身の拘禁刑に服している者を許可書により釈放することができる」としている。

そこで、多くの受刑者は無期拘禁刑といっても、7年から9年くらいの服役で、許可書によって仮釈放されているのである。このように内務大臣の自由裁量による仮釈放が認められる結果、一般市民の法に対する信頼と犯罪抑止効果の両面から鋭い批判がなされるにいたったこともある。

その後、1965年に死刑廃止法が成立したが、「謀殺として有罪であるものはすべて、国務大臣がその釈放に先立って、イングランド首席裁判所長若しくは最高法院長に諮問し又は時宜により公判判事と協議した場合を除き、……国務大臣によって釈放されてはならない」（2条）と規定し、内務大臣の自由裁量でもって仮釈放をすることが制限されるようになった。すなわち、刑事裁判法(1967年)の61条によると、内務大臣が条件付で釈放する場合には、仮釈放委員

会の同意が必要である、と規定している。

(2) ド イ ツ

ドイツでは、死刑廃止後の死刑に代わる刑罰として、終身刑（無期拘禁刑）が採用されている。この終身刑には仮釈放が認められていないものの、恩赦による方法が認められていた。

しかしながら、仮釈放なくして一生涯にわたり刑務所に収容しておくということは、人格破壊を招くことはいうまでもなく、人間否定にもなりうるとの批判がなされるに至った結果、1967年以降は、一定の拘禁期間、すなわち20年前後経過した後に恩赦が与えられることになった。また、その後、1981年に15年の服役後、仮釈放が認められるようになり、今日に至っている。

(3) フランス

フランスでは、死刑廃止後の死刑に代わる刑罰として、無期拘禁刑が採用されている。この無期拘禁刑は、拘禁者が社会適応性の真摯な徴候を示すということを条件として、刑の15年以上経過した後に仮釈放が認められている。無期拘禁刑の受刑者は、自由のみを剥奪されるにすぎず、刑務作業は科せられていない。なお、自ら刑務作業に従事した場合には、国庫から一定の報酬が支払われることになっている。

(4) イタリア

イタリアでは、死刑廃止後の死刑に代わる刑罰として、徒服すなわち無期懲役が採用されている。

従来、仮釈放が認められる条件としては、28年間刑に服した後でなければ認められていなかったが、1986年の法律663号により、26年経過後と短縮されるにいたった。徒服刑の受刑者が、仮釈放の日から5年を経過すると刑は消滅したことになる（刑法177条）。徒服刑の受刑者には、刑務作業が科せられるが、その作業に対しては当然ながら報酬が支払われることになっている。

(5) カ ナ ダ

カナダでは、死刑廃止後の死刑に代わる刑罰として、仮釈放なしの25年の絶対的拘禁刑を採用している。そうはいうものの、第1級の謀殺については25年、それ以外の第2級殺人については10年の拘禁刑を定めている。しかし、第1級の殺人犯についても10年間経過後に、3人の裁判官の審議により仮釈放が可能

になっている。

(6) スウェーデン

　スウェーデンでは、死刑廃止後の死刑に代わる刑罰として、終身拘禁刑が採用されている。1965年の刑法典によると、10年から15年の刑期が終了後に恩赦で仮釈放がなされていたが、今日では、例外なき条件付仮釈放が可能となった時点で、恩赦の方法により10年から15年の有期刑に減刑されている。

(7) その他の国

　スイス、オーストリアは、無期の強制労働刑が科せられ、15年の服役後に仮釈放が認められている。アルゼンチンでは20年の服役後に仮釈放が認められている。アメリカのミシガン州では10年を経過すれば仮釈放が認められている。デンマーク、オランダ、ノルウェー、ニュージーランド、オーストラリア、フィンランドは、無期拘禁刑を採用しており、サンマリノ、ドミニカ共和国、ブラジル、ポルトガルなどは、20年以上24年以下の拘禁刑となっている。

8　世界における死刑の執行方法

　死刑の執行方法は、諸国により時代によって多種多様で、かつては、釜ゆで、火あぶり、生き埋め、八つ裂き、はりつけ、溺殺など残虐なものが用いられていた。しかもその執行は、これを公開しており、それはその残虐性を一般人に周知せしめることによって犯罪を予防しようとしたのであった。

　しかしながら、世界的傾向としては、文明の伸展とともに、死刑の意義は減少し、その適用範囲は次第に制限されてきており、すでに死刑を廃止した国は世界の3分の2を超え（あらゆる犯罪に対して死刑を廃止している国98、通常の犯罪に対してのみ死刑を廃止している国7、事実上の死刑廃止国35）、死刑存置国58より多数存在している。

　フランス革命を契機として、各国において執行方法は統一・単一化され、現在、世界を通じて用いられている執行方法は、各国により趣を異にするも、概して、電気椅子処刑、ガス室処刑、銃殺刑、斬殺刑、絞首刑それに致死薬注射処刑の6種に整理される。それではここにおいて、参考までにアメリカの死刑存置州で採用している、あるいは採用していた執行具の写真を掲載しておこう（図4-1）。

第4章 刑事制裁の種類（司法処分の諸形態） 97

図4-1 アメリカの死刑執行具
①最近の電気椅子

③サン・クエンティン刑務所内のガス室

②ガス室

④絞首刑具（ワラワラ刑務所、ワシントン州1963年まで使用）

⑥致死薬注射による処刑に使用する針

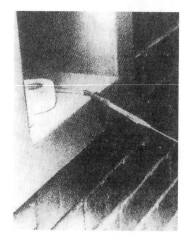

⑤致死薬注射による処刑室
（テキサス州ハインツビル処刑所）

注）④⑤⑥は、Ian Gray & Moita Stanley, *A Punishment in Search of a Crime*. 1989から転載。

第 4 章　刑事制裁の種類（司法処分の諸形態）　99

図4-2　東京拘置所の刑場

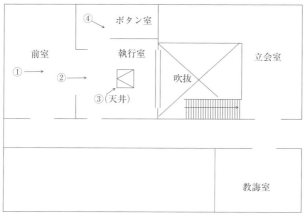

数字は写真を撮影した位置を表す。

写真②

執行室内を撮影したもの
（踏み板を開けた状態）

写真①

前室から執行室を撮影したもの
（カーテンを開けた状態）

写真④

執行ボタンを撮影したもの

写真③

天井に設置された絞縄を
通す滑車を撮影したもの

また、図4-2の東京拘置所の刑場写真は、2010年8月27日千葉景子法務大臣（当時）が、死刑についての情報公開を進める中で報道機関に公開したものである。

第4節　短期自由刑

1　短期自由刑の概念

現行刑法は、自由刑として懲役、禁錮、拘留の3種類を規定しているが、これらはいずれも一定の施設内に拘禁して、その身体の自由を剝奪することを内容とする刑罰である。

かつてのわが国の短期自由刑論は、「受刑者を改善するには不十分で、刑務所の悪風に感染するには十分な刑罰である」とその弊害を指摘し、その代替案を検討することであった。ところが、近年になるや、短期自由刑の処遇理論についての新しい展開や、より経験的な見地からその処遇効果を積極的に再評価すると同時に、処遇方法をさらに合理化させようとする考え方が、とくにイギリス、フランス、ドイツなどの諸国において展開されるに至ったのである。

ところで、短期自由刑という場合のいわゆる「短期」とはいかなる程度の期間をこの概念に入れるべきかについては、各国とも統一的見解はみられない。そうはいうものの、一般的に、①3カ月説（ゲンナート、ハイルボーン、木村）、②4カ月説（ガロファーロ）、③6カ月説（マンハイム）、④1年説（ハル）などがあるが、中には、⑤1週間説（コーン、クーレマン）、⑥2週間説（シュシュル）、⑦6週間説（リスト）などもある。わが国においては、行刑実務の上から、③の6カ月説が通説的地位を占めているといえる。その理由とするところは、行刑累進処遇令を適用する際の下限が、6カ月であることと、それにわが国の特別処遇における最小の期間が6カ月と考えられていることなどからである。受刑者の改善更生のために必要な最低の期間は、どのくらいであるべきかを考慮に入れたとき、一応の目安として6カ月くらいは必要であると思うので、③の6カ月説に私も従う。

2　短期自由刑の弊害

　概して、比較的軽微な犯罪の場合には、広く短期自由刑の適用を見るのを常としている。今日、これを諸外国の経験に徴するとき、「短期自由刑は犯人を治せず」(minima non curat praeton) のことが体験され、19世紀から20世紀にかけて自由刑万能への過信には、短期自由刑の弊害を露呈せざるをえなかった。その理由とするところは、要するに、短期自由刑は、「改善にも役立たず、威嚇の役もしない。それはかえって受刑者の将来に対し非常なる危険を導き、かつ社会自身のためにも危険を導くということが、漸次認められてきたことによる」(リスト) というのである。

　では、短期自由刑の執行に伴う弊害があるとして、一般に是認されているその主な理由を列挙してみると、次のようなものがある。

① 短期自由刑は、短期であるために教育・改善の効果を収めることは、威嚇力もなく、不可能である。

② 短期自由刑は、有害そのものである。なぜなら、一面においては多少名誉心のある偶然犯罪人をして、自暴自棄に陥らしめ、他面においては、その執行場所は設備が十分でないので、刑務所の悪風に感染し職業的犯罪人に化すべき機会を与える危険性がある。言葉を換えていうなら、累犯原因にも一役買っているということになる。

③ 国家は、国費でさらに犯罪者をつくるという結果を招来している。

④ 短期自由刑は、家族の物質的・精神的な困窮をもたらすのみで、受刑者の釈放後の社会復帰も困難にさせている。

⑤ いたずらに前科者の汚名を着せしめる。

⑥ 短期自由刑受刑者の執行場所における過剰な収容は、刑務職員の指導を不可能にすると同時に、行刑実務に過大な負担をかけるのではないか。

などがそれである。

3　短期自由刑の長所

　今日、短期自由刑の持つ威嚇力を全然否定することができないところから、これに積極的に意味を持たせようとする者もいる。その長所として挙げられる

主な理由は、およそ次のようなものである。
① 短期自由刑は正義に合致するという。それは罰金刑と異なり、経済的強者、弱者を問わず等しく作用をなす点で、公平の観念に合う。
② 短期自由刑は、初犯者、機会犯人、過失犯には、ショック的効果がみられる。
③ 短期自由刑は、自由刑である点で、財産刑である罰金刑に比べてはるかに刑罰の性質をいっそうよく明らかにしている。
④ 短期自由刑は、刑務所の過剰拘禁の実情をみるとき、刑期の短いことは自由刑としてはかえって利点である。
⑤ 短期自由刑は、一般的予防の見地からしても、多大の効果を有しているから保持することが必要であるとする。ワッハに従うと、「短期自由刑は改善とか教育などの機能を持たないが、しかし、それは十分な刑罰の苦痛があるから、犯罪の鎮圧は可能である」としている。

4　自由刑代替刑に関するヘーグ会議の決議

　短期自由刑が最初に問題とされるに至ったのは、1872年ロンドンにおいて開催された第12回国際刑法及び監獄会議であった。以来この問題はたびたび当会議に提出され、もって問題とされてきたのである。そしてこの点について1950年ヘーグに開催された第12回国際刑法及び監獄会議の第3部第1問においても、「短期自由刑とこれに代わる諸方法（プロベーション〔後述〕、罰金、強制自家労働等）」が議論の一対象とされたのである。しかしながらこの問題は前の1946年及び1948年の国際刑法及び監獄会議の日程において問題とされ、ベルヌ委員会は短期自由刑の弊害を明確に指摘して、次の5項目の決議をなしたのである。
1. 短期自由刑は教育的作用を及ぼすことができない。
2. その執行設備はしばしば悪くかつ適格の職員を欠いている。
3. その受刑者の大多数は初犯者であって、拘禁によって拘禁の恐ろしさの念を喪失させられ、自尊心を低下させられている。
4. 受刑者の家族は物質的・精神的に打撃を与えられる。
5. 受刑者は釈放の暁において社会的復帰の困難を痛感しその結果累犯に陥らせられる。

としていた。

どうしても短期自由刑のやむをえない場合は、1946年における国際刑法及び監獄会議の決議は再組織の見地から短期自由刑を認める場合の条件として次の6項目を認めている。

1. 衛生的でかつ安全な設備が存在すること。
2. 伝染病の予防措置を講ずること。
3. 身分の確認及び一般的社会的調査を行うこと。
4. 肉体的疾患の診断をすること。
5. 精神病的検診をすること。
6. 有識で経験のある職員が存在すること。

ここ、すなわち1950年のヘーグ会議では、スウェーデンの行刑局長のゲイランソン（H. Goransson）がこの問題に対する一般報告をなし、この報告は諸外国——アメリカ、イギリス、スイス、スウェーデン、ベルギー、フランス、イタリア、デンマーク、オランダ、ノルウェー及びチェコスロバキア——等における学者及び実務家の報告を基礎としたものである。そして、その報告の一致するところは等しく「短期自由刑は有害なものである」との一言である。

前述した自由刑の代替制に関するヘーグ会議において討議された議題、すなわち第3部第1問「短期自由刑及びそれに代わる方法（プロベーション、罰金、強制自家労働等）」に対する同会議の決議は大体次のごとくである。

1. 短期自由刑は社会的、経済的、家庭的に重大な支障を伴うものである。
2. 条件付有罪宣告の制度は疑いもなく、短期自由刑に代わる最も効果的な方法である。

プロベーションを、宣告猶予として、あるいは執行猶予として行うことは、これもまた、最も推奨すべき一つの解決方法と思われる。先に宣告猶予またはプロベーションを言い渡された者であることはその者に対し新たに同じ方法を言い渡すことにつき当然に支障となるべきでない。

3. 罰金もまた短期自由刑に代わる適切な措置として推奨されるべきものである。罰金刑不納のゆえをもって拘禁の処分を受けるべき者の数を少なくさせるために次の諸点の実現が必要とされる。
   (a) 罰金額を被告人の財産状態に適応させること。

(b)　その必要があれば罰金の分割払いが許されるべきであるし、資産または収入が不十分である場合においては、その間納付の猶予を許されるべきである。
　(c)　罰金不納の場合においては当然に自由刑に換刑されるべきである。
 4．司法的譴責、自由を拘束しないで労働を強制すること、起訴猶予さらに場合によっては一定の職業または活動を行うことを禁ずる等の措置の実施も考えられるべきである。
 5．例外的な場合として、短期自由刑が宣告されるときは、その刑は再犯の可能性を最小ならしめる条件の下に執行されるべきである。要するに第12回国際刑法及び監獄会議（1950年）において、短期自由刑は諸種の重大な弊害を伴うものであることを指摘し、同時に短期自由刑があまりにもひんぱんにかつ無差別に濫用されている事実を遺憾とする。

　本会議は立法者ができうる限り短期自由刑を避け、同様に裁判官もできうるだけ短期自由刑に代わるべき制度、例えば若干の国に存在する条件つき宣告、プロベーション、罰金及び司法的譴責等の措置をとるように推奨されるべきことを希望するというにあった。

　なお、プロベーション（probation）とは犯罪者に対し条件付きで刑罰を猶予し個別的な指導監督する社会内処遇制度をいう。施設収容後、仮釈放し指導監督を付すパロール（parole）とは施設収容前の段階の処遇である点で区別されている。日本では、プロベーションとパロールを合わせて保護観察として制度化されており、家庭裁判所で決定される保護観察少年および保護観察付執行猶予者に対する保護観察がプロベーションとされている。

5　短期自由刑に代わるべき刑事制度

　短期自由刑は有害無益の刑罰、たんに応報刑に過ぎず、ひいては再犯の原因にも一役買うということが、わが国でも諸外国においても指摘されたことは事実である。このように、短期自由刑が多くの弊害を指摘されながらも、今日まで廃止されることなく存続してきていることは、短期自由刑にもそれ相当の意義と処遇効果があるからである。

　筆者も、短期自由刑にそれ相当の意義を認めている者であるが、短期自由刑

に代わるべき刑事制度、すなわち代替手段について考察する時、刑事政策的に次の諸種の方法が提案される。①代替としての罰金刑、②代替としての無拘禁強制労働、③代替としての刑の執行猶予、宣告猶予、起訴猶予、④居住制限、⑤飲食店出入禁止、⑥プロベーション、⑦市民権の剥奪、⑧裁判上の譴責、⑨善行保証、⑩資格制限……などが代表的なものである。

第5節　罰　金　刑

1　罰金刑の概念

(1)　意　　義

　罰金刑とは、国家が犯罪者に対して一定の金額の支払いを命じ、犯罪者の財産的利益を剥奪することを本質とする刑罰で、別の名を財産刑ともいわれている。これは、比較的軽微の犯罪に対する刑事制裁として、また短期自由刑に代わる制度として適用されてきたが、今日ではこれに加えて、過失犯、行政犯、法人犯罪の処罰に対する処罰として果たしている役割は見逃せない。罰金刑は、科料、没収とともに財産刑の体系を形成しているが、その中心的刑罰である。それから、罰金刑は一身専属的なものであり、財産刑としての性格を持つものであるところから、罰金は代人による代納すなわち第三者による支払いを許さない。また、罰金の相続はありえないから、犯人の死亡により消滅することになる（例外、刑訴491条参照）。罰金は、各人が独立に責任を負うのであって、多数人が共同連帯責任を負うのではない。罰金は国家に対する債務ゆえ、犯人が国家に対して有する債権と罰金との相殺は認めない。

(2)　沿　　革

　罰金は、刑罰制度として自由刑に比較して最も古い歴史を持っている。罰金刑は、古くは加害者が被害者に対して支払う賠償を意味しており、それは公刑罰的なものではなく、私刑罰的性格を持つものであった。公刑罰としての罰金は、ドイツ古法にみられる私刑罰的贖罪の授受に際し国家に収める上納金（平和購買金）の制度として発達したものとされている。近世に至って罰金は、純然たる独立の刑罰となった。19世紀には刑罰の重点は改善的見地から自由刑に

置かれて発展した。しかし、自由刑の改善作用は、必ずしも成功を収められなかった。ことに、短期自由刑は改善も威嚇もせず、また犯人の性格を悪化するということも認められ、これの多くの弊害（百害あって一利なし）が指摘された。ここに、短期自由刑の弊害を避ける方法として、罰金刑の適用が拡大せられるに至った。

(3) 刑事政策的意義

　罰金は、通常の刑罰と同様に、犯罪者に対する害悪であって、犯罪の発生を予防する作用を営んでいる。この意味では、自由刑、罰金刑とも同じ意義を持っているといえる。しかし、自由刑の場合には、犯罪者の人格への直接的侵害を内容とするのに対し、罰金刑のそれにおいては、本人に財産的苦痛を与えるものであり、直接的には人格以外の財産だけに作用するにすぎない。このように、罰金刑そのものは非人格的なものであるところから、犯罪者を積極的に教育改善するという教化的効果を疑問視する向きもある。

　今日において罰金は、最も現代的な刑罰として、自由刑の欠陥を補完し、かつ代替的な機能を演じていることはいうまでもない。次に、罰金刑の長所とされている点を挙げてみる。まず、軽微な犯罪に対する処罰として、短期自由刑の弊害を回避しうるものとされている。短期自由刑は、受刑者の教育改善に十分に奉仕せず、威嚇力もなく、初犯者に対して刑事施設の悪風感染の場に堕るおそれがある。また、罰金は、射利的その他利欲的動機による犯罪、例えば盗品譲受けの罪、賭博罪、統制経済法規違反罪に対しては、利得の保有を不可能にし、または得ようとした利得以上の損失を強制することにより、利欲心の強い犯罪的意図を抑制する。しかし、罰金には、贖罪金に似た性格があり、一定の金額を国に納付すればよいとする法軽視の風潮を生み、損益計算の上に立つ営利的犯罪行為に対しては、抑制的効果に乏しい。それに、罰金は、刑罰としてその執行方法が簡便であり、納付金は直ちに国庫の収入に帰属し、財政的負担がかからないという利点がある。自由刑においては、施設の多様化など、近代的合理化の要求がますます財政負担の増加をもたらしている。また、罰金は、経済変動に伴う措置を講ずることができ、犯罪の軽重を数量的に表現できる、などという長所がある。しかし、安定性に欠ける点があり、定額引き上げの問題を生じ、刑罰法規に規定される多額をもってしても刑罰的効果を期待し

えない欠点がある。

2　現行刑法における罰金刑

(1)　現　行　法　制

　わが刑法は、罰金は1万円以上とし、これを減軽するときは1万円未満に下げることができる（刑15条）と定めている。わが刑法に従うと、罰金を科する場合として、次の3種がある。①罰金刑のみを処罰とする場合、②罰金刑と他の刑罰と併科される場合（例えば同256条2項）、③罰金刑と他の刑罰とを選択的に科する場合（例えば同247条・230条・204条）である。このうち、刑法は、①・③の方法による場合が多く、②の方法は行政犯にみられる。なお、罰金以上の刑に処せられたものについては、例えば医師、薬剤師等資格制限がある。

(2)　換　刑　処　分

　罰金・科料を完納することができないものは、換刑処分として一定期間、労役場に留置される（刑18条）。これを労役場留置処分といっている。そこで、罰金・科料を言い渡す場合には、それと同時にこれを完納しなかった場合の労役場留置の期間を、あらかじめ定めて言い渡すことが必要である。この期間は、原則として、罰金のときは1日以上2年以下、科料は1日以上30日以下である。労役場留置は、実質的には、懲役刑に近く、労役場に留置されたものは懲役囚に準ずる（刑事収容287条・288条）。なお、改正刑法草案では、この労役場留置を、滞納留置といっている（草案42条）。罰金は、もともと、短期自由刑の弊害を避けるための代替刑であり、刑事政策的見地からも評価されているところである。しかしながら、その金額が現実に支払い不能ならば、結局、労役場留置に還元されることになるが、問題である。解決策として、罰金の延納・分納、必要的猶予・免除などが考えられる。

(3)　罰金刑の問題点

　罰金刑は、行為者の資力の有無により、その苦痛の程度が著しく異なる。ところで、罰金の完納不能者を換刑処分として労役場に留置することになると、結局無産者だけが留置される。このことは、実質的に不公平が生じ、憲法の「法の下の平等」(14条)に違反しないかが問題とされた。合憲性を判示するのが、判例の態度である（最〔大〕判昭25・6・7刑集4巻6号956頁）。貧富の差にかかわ

らず、一定の罰金刑を科すことは、貧者には十分な効果を期待しえても、富者に対しては期待をなしえなく、刑罰効果の不公平を惹起しかねない。かくて罰金刑の衡平性を失い、刑罰の適用性が問題になる。この実質的な不公平を縮小するため、あるいは避けるために合理的な量刑方法として、ここに日数罰金の制度が考えられるに至った。罰金の適用について、現行刑法にはとくに規定するところはない。なお改正刑法準備草案には、「罰金又は科料の適用においては、犯人の資産、収入その他の経済状態をも考慮に入れなければならない」（草案48条）と規定され、この制度の姿がみられた。しかし、その後の審議において削除され、改正刑法草案では、採用されなかった。

3　日数罰金制

(1)　意　　義

　この制度は、「行為者は何日間、経済的不自由をこうむるべきであるか」という考慮から出発したもので、罰金の量定にあたって行為者の経済事情を考慮する方式の一つである。日数罰金制にあっては、罰金額を算定するのに2段階の量定方式がとられている。まず、行為者の刑事責任の重さに相応して何日の日数罰金に処せられるかが定められ、次に、行為者の経済状態を考慮して1日あたりの金額を定め、最後に日数と金額をかけ合わせたものが、罰金刑として言い渡されるのである。例えば、2人の者が同一の刑に値する罪を犯したとき、A、Bに対し区別なく10日間の罰金が科せられたとする。その点においては全く平等である。しかし日数罰金の額は、資力の有無によって同一ではない。Aに資力があれば日額1万円、計10万円になるのに対して、Bに資力がなければ日額500円、計5000円ということになる。

(2)　沿　　革

　日数罰金制の法律上の先例は、すでに古く、1832年のポルトガル刑法41条にさかのぼるが、これがスカンジナビア諸国の立法に大きな影響を及ぼしたといわれている。この制度を、最初に法制化したのは、フィンランド刑法（1921年）においてであるが、今世紀前半より、スウェーデン（1931年）、デンマーク（1939年）など、概して北欧諸国で実施され、またその他メキシコ（1929年）、ブラジル（1935年）、キューバ（1938年）など。最近の立法例としては、オースト

リア（1974年）、西ドイツ（1975年）で採用している。このように、この制度は、諸国で実施されているところで、その成果も実証ずみである。

(3) 問 題 点

この制度を採用することにより、資力の有無による不平等を回避できるが、この制度に対して批判がなされている。まず、この制度の適用範囲であるが、わが国において罰金刑を言い渡される者の大部分は、道路交通法違反の者に対してである。とすると、同法違反のようにそれほど高額でない罰金刑に日数罰金制を適用する必要性があるか、ということである。次に、この制度が技巧的で不自然であるといわれている。はじめに何日間罰金を納めるかを決定し、次に1日分の金額を決定するという2つの段階が、実際の運用面で混合されてしまい適用が不正確になる。裁判官は、罰金額があまり高くならないようにするため、1日分の金額をどうしても低く量定することになり、また伝統的な考え方からして感情的に罰金総額を念頭に置き、そしてその総額を機械的に罰金の日数で割って、1日分の金額をはじきだす危険性があるとする。それに、ここで1日分の金額を算定するといっても、犯人の資力に関して、行為者の収入のみを考慮すべきか、それとも財産をも考慮すべきか、それにしても行為者の経済状態の調査・確定という困難性が伴うのである。

第6節　保 安 処 分

1　総　　説

(1) 意　　義

保安処分（sichernde Maßnahmen）とは、犯罪を犯す危険性のある行為者に対して国家の社会共同生活の秩序を維持し、本人の改善・治療を目的とする一種の司法行政処分である。

犯罪制圧の手段として、刑罰が重要な役割を果たしていることはいうまでもないが、しかし、社会の秩序の安全を維持するためには、刑罰だけではもとより十分ではない。近代刑法は責任主義を原則とし、犯罪の成立を前提とするから、責任無能力者の行為は、たとえそれが有害であり、危険なものであっても

刑罰適用の範囲外にあり、これを罰することはできない。だからといって、これらの責任無能力者の危険（反社会的）行為を放置することはできない。また、刑罰の対象にはなるが、本来その効果を期待できない者（例えば、アルコール・麻薬中毒患者、性格異常者、常習犯人）に対しても、その反社会的行為を防止する必要がある。このような要請に応えて、できたものが保安処分である。すなわち、犯罪行為をなした者、またはなすおそれのある者の危険性ゆえに、刑罰以外において刑罰を補充または代替するものとして、国家によって行われる教育・改善であり、これを通じて社会を防衛することを目的とするものである。刑罰は、過去になされた行為に対するものであるが、保安処分は、将来の危険な性格に対して科せられるということになる。

　保安処分には、人に対しての処分すなわち自由の制限、剥奪という対人的保安処分ばかりでなく、物に対しての処分すなわち法人の解散、営業所閉鎖、没収という対物的保安処分もある。

(2) 歴　　史

　刑罰と区別された保安処分を設けることの必要性を説いた先駆者は、18世紀末葉にあらわれたドイツの刑法学者クラインである。保安処分が体系的制度として初めて刑法の中に規定されたのは、スイスの刑法学者ストース（C. Stooss 1849～1934）の起草にかかる1893年のスイス刑法草案においてである。このストース草案は、その後、各国の刑事立法に大きな影響を与えたが、これは、古典学派と近代学派との妥協的性格にあった。その後、各国において、刑事立法の方面から、保安処分の必要性が認められるに至り、各国の法制の中に採用されている。

(3) 刑罰と保安処分との関係

　これは、刑罰の本質をどのように解するかによって説が分かれている。刑罰と保安処分とを、概念的に区別するものを二元主義といい、刑罰の本質を応報と解する応報刑論者によって主張されるものである。刑罰は犯罪行為に対して反動として科せられる害悪であるが、保安処分は、将来の危険性に対する予防を本質とするものである。刑罰とはその本質を異にし、区別されなければならない。そこで、「責任に対しては刑罰を、危険性に対しては保安処分を」ということになる。これに対し、刑罰の応報性を否定し、刑罰は犯罪者を教化改善

して社会に復帰させるための教育であるとする教育刑論者は、刑罰と保安処分の間には、本質的な区別はないというのである。したがって両者の一元化が主張され、これを一元主義という。

ともあれ、保安処分という概念は、新旧両派によって是認されているものである。現在、多くの国の立法例は二元主義を採用している。

ここで問題になるのは、刑罰と保安処分とを実際に科す場合、これらの関係をどうするかということである。刑罰と保安処分とを併科して言い渡す主義を、併科主義という。この場合に刑罰の執行を先にするものと、保安処分の執行を先にするものとに分かれる。従来は、刑の執行を先にしていたが、近時においては、保安処分を先に執行するという方向に動いている。これに対して、刑罰と保安処分との間に代替性を認め、そのいずれかを科しうる主義を、代替主義という。これは、刑罰か保安処分かのいずれかを先に執行して、その過程において目的を達した場合には他を執行しないとするものである。

2　現行法上の保安処分

現行刑法には、保安処分に関する規定はみられないが、各種の法令で実質上、保安処分と目されるべきものが規定されている。

(1) 少年に対する保護処分

保護処分は、少年の健全な育成を期し、非行のある少年に対して、性格の矯正及び環境の調整に関して行われる処分（少1条）である。

保護処分の対象となるのは、次の非行少年である（少3条1項）。①罪を犯した少年、②14歳に満たないで刑罰法令に触れる行為をした少年、③一定の事由（Ⓐ保護者の正当な監督に服さない性癖のあること　Ⓑ正当な理由がなく家庭に寄り付かないこと　Ⓒ犯罪性のある人もしくは不道徳な人と交際し、またはいかがわしい場所に出入すること　Ⓓ自己または他人の徳性を害する行為をする性癖のあること）があって、その性格または環境に照らして、将来、罪を犯し、または刑罰法令に触れる行為をするおそれのある少年である。

保護処分の審判は、家庭裁判所が行う（裁31条の3第1項3号）。審判は、懇切を旨として、なごやかに行われる（少22条）。その種類は、①保護観察所の保護観察に付すること、②児童自立支援施設または児童養護施設に送致すること、

③少年院に送致すること、の3種である（同24条1項）。

　家庭裁判所は、右の保護処分を決定するため必要があると認めるときは、決定をもって、相当の期間、家庭裁判所調査官の観察に付することができる（少25条1項）。罪を犯した少年には、一定の要件の下に刑事処分に付することも可能であるが、少年法の趣旨からいって、原則として保護処分に付されるべきものとしている（同20条・23条・45条5号）。保護処分があったときは、その事件については、刑事訴追をし、または家庭裁判所の審判に付することはできなくなる（同46条）。

　(2)　保　護　観　察

　保護観察は、本人を不拘束の状態において、これを補導援護するとともに、一定の遵守事項を定めて指導監督し、もってその改善、更生を図るものである。これは、更生保護法（平成19年法律第88号）に規定されている。

　保護観察の対象とされるのは、

　①　刑法25条の2第1項の規定により保護観察に付された者（更生保護48条4号）

　②　少年法24条1項1号の保護処分をうけた者（同48条1号）

　③　少年院から仮退院を許された者（同48条2号）

　④　仮釈放を許されている者（同48条3号）

　⑤　婦人補導院からの仮退院を許されている者（売春防止法24条）である。

　先にも触れたが、英米法においては、収容処分せずにはじめから保護観察に付するものを、プロベーションといい、いったん収容処分をした上で仮に釈放して保護観察に付するものを、パロールといっている。前述のうち、①と②はプロベーション、③・④・⑤はパロールといわれているが、保護観察そのものとしては両者とも本質的な差異はない。

　保護観察に付されている者に対しては、一般遵守事項（更生保護50条）と特別遵守事項（同51条）がある。すなわち①(a)再び犯罪・非行をしないよう健全な生活態度を保持すること、(b)保護観察官及び保護司による指導監督を受けること、具体的には訪問や面接を受け、通学状況、生活状況、家庭環境、交友関係等を申告・資料提示する、(c)すみやかに一定の住居を定め、保護観察所の長にこれを届け出る、(d)転居または7日以上の旅行をするときは、あらかじめ、保

護観察所の長の許可を受ける。②保護観察対象者は、一般遵守事項のほか特別遵守事項が定められるときがある。(a)犯罪性のある者との交際、いかがわしい場所への出入り、遊興による浪費、過度の飲酒、犯罪または非行に結びつくおそれのある特定の行動、(b)労働への従事、通学、健全な生活態度を保持するための特定の行動、(c)7日未満の旅行、離職、身分関係の異動その他指導監督を行うため事前に把握しておくことがとくに重要と認められる特定の事項などである。

　いずれの場合においても、保護観察を司るのは、保護観察所であり（更生保護29条）、指導監督及び補導援護は、保護観察官または保護司に行わせる（同61条）ことになっている。

(3)　更生緊急保護

　これは、更生保護法による更生保護である。自由刑の執行を終わった者、自由刑の執行の免除を得た者、自由刑につき執行猶予の言渡しを受けてその裁判が確定するまでの者、自由刑につき刑の執行猶予の言渡しを受け保護観察に付されなかった者、起訴猶予処分を受けた者が刑事上の手続による身体の拘束を解かれた後、さらに罪を犯す危険を防止するために認められる措置である（更生保護85条1項）。これは、帰住のあっ旋、金品の給貸与、借家などの一時保護、または一定の施設に収容して環境の改善調整を図るなどの継続保護を行い、本人が進んで法律を守る善良な社会人となることを援護することにより、その速やかな更生を保護するものである（同条）。これによると、保護観察所の長が、自ら行い、または更生保護事業法の規定により更生保護事業を営む者などに委託して行う（同条3項）。この措置は、釈放後6カ月内に限り、本人の意思に反しない場合に限って行われる（同条4項）。

(4)　売春防止法による補導処分

　これは、売春防止法（昭和31年法律第118号）の5条（売春の勧誘等）の罪、すなわち、

①　公衆の目にふれるような方法で、人を売春の相手方となるよう勧誘すること。

②　売春の相手方となるよう勧誘するため、道路その他公共の場所で、人の身辺に立ちふさがり、またはつきまとうこと。

③　公衆の目にふれるような方法で客待ちをし、または広告その他これに類似する方法により人を売春の相手方となるように誘引すること。

を犯した満20歳以上の女子に対して、同条の罪または同条の罪と他の罪とに係わる懲役または禁錮につきその執行を猶予するときは、刑の言渡しと同時に、判決で補導処分に付する旨の言渡しをすることができる（売春17条1項・20条）。なお、補導処分に付された者は、婦人補導院に収容し、その更生のために必要な補導を行う（同17条2項）。ここで補導とは、規律ある生活のもとで社会生活に適応させるための生活指導及び職業の補導を行い、ならびにその更生の妨げとなる心身の障害に対する医療を行うのである（婦人補導院法2条）。ここで補導処分の期間は、6カ月であるが（売春18条）、相当と認めるときは、仮退院が許されることがある（同25条1項）。

(5)　精神障害者に対する措置

　これについては、精神保健及び精神障害者福祉に関する法律（昭和25年法律第123号、平成22年法律第71号）がある。これは、精神障害者であって医療及び保健のため入院させなければ、その精神障害のために自身を傷つけ、または他人に害を及ぼすおそれがあると認められるときは、一定の精神病院に入院させることができる（精神29条）と定める。この入院措置は、都道府県知事の権限に属するが、2人以上の精神保健指定医の一致した診断の結果による（同条2項）。検察官は、精神障害者またはその疑いのある被疑者または被告人について、不起訴処分をしたとき、裁判が確定したとき、その他とくに必要があると認めたときは、速やかに、その旨を都道府県知事に通報しなければならない（同24条）としている。

(6)　暴力主義的破壊活動を行った団体の規制処分

　公安審査委員会は、団体の活動として、暴力主義的破壊活動すなわち、破壊活動防止法（昭和27年法律第240号）4条で規定する行為を行った団体に対して、当該団体が継続または反覆して、将来さらに団体の活動として暴力主義的破壊活動を行う明らかなおそれがあると認めるに足りる十分な理由が存在するときは、次の処分を行うことができる（破防5条）。その処分は、そのおそれを除去するために、必要にして相当な限度を超えてはならない。すなわち、

　　①　当該暴力主義的破壊活動が集団示威運動、集団行進または公開の集会に

おいて行われたものである場合、6カ月を超えない期間及び地域を定めて、それぞれ集団示威運動、集団行為または公開の集会を行うことを禁止すること。
② 当該暴力主義的破壊活動が機関誌紙によって行われたものである場合、6カ月を超えない期間を定めて、当該機関誌紙を続けて印刷し、または頒布することを禁止すること。
③ 6カ月を超えない期間を定めて、当該暴力主義的破壊活動に関与した特定の役職員または構成員に当該団体のためにする行為をさせることを禁止することである。

また、前述した処分によって、そのおそれを有効に除去することができないと認められたときは、当該団体に対して、解散の指定を行うことができる（破防7条）としている。

3 刑法改正草案における保安処分

改正刑法仮案（1940〔昭和15〕年）によると、保安処分として①監護処分、②矯正処分、③労作処分、④予防処分の4種を規定していた（仮案126条）。

改正刑法草案（1974年法制審議会総会決定）は、精神障害犯罪者に対する治療処分と、アルコール・薬物中毒者に対する禁絶処分の2種類の保安処分（草案97条）を認めている。このように草案が2種類に限定した理由は、前述した、③労作処分や④予防処分が、人権侵害のおそれがある点を考慮してのことである。

(1) 治療処分

精神障害により責任無能力ないし限定責任能力の者が、禁錮以上の刑にあたる行為をした場合において治療及び看護を加えなければ将来再び禁錮以上の刑にあたる行為をするおそれがあり、保安上必要があると認められるときに言渡しをすることができる（草案98条）。治療処分に付された者は、保安施設に収容し、治療及び看護のために必要な処置を行う（同99条）。その収容期間は、原則として3年とされているが、裁判所が必要と認めるときは2年ごとにこれを更新することができる（同100条1項）。更新の回数は2回を限度とする。しかし、死刑または無期もしくは短期2年以上の懲役にあたる行為をするおそれのあることが顕著な者については、制限がない（同条2項）。

(2) 禁絶処分

　過度の飲酒または麻酔、覚せい剤その他の薬物を使用する習癖のある者が、その習癖のため禁錮以上の刑にあたる行為をした場合において、その習癖を除かなければ将来再び禁錮以上の刑にあたる行為をするおそれがあり、保安上必要があると認められるときに言渡しをすることができる（草案101条）。禁絶処分に付された者は、保安施設に収容し、飲酒または薬物使用の習癖を除くために必要な処置を行う（同102条）。その収容期間は、原則として1年とされているが、裁判所が必要と認めるときは、2回に限り更新することができる（同103条）。

　保安施設に収容された者で、その必要がなくなったときは、いつでも行政官庁の処分で仮に退所することができる（草案105条）。懲役、禁錮または拘留と保安処分とを併科された者に対しては、原則として刑罰先執行であるが、例外として保安処分の先執行もある（同108条）。刑と保安処分との代替主義が認められている。すなわち、刑の執行を受けた者について保安処分を執行する必要がなくなったときは、裁判所は保安処分を解除し、また、保安処分の執行を受けた者について、刑の執行の必要がなくなったときは、裁判所は刑の全部または一部の執行を免除することができるとしている（同110条）。保安処分と刑罰は、もともと異質的なものであるが、しかし自由を剥奪する点においては同じである。人権侵害のないような条件を具備し、その運用は慎重になされなければならない。

第5章　犯罪現象の類型的考察

第 1 節　思春期における犯罪

1　思春期の犯罪心理学的意義

　人間の一生は、生理的な成熟と退行の過程であるが、それは同時に心理的、社会的変化を伴っている。この移り変わりの中で、最も重要な意義を持つものは思春期（Pubertät）である。それは、人間の諸機能のまさに開花する時期にあるといえる。思春期は、少年から成人に移行する重大な時期で、身体的、精神的に成熟する人格形成途上にあり、そのものの発育にもましてめまぐるしいばかりの外的事情の変化と飛躍の連続である。シュプランガー（Spranger）は、この時期を年齢によって限定することは意義がないといっているが、その年齢的限定は、気候風土の影響とか個人差にもよるが大体12、13歳頃から22、23歳頃までにわたっており、最近は1、2年早くなっている。女性は少し早く、男性は少し遅れてこの時期が始まる。

　この時期の最も顕著な特徴として、内的不安定性、周囲からの遮断と逃避、行動の矛盾性、対立的傾向、非妥協的態度、理想と現実の未分離、強い刺激欲求や所属欲等がみられる。この時期の心理学的特性について、エクスナー（Exner）によれば、「空想的な体験欲は、その合法的な満足の内的・外的可能性と全くつりあいがとれていない。体力の過剰は、精神的・道徳的に成熟した人の阻止なくしては、活動へとかり立てる。強力な権勢欲、過度の自我主張、自己発展と自己実現への衝動は、強制と権威に対する特徴的な反抗的態度とを伴い、内的不確実性と容易に誘惑しうることと特有な対立を示している。態度は衝動的である。空想的であること、ごう慢さ、無分別さは、ロマンチックな

冒険あるいは将来を破壊するような刑罰の結果が問題になっているにせよ、自己の行為の結果を無視せしめるのである。不安定さと無定見は、訓練的な職業教育の新しく開かれた任務と衝突する。これに加うるに強力な、まさに目覚めた性的欲望は、許された満足の方法を見出さずに、空想をとらえるのである。いたるところに願望と能力、意欲と当為との間の矛盾が存在する。しかも——これは忘れるべきことでないのだが——この願望と意欲は、成人と全く異なった強さをもっているのである。それは熱烈であり、思惟を支配するものである」と説明しているのである。すなわち、それはまさに人生の疾風怒濤期(Sturm und Drang-Periode)にあるということである。

ところで、少年の人格は成人に比較して非常に可塑性に富むと同時に、特殊の精神状態にあるところから、素質のどの部分がいかなる方向に発展するかは、彼の置かれている環境体験にかかっているといえる。「青年期の特質は無性格である」(シュプランガー)といい、「青年は未だ性格をもっていない」(ホフマン)といわれるように、この時期はいまだ性格が固定していないのである。そのために環境感受性が強く働き、本来の内的世界における不安定と動揺も手伝って素質的犯罪者は、この時期に社会的環境によって洗礼されることが多い。それは、身体的には発達していても、精神的な成熟がこれに伴わないためであり、換言するなら精神と肉体の発達がアンバランスなのである。このような点で、思春期という発達過程そのものが、問題行動や犯罪を起こしやすい危険性を多分に持っていることを忘れてはならない。ましてや素質や環境に異常性が認められる場合には、その危険性の大なることはいうまでもない。この時期の犯罪は、人生体験への未成熟からかもしだされるということになり、その意味で、思春期の犯罪は人生における最初の危機に伴った現象だといわれている。

2 犯罪の特性

(1) 一般的特性

犯罪は、年齢的な発達段階に応じて、また犯罪形態の面でも何らかの特性がみられる。しかもそれは、実に多岐にわたり複雑なものを含んでいるのでこれを一律に論ずることは困難である。思春期においてもまたその例にもれず、外形的には成人犯罪と共通しているところがみられてもその質的、量的なものに

おいて、思春期なるがゆえの特異性を持つことはいうまでもない。

　思春期における少年の犯罪は、概して犯罪の動機が著しく自己中心的であって、かつ、犯罪行動が衝動的であり、それに犯罪行為についても、目的のためには手段を選ばないというような無軌道性、また無計画性と連続性等が顕著に認められるのである。ところでその動機であるが、それに至っては単純でわかりやすいものを通例とするが、しかし時には意味のない理解に苦しむ動機の場合もある。これが危険な年齢に特有な、いわゆる理由なき犯罪といわれるものである。それに常識的にはとうてい理解できないが、すぐに底が割れるような犯罪を平気で行うということもしばしばある。しかもこれを表面的にみると、犯罪自体に不必要な凶悪性を帯びること、またいろどられている場合が多い。それは、複雑な少年の心を上手に外部に表現することができないためのものであろう。確かに、思春期にある者は、成人からみれば、とるに足らないことあるいは簡単に解決すべきことでも、重大な問題として真剣に悩むものである。それから注目すべきことに、最近の少年をとりまく生活環境は、周知のように生命軽視の暴力的風潮、刺激的な映画及び刊行物のはんらん等好ましからぬ豊富な材料を提供していることである。そのために感受性に富み、内外の刺激に対して直ちに反応を示す少年にとって、これらに影響されて犯罪手口等については模倣性が強くみられ、ましてや流行には敏感であり、流行を追う傾向がことさら強い。そこで、これまでの常識を破った新しい型の犯罪をつくりだしているということができる。このことは、ひとえにわが国のみの現象ではなく、諸外国においても共通に認められている深刻な問題である。

　そこでかつては危険な18歳といわれたが、現下のめまぐるしい社会変動の過程と、成長・成熟の加速現象（acceleration）と関連して、今や危険な14歳といわれている（最近はさらに低年齢化傾向を示しているといえる）。その意味で、思春期のことを別の名で、危険な年齢とさえ呼んでいる。思春期にあっては、前述したように精神と肉体の発達がアンバランスなのであり、ここに犯罪の特性というものを生みだしているのである。

(2)　窃盗の特性

　思春期にある者は、いったいいかなる犯罪を行うものであろうか。発生数の比較的多い罪名として、窃盗、恐喝、強姦、強盗、殺人、傷害それに暴行等が

挙げられる。留意すべきは、人心に最も恐怖を与える犯罪が包含されているということである。このうち、低年齢層にあっては財産犯、高年齢層になればなるほど粗暴犯（傷害、恐喝、暴行、脅迫等）の占める割合が大きいのである。

　さて、これらの犯罪の中で、精神的未成熟者にとっては単純な犯罪に親しみやすいためか、窃盗が圧倒的な数を占めており、最高の犯罪率を示している。これは、統計からも明らかなように思春期にある者に限らず全犯罪認知件数の80％を占める顕著な事実である。そこで、ここにおいてはとくに少年の独壇場の観がある窃盗の特性について簡単に触れてみることにする。窃盗は、年齢的にみて12歳頃から15歳くらいの年少者層ほど高率である。まず成人に比較して、犯行の方法すなわち手口にその特色がみられるのである。例えば万引き、空巣、車上狙い、オートバイ盗、自転車盗、自動車盗、忍び込み、事務所荒らし等が目立ち、成人のように金庫破りのようなプロフェッショナル的な悪質なものはさすがに数は少ない。また被害も比較的軽微な事件が多い。ところで従来窃盗は、貧困なるがゆえに起こりうるというのが刑事学の公式とされていたが、近時においては、両親も健在でまた経済的にも不自由していない中流以上の家庭の少年の犯罪が目立っているということである。中でも集団万引きも取り上げられている。思春期において窃盗が多いという事実は、これは所有欲よりも、スポーツ的でスリルを味わうためのもの、あるいはこれを求めて面白半分に行うという、いわゆる遊び型の犯行が多いのである。これらは、仲間に自己の存在を認めてもらいたいとか、度胸がないといわれたくないとか、仲間も犯罪を行っているのだからという一種の安易な合理化の気持も手伝って、そのためにか本来の罪の意識及び責任感の低下も認められている。

　(3)　犯罪の集団性

　思春期にある者は、外部の集団への所属欲求が非常に強いため、集団犯罪——共犯——が比較的多く行われている。そこでこの期における特性の一つに、犯罪の集団性が取り上げられる。少年の共犯事件の割合は、成人のそれに比較してみると著しく高い数値を示しており、とくにその傾向は、低年齢層の者ほど共犯の率は顕著になっている。すなわち共犯の有無について年齢層別にみると、まず年少少年、中間少年それに年長少年という順でこれに関与している。またこれの非行集団への所属状況をみると、集団と最も関連性の強度のものに

高校生、次いで中学生、大学生ということであり、高校生や中学生にあっては、とくに学校集団における窃盗グループが目立ち、それに地域集団も多くなってきている。そこで、このような思春期特有の犯罪の集団性について、少し解明してみる必要がある。まず集団非行に共通する背景は何か、ということであり、端的にいうならば学業不適応がそれであろう。例えば、現在の社会全体の空気として進学熱が高度化したため、何とはなく目的なくして高校に入学してしまう。この過程で劣等感、自己不適当感を感じるようになる。そこで学業以外の面で何とかこれを補償しようとし、同類者が集まって問題行動や、非行等にでる。ここにいわゆる番長組織等が形成され、やがて暴力団予備軍的集団にまで発展する可能性もある。その意味で、高校生に一番問題が内在しているといわねばならない。ここに非行の集団化及び組織化の傾向が濃厚である。

ところで共犯関係を持った犯行のその背後には、必ずといってもよいくらい不良交友とか、上述した非行集団が多く存在しているものである。しかるに思春期にある者は、精神的に未成熟であり、特殊の精神状態にあるものであり、この精神生活の充実に、実は交友関係がいかに重要な役割を演じているのかが理解できよう。参考までに、共犯事件における主要罪名を記してみると、恐喝が最も高く、これに次いで強盗、窃盗、暴行それに傷害等であり、ちなみに強姦等は、6割から7割の者が共犯ということである。

このようにして、少年の犯罪が著しく集団化的傾向を帯びてきたことを理解しえたが、これは、また少年特有の性格の弱さや、人格の未成熟からくる被暗示性、一般に容易に集団心理にかられ、あるいは群集心理によって付和雷同しやすい特性等によるものと思われる。

(4) 年長少年の特性

年長少年になると、身体的成熟も完成に近づき、精神成熟化・安定化の時期に入るので、成人に近づいた年長少年は、他の思春期にある者と比べて何か違った犯罪の特性がみられるのではなかろうか。年長少年ともなると、もはや成人なみの犯罪を犯す傾向が強い。この時期においての犯罪の主役は、自動車による交通犯罪（業務上〔重〕過失致死傷）と凶悪犯（とくに強姦）であるが、この種の犯罪の増加は年々顕著である。交通犯罪の特色は、無免許運転、無免許運転による人身事故、速さにスリルを求めるスピード違反等である。その7割以

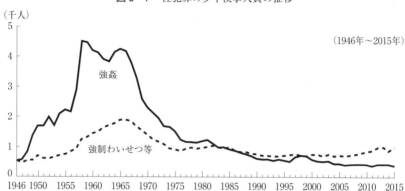

図5-1　性犯罪の少年検挙人員の推移

注1）警察庁の統計による。
2）「強制わいせつ等」には、公然わいせつ及びわいせつ物頒布罪等を含む。

上がこの期の少年によって起こされている。次に強姦罪であるが、これが18歳から19歳にかけて比重があるのは、性的衝動と体力を反映しているためである。これは好奇心、一時の出来心、集団の雰囲気から付和雷同的に行う場合が多い。ところで少年の性犯罪、とくに強姦は、昭和20年代前半及び30年代はじめにかけて急増し、1958（昭和33）年にはピークに達した。そして1969（昭和44）年頃まで高い水準で推移していたが、1970（昭和45）年以降はゆるやかなカーブとともに減少した。性犯罪の少年検挙人員の推移をみたものが、図5-1である。

第2節　女性犯罪

1　女性犯罪の態様

　女性犯罪（Female criminals）とは、いうまでもなく、女性による犯罪をいい、そして女性の犯罪行為とその主体としての犯人及び犯罪現象のすべてを包含するものであり、女性が被害を受ける場合はこれに含まれない。
　概して、国家における人口構成をみるとき、その比率は男性、女性とも等しくあり、そして男女の犯罪発生率も本来同数であってもいいはずである。しかし、女性犯罪は、男性犯罪と比較して著しく少なく、しかも男性犯罪とは罪種や犯罪手段その他において大きな特色を持っている。

男性と女性は精神的にも肉体的にも著しい差異を示すばかりでなく、また社会的地位や生活上の任務・役割においても大きな差異が認められる結果、両性における犯罪的全貌はすべての点において同一視することはできないのである。したがって、女性犯罪の何たるかを理解し、これに対する有効な犯罪予防策あるいは処遇策を講じるためには、犯罪の大部分を占めている男性犯罪のみの研究対象では不十分といわなければならない。ここに、女性犯罪を考察する意義がある。まず、女性犯罪者の現状と特質について述べ、次いで、女性犯罪者に対する処遇がいかになされているのか、また処遇における問題点について概観してみたいと思う。

2　女性犯罪の特性

(1)　女性犯罪の質的特性

　女性犯罪の特性、すなわち男女における犯罪の差異を罪名（種）別に質的な面からの観察であり、女性特有の犯罪が存在するか否かの問題である。

　女性犯罪の中では何といっても、常に窃盗が首位を占めており、およそ8割前後を占めているといえる。窃盗に次ぐのは、横領、傷害、詐欺などの順になっている。窃盗の手口は、置引き、すり、万引きなどであるが、その大部分は万引きである。近年、自転車、オートバイ盗の割合の増加が目立ってきている。ここで万引きであるが、これは、女性が日常生活において買い物の機会に多く接することと、スーパーマーケットなどの発展に伴い、従来の対面方式での商品を売買するというシステムに代わって、店員の手をわずらわせずに、自らの手で直接に自分の欲する商品の買い物ができるようになったことが挙げられよう。このような、以前には予測すらできなかった販売形態の変化が、窃盗犯という意識、あるいはその抵抗感を稀薄にした結果、犯罪機会の増大をもたらしている。これは、スーパーマーケットの利用客層からも理解でき、社会的要因によるものと思慮される。

　男性に比較して、女性の占める割合が比較的高い罪種としては、堕胎、嬰児殺し、遺棄、放火のほか、殺人、窃盗などが挙げられる。

　さて、嬰児殺しであるが、ほとんどといってよいくらい、およそ9割が女性によって行われる犯罪である。これは妊娠した女性が社会的不名誉または経済

的困難から逃避しようとする行為であり、罪を犯してまでも望まない子を抹殺しようとするものである。以前は、恋人関係とか、近親相姦とかによって生まれた子を殺害するのが大部分であったが、近年は、既婚者によって殺害される例も数多くなってきている。この種の犯罪は、経済的に困窮のため犯されていたものだが、その性格が薄れ、早婚とか、同棲による若い母親によって行われるものが多く、後を絶たないといってよい。

　堕胎、嬰児殺しや遺棄などが多くみられるのは、女性の出産と養育と密接な関係があり、過失致死は子供を養育する場合の任務と関係があり、失火は家事と関係があり、これらはいずれも家庭生活に密着した女性の出産、養育、家事に関連の深いものと考えられる。そのほか、自殺関与、尊属殺しなどが挙げられる。放火などは、社会的弱者の暴力的犯罪の代償的な報復行為と理解することができる。これらの罪が女性にとってとくに犯されやすい罪種であり、これらは女性犯罪の特徴を示すものといえよう。別名、女性の代表的犯罪とも称されているものである。女性本来の生活使命と密接な関係があり、ここに窮迫犯（Notdelikt）的な性格がみられる。

　ところで、女性比が比較的高い犯罪といえば、殺人が挙げられるのが女性犯罪の特徴の一つである。これらは、概して男性の場合と違って大部分が家庭内で行われ、身近なものとの人間関係のもつれから犯される場合が多い。例えば、嫉妬、不和、怨恨、復讐などが動機になり、その手段としては、いわゆる「ライオンの力と狐の知恵」の例えのとおり、暴力的ではなく、知能的陰性的な手段に転化され、女性の専売特許ともいうべき薬物を使用したり、睡眠中の機会を利用したりして、また包丁、手拭いなど日常生活の中にあるものを用いて、殺害に走るのである。被害者は、加害者ときわめて密接な関係を持つ夫、子、親、愛人、知人などに限定される。この種の犯罪は、どちらかといえば、女性は日常生活において、忍従の中で生きているので日頃の葛藤を適切に解決することができず、ギリギリのところまで追い込まれた状態で激情にかられて犯された場合が多い。これらの犯罪は、いずれも女性の身体的、心理的特性を反映してのものであるが、女性の体力の弱さに起因するところがあると考えられる。

　これまで、女性による殺人といえば、決まってその対象となるものは、夫、子、親、愛人といった自分と密接な関係を持つ場合と相場が決まっていたので

あった。たとえそれが殺人であっても、やむにやまれずというところがみられ、それは「加害者であると同時に被害者」でもあった。ところが今日では、保険金殺人のように単に金目的だけで平気でわが子、あるいは夫を殺したり、愛人ができたため邪魔になる夫を殺したりするように、女性の犯罪も、自分の欲望のおもむくまま行動するようになった。「女性の犯罪が男性化」してきたのである。これは、女性が社会的に進出して男性と対等に活躍する機会に恵まれ、そのために、人生の生き方も能動的に、積極的になってきたためであろう。

それに、女性犯罪者の多くが被害者的特性を持っているということにも注意しなければならない。それは、どういうことかというと、男性犯罪の共犯者にされたり、背後で女性を操り女性を喰いものにしたり、あるいはまた男性の暴力や性欲による犠牲になったりすることがある。そのほか、女性犯罪の背後には必ずといってよいくらい男性が存在し、彼によって犯罪に追いやられ、あるいは彼の影響のもとで犯罪を行う場合が多いのである。

次に、特別法犯についてみると、何といっても女性の占める割合の比較的高いものは、覚せい剤取締法違反、毒物及び劇物取締法違反、風俗営業等の規制及び業務の適正化に関する法律（風営法）違反及び売春防止法違反である。これらは、女性犯罪の特質をよく表わしたものといえよう。このうち、とくに最近における薬物犯罪の増加は著しいものがあり、以前は伝統的な犯罪である窃盗が第1位であったが、これに代わって、覚せい剤取締法違反が近年、著しく目立ってきている。

次に、女性犯罪と年齢との関係についてである。

女性犯罪の低年齢化が顕著であるが、各年齢段階での特性がみられる。概して女性は、比較的遅くなってから犯罪を始める者が多く（36歳〜40歳、男性は25歳以下）、一般に40歳をすぎてからの中高年齢層の割合が高い。男性の場合だと、大体30歳に至るまでほとんど直線的な増加を示し、年齢が進むに従って急速に犯罪が少なくなるが、女性の場合は、これと反対に年齢が進んでも犯罪率が減少するどころか、高年齢層に達するほど女性犯罪は増加しているのである。これは男性に比べ女性的特性を喪失する更年期において多くみられる現象であるが、要は閉経期を迎えた女性の心身の不安定な状態が犯罪原因に一役買っているのであろうと思慮される。

近年、女性にあっては20歳以上では、その比率が減少しているのであるが、20歳未満の若年層の犯罪が増えている。そういうことで、女性犯罪の特性としての20歳未満の若年層と50歳以上の高年齢層の犯罪の比率が高まっている傾向にある。これは「女性犯罪の二極化現象」ともいわれている。高年齢層における女性の犯罪の高いことは、わが国だけの特有のものではなく、世界的に認められている傾向である。
　次に、女性犯罪と月経（Menstruation）との関係である。
　月経時には犯罪を犯すものかどうかということについて、古くから女性犯罪の特性の一つとして提起されてきた。これは、女性特有の生殖的生理的現象によるものであり、ただそれ自体は犯罪の直接原因として直接に影響するものではないけれど、この月経時においては内分泌腺が平衡障害に陥り、それと並行して情動性の不調和がみられ、病的あるいは異常な精神的状態と結びつくと、犯行を決定づける一要素になるといわれているのである。殺人、放火、万引き、虚偽告訴などの激情による犯罪も、この月経時に関連するものとされ、月経の直前から月経開始の最初の1日までが最も顕著な関係を有するものとされている。よく例に出されることだが、高貴な女性のデパートにおける万引き（Warenhaus diebstahl）は、洋の東西を問わず、万人の了解に苦しむところである。今日、犯人自らが取調官の面前で、「月経時の犯行なる旨」をもって自己弁護する者さえみられる。
　次に、婚姻・知能と女性犯罪との関係である。
　まず婚姻であるが、婚姻は犯罪の抑止に役立つかということである。未婚者と既婚者との犯罪率は、男性と女性とでは異なっている。男性の場合は、未婚者の犯罪率の方が既婚者のそれよりも高率なのに、女性の場合には、これに反して既婚者の犯罪率が常に未婚者より高率であると一般的にいわれている。これは、女性においては、未婚時には潜在的犯因性がより多く存在していたが、婚姻後、それが差恥心の減退とか、虚栄心の歪曲などの動機によって顕在化したために、犯罪率が高められているといわれている。
　それから知能との関係であるが、女性犯罪者は男性の犯罪者よりも、知能との関係がより密接である。男性犯罪者の場合には知能指数と犯罪との間に関係はみられないが、これに対して女性犯罪者の半数近くが累犯者であり、知能が

比較的低いといわれている。

　以上、男性に比べ女性の占める割合の高い罪種について概観してみたが、これに反して女性犯罪の少ない罪種としては強盗、恐喝、傷害、暴行などの暴力的犯罪が挙げられる。これは、いずれも女性の身体的、心理的特性によるものとみられるが、女性の体力薄弱に起因するものかと思慮される。

　ところで、近年、女性犯罪の様相がとみに変化しつつある。かつての女性犯罪といえば主婦層によるものであったが、今日ではこれが学生層に移行していることに注目すべきである。最近の動向として、女性犯罪にも新たな傾向がみられるようになってきたことである。上述したように、従来、強盗、傷害、恐喝、暴行などは、女性犯罪の少ない罪種として挙げられてきた。しかしながら、今日ではこれらの暴力的犯罪が低年齢層の女子少年によって行われてきており、しかも女子少年が主流を占めているのである。その比率たるや、年々増加の一途をたどっているのが現実である。ここに、女子非行の粗暴化が指摘されている。近時、女性犯罪が増加したといわれるが、これはむしろ、女子少年犯罪の増加なるものが主要因をなしているのであり、かつての伝統的な困窮型の犯罪は減少して、いわゆる「遊び型の犯罪」が多くなってきているといえる。

(2)　女性犯罪の稀少性

　人口の約半数を占める女性であるが、女性犯罪の現状をみるとき、女性の犯罪は男性のそれと比べるときわめて特殊のものに限られ、しかも量的にかなり少ない。最近、女性犯罪が増加の傾向にあるといっても、依然として女性犯罪は数量的に少なく、犯罪総数に占める割合は長らく１ケタの数字が続いてきたが、現在では２割前後であり、これは時代、社会を超えてみられる現象である。

　女性犯罪の特性の一つとして、その稀少性ということが挙げられるが、その理由として従来、種々の角度――女性の生理学的、心理学的、生物学的、精神医学的、社会学的側面――から説明されている。今日の社会に妥当するか否かは別として、それらの理由を列挙してみると、すなわち、

① 女性の社会的政治的経済的地位が低く、公的生活面に遠ざかっていたこと。

② 女性の体質が犯罪を制約し、体質的には女性は犯罪に対し弱体であること。

③　女性に飲酒の機会が少ないこと。
④　女性は一般的に禁欲が容易であること。
⑤　女性は母性愛があり、そのための犯罪もあるが犯罪抑制力が強い。
⑥　女性は肉体的道徳的にも優しいこと。
⑦　女性は売春によって犯罪を代償しうる。
⑧　女性が社会被制圧的地位にあること。
⑨　女性は、偶然的、瞬間的気分や感情に動かされ、計画性や積極的犯罪実行がないこと。
⑩　女性の生物学的すなわち生理的基礎条件のため、社会的条件はあまり重要でない。
⑪　女性本来の使命は、子を産んで育てることにあるため、忍耐が身についており、心理的条件を重複する。

などである。

　ポラック（O. Pollak）に従えば、女性犯罪が少ないのは、「女性が独占的に犯しやすい万引、売春、堕胎、偽証は非常に控え目に報告されており」、また、「女性犯罪者は、知人が被害者である場合が多いので被害届を出さないことが多いために、男性犯罪者より一般に発覚することが少ない」とし、「逮捕されても、女性犯罪者は男性犯罪者より寛大に取り扱われる」ことなどによるとしている（O. Pollak, *The Criminality of Woman*, 1950）。

　女性が全く自由であり、男性と対等な国にあっては、男性との比率の差が少ないが、女性の社会的地位が低く封建的束縛の強い国では、男性との比率の差が大きく、女性の社会的進出が目ざましいほど、女性犯罪が多くなるという通説は、女性の地位が男性に近づくにつれ、ますます女性犯罪も増加の一途をたどるということを意味するが、この従来の通説は、女性の社会的進出が目ざましい今日においてはくつがえされているといえるのではなかろうか。では、女性犯罪は、なにゆえに少ないのか。この理由については、生物学的要因（生理的・心理的条件）に求めるものと、社会的要因（社会的地位、伝統の差、女性の行動範囲の狭さ）に求めるものとがあるが、今日においては、両者すなわち、生物学的要因と社会的要因を統合的に把握する見解が定着しており、この2つの要因から、犯罪性を解明すべきであると思慮される。

3 女性犯罪者の処遇

(1) 女性受刑者の処分

女性犯罪に対する処分は、一般的にいって寛大である。検挙、起訴、公判という刑事手続が進めば進むほど、女性は男性より軽い処分を受ける傾向がみられる。その寛大さは、何といっても起訴猶予率の男女差に表われているといってよい。

表5-1は、男女別の新受刑者数の罪名別構成比である。図5-2及び図

表5-1 男女・罪名別新受刑者数

(2015年)

罪　名	総数		男性		女性	
総　　　　　数	21,539	(100.0)	19,415	(100.0)	2,124	(100.0)
刑　法　犯	13,221	(61.4)	12,037	(62.0)	1,184	(55.7)
殺　　人	231	(1.1)	193	(1.0)	38	(1.8)
強　　盗	546	(2.5)	525	(2.7)	21	(1.0)
傷　　害	946	(4.4)	911	(4.7)	35	(1.6)
暴　　行	127	(0.6)	126	(0.6)	1	(0.0)
脅　　迫	86	(0.4)	80	(0.4)	6	(0.3)
窃　　盗	7,133	(33.1)	6,238	(32.1)	895	(42.1)
詐　　欺	1,886	(8.8)	1,777	(9.2)	109	(5.1)
恐　　喝	181	(0.8)	178	(0.9)	3	(0.1)
横領・背任	270	(1.3)	247	(1.3)	23	(1.1)
強　　姦	302	(1.4)	301	(1.6)	1	(0.0)
強制わいせつ	331	(1.5)	330	(1.7)	1	(0.0)
危険運転致死傷	75	(0.3)	70	(0.4)	5	(0.2)
放　　火	109	(0.5)	92	(0.5)	17	(0.8)
住居侵入	243	(1.1)	241	(1.2)	2	(0.1)
暴力行為等処罰法	169	(0.8)	168	(0.9)	1	(0.0)
そ　の　他	586	(2.7)	560	(2.9)	26	(1.2)
過失運転致死傷等	288	(1.3)	274	(1.4)	14	(0.7)
特　別　法　犯	8,030	(37.3)	7,104	(36.6)	926	(43.6)
銃　刀　法	76	(0.4)	76	(0.4)	-	
売春防止法	19	(0.1)	14	(0.1)	5	(0.2)
覚せい剤取締法	5,991	(27.8)	5,162	(26.6)	829	(39.0)
麻薬取締法	45	(0.2)	39	(0.2)	6	(0.3)
入　管　法	16	(0.1)	14	(0.1)	2	(0.1)
道路交通法	992	(4.6)	944	(4.9)	48	(2.3)
そ　の　他	891	(4.1)	855	(4.4)	36	(1.7)

注1) 矯正統計年報による。
　2)「横領」は、遺失物等横領を含む。
　3) ( ) 内は、構成比である。

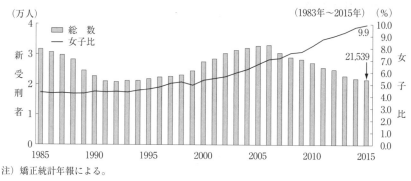

図5-2 新受刑者数及び女子比の推移

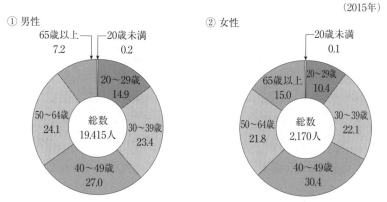

図5-3 新受刑者の男女別・年齢層別構成比

5-3は、「新受刑者数及び女子比の推移」と「新受刑者の男女別・年齢層別構成比」からみてみたものである。

　女性犯罪に対する処分の寛大さは、いうならば、女性犯罪には一般に男性の犯罪に比べて、軽微なものが多いことに理由があると思われる。

　とくに、女性の代表的な犯罪といえば、窃盗犯であるが、男性の公判請求率が60％台であるのに対し、女性の公判請求率はおよそ20％と低い。男性の起訴猶予率に対して女性のそれは、およそ2倍以上であり、このように女性は男性に比較して起訴猶予率が著しく高いということがわかる。この場合、男性と比べ被害金額も軽微な万引き事犯がほとんどであるため、検挙の機会が少なく、

温情的に見逃され、このような微罪事件に対して検察官は、刑事政策的見地により起訴を見送っているのである。

しかしながら、これが詐欺の場合になると、女性の起訴猶予率は男性とそれほど開きがなくなることがわかる。これは、窃盗の場合と異なり、女性詐欺犯の犯罪性が男性詐欺犯と共通しているところがみられるからである。

ところで、近年、女性の薬物犯罪の増加が目立ってきているが、とくに覚せい剤事犯が多い。特別法犯で女性の占める割合の高い覚せい剤取締法違反の場合においては、男女とも前述した窃盗などと異なり、公判請求率は相当高くなっているといわなければならない。この件で、略式命令請求をした例はほとんどなく、全件公判請求をしている。これは、窃盗などと異なって、検察官の薬物事犯に対する徹底した処理方針のためである。

薬物事犯に対しての公判請求率は高いとはいえ、女性犯罪者の処分は、各段階において寛大に取り扱われる事例があまりにも多く、自由刑の実刑を受ける女性犯罪者は、非常に少なく、まれであるということになる。

ここでいう女性犯罪者とは、実は、ふるいにかけられてきたものであり、その意味で「選ばれた犯罪者」なのである。今日、女性が社会に進出し、家庭から解放されたといっても、まだ男性を中心とした社会機構である。その結果、いずれの社会も共通して男性より多かれ少なかれ、女性犯罪者に対しては同情的である。捜査、起訴においてはもちろんのこと、判決においても、なおさらのことであり、とくに寛大に取り扱う傾向にあるといえる。

しかるに、犯罪統計資料に表わされている数字といえども、はるかに潜在犯罪数より少なく、実に女性犯罪は秘密にされているのである。このように、統計の数字も少部分しか示していないし、それは女性犯罪における氷山の一角にすぎず、いかほど未知数の犯罪が隠されているかに注意しなければならない。それゆえ、実際の犯罪数は、潜在的犯罪数に統計上の数を加えたものであり、統計上の数字に対して周到な注意を払い、そして初めて問題の評価が可能になる。ポラックが、「女性犯罪は仮面を被っている」とは、まさにこの点を明確に指摘したものであり、女性犯罪は覆面的性質を持っているといわざるをえない。

このように、女性犯罪者に対して処分が寛大であるといわれる理由として、

前述したごとく、女性犯罪は一般に微罪な事件（例えば、ストッキング1足の万引きといったたぐいのもの）が多いことと、たとえ軽微でない犯罪であっても、その多くが同情の余地のある情況の下で行われている場合が多いこと、それに女性の精神的・心理的・社会的特殊性のために女性に対する処分には特別の配慮または慎重さが要求される、ことなどが挙げられる。

(2) 女性受刑者の処遇における問題点

女性犯罪者の刑務所における処遇であるが、行刑法の理念にもとづき、人間尊重を基調として、時代にマッチした女子処遇を目指して行われている。

まず、処遇の個別化ということであるが、これは、受刑者処遇の最終目標は何といっても、社会復帰にあるのであるから、受刑者の社会復帰を目標として、個々の受刑者の人格特性とか、また個人的な必要性に応じた処遇計画をつくり、それにもとづいて処遇を実施しなければならないが、現に受刑者分類規程などにもとづいて各個人に応じた処遇が行われている。次に、わが国においては、伝統的な受刑者処遇の一つとして累進処遇制（別名、段階制ともいわれている）が採用され、分類制と並行して運用されている。これは、いうまでもなく、累進的に処遇に差異を設け、成績の向上に応じて第4級から第1級まで順次緩和された処遇を与え、段階的に受刑者の生活を社会生活に近づけていこうとするものである。今日では、女子刑務所において、第3、4級者は集団室（いわゆる雑居拘禁）であるが、第1、2級者には半開放単独室（いわゆる独居拘禁）が与えられ、また第1級の一部の者については、開放寮に交替で生活させ、もっぱらすべて自主的な生活を行わせている。

現在、女性受刑者（W級）を収容する施設としては、札幌（札幌矯正管区）、福島（仙台矯正管区）、栃木（東京矯正管区）、笠松（名古屋矯正管区）、加古川、和歌山（大阪矯正管区）、岩国（広島矯正管区）、西条（高松矯正管区）、麓（福岡矯正管区）の9つの刑務所がある。全国9つのW級施設における平均収容率は、およそ80%であるといわれている。女性受刑者は、その特殊性により、また全体としてその数が少ないこともあって、受刑者の居住地に近い施設に収容されている。女性外国人受刑者（WF級）は、すべて栃木刑務所に収容されている。

女性受刑者の矯正処遇に関しては、種々の特有の問題点が内在するところである。

まず第一に、分類処遇の不徹底ということである。

前述したように、女性受刑者の数が少ないこともあって全国に合計9つの収容施設があるにすぎない。そのために女性受刑者は、男性受刑者のように処遇分類級にもとづいて、各人にふさわしい施設と処遇を与えられる配慮はなく、施設ごとの特殊・専門化も行われておらず、A級（犯罪傾向の進んでいない者）も、B級（犯罪傾向の進んでいる者）も、懲役囚も禁錮囚も受刑者の居住地に近い施設に区別なしに同一に収容されているのである。すなわち、男性受刑者について行われているような分類処遇（例えば、年齢、刑期の長短、矯正の難易度）が、女性受刑者については行われていないのである。このように、女性受刑者はあらゆる種類の者が同一施設に収容されているので（いわゆる異級混禁）、場合によっては、とくに初犯者などは、刑務所で改善されるよりもむしろ犯罪性の感染の機会を持つことにもなる。悪風感染のもとになり、人はこれを犯罪初等学校とも称している。

第二に、女性受刑者を収容する施設の数の少ないところから、女性受刑者はその居住地から、かなり遠く離れた施設で刑の執行を受けなければならないのである。

その場合、家族の者の訪問にも不便をもたらすことは、いうまでもない。また、施設の職員が受刑者の社会復帰の準備をするために、居住地域の実情を知り、帰住先である地域社会との環境調整のための指導に大きな支障が生じるといわなければならない。このことは、女性受刑者にとって相当の社会復帰を防げている要因にもなっている。犯罪者処遇の最終目標は、何といっても社会復帰にあることを忘れてはならない。感情に支配されやすく、また環境にも影響されやすいといわれている女性犯罪者の社会復帰のためには、その女性をとりまく家族・知人との交流、カウンセリングが必要不可欠である。その意味で、早急に女性収容施設を現在の全国9つの施設から、数をもっと増やし、地域的に細分化・多様化する必要がある。

第三に、女性累犯者に対する処遇の問題がある。

女性受刑者は、男性受刑者に比べた場合、一度だけの受刑で再入所しない者が多い反面、犯罪回数を重ねるにしたがって、再入所は逆に男性受刑者を上回るということになる。すなわち、女性受刑者にも男性に比べて少なからず累

犯・再犯以上の者が多いということである。これは何を物語っているのであろうか。女性の多くの場合、罪を犯して一度前科者の汚名を着せられると、一般世論の非難は男性より強く、徹底的に社会生活の諸関係からは排斥されてしまい、ついには疎隔される傾向にある。また犯罪を行ったために、家庭からも、夫からも、子供からもまた恋人からも見離されてしまうのが常道であるといわなければならない。以後、その受刑者の更生は、非常に困難になる。

女性累犯の特徴としては、夫との死・離別とか、夫に問題がある不幸な婚姻などという、いわゆる保護の欠如した環境条件に支配されたものが多いとされている。このような事情からして、女性累犯者は、犯罪の回数を重ねることになるのである。このような事態を何としても回避しなければならない。その見地から、まず、その初犯を予防することが先決問題である。そのために、女性初犯者に対しては、原則として起訴猶予、判決に際しては執行猶予の制度を、最大限に活用されることが望まれるゆえんである。

第四に、釈放されてからの生計のための職業訓練も、非常に重要なことである。

社会復帰のための職業訓練として、集合訓練の美容科（本科1年、インターン1年）、自所訓練の洋裁、和裁、編物、家事サービス科の課程があるところであるが、これ以外にも、社会のニーズに応えられる職業訓練の充実が、ぜひとも必要である。ここにおいて、比較的再犯の危険性の低い殺人、放火などについては、刑期がある程度長いので職業訓練も行いやすいが、反対に再犯の危険性の高い窃盗、詐欺、売春防止法違反などについては、刑期も比較的短いところから職業訓練にも限界がある。

第五に、社会復帰を容易にするために、現行の作業報奨金の額も再検討すべき時期にきている。

いうまでもなく、女性受刑者の刑務所内処遇において中心的役割を演じているのは、刑務作業である。ここで刑務作業とは、刑事施設において自由刑執行の手段内容として、被収容者に行わせる労務のことをいう。刑法上、定役に服すべき懲役受刑者の作業がその主なものであるが（刑12条2項）、その他に場合によっては、刑事被告人、拘留受刑者及び禁錮受刑者も本人の願い出により作業に就くことが許される。これを請願作業（刑事収容93条）と呼んでいる。わが

国の刑務作業の形態は、生産作業、職業訓練それに自営作業の3種類に区分され実施されている（「刑務作業事務取扱規程」〔平成16年法務省矯総訓第4289号〕）。

　刑務作業に従事した者には、受刑者の勤労の意欲を向上させるためと、釈放後における更生資金にあてるという経済的な必要性から、作業報奨金が支給されている（刑事収容98条）。これは、いったん国庫に帰属した作業収入と等価的関係になく、多分に作業奨励のためという政策的考慮にもとづく支出である。その性格は、作業に対する報酬ではあるが、私法的な対価としての賃金ではなく、公法上の配分であり、あくまでも恩恵的なものである。作業報奨金は、作業の種類、就業の条件、作業の成績それに生活態度などを考慮して計算され、作業報奨金計算高として、毎月受刑者本人に告知される。そして、原則として釈放時に更生資金の一部として支給されることになっている。物価の上昇をも考慮されているが、なにしろその金額はきわめて低額で、一人あたり平均月額は、4816円（2014〔平成26〕年度）である。この金額では、あまりにも低額で時代感覚に合わない。このことは労働意欲をなくすものではなかろうか、などの批判がなされている。

　この批判に応えるものとして、1884年にドイツのヴァールベルクが提唱した、いわゆる賃金制が主張されるのである。賃金制とは、国家は受刑者の労働力の対価として賃金を支払う義務を負い、受刑者は国家に対して賃金請求権があるという制度である。しかしながら、これに対しては、刑事施設の生活費を賃金から差引くので、かえって受刑者に不利益を招くことはないかどうか、また、受刑者の希望する有利な作業が恒常的に確保されるものかどうかなど、種々クリアしなければならない問題が残されており、賃金制採用にはまだ検討すべき余地がある。そこで、作業報奨金を一歩進め、より対価性を有する作業報酬的なものを前向きに考慮すべきである。

　第六に、以上の諸点とは多少性質が異なるが、女子刑務所に特有な問題として、乳幼児を抱えた女性受刑者の育児の問題がある。

　女性受刑者が1歳未満の乳児を伴う場合においては、とくに母親が育てなければならない事情がある場合、申出により許される（刑事収容66条）ことになっている。乳児は1歳になるまで刑務所にある保育室で育てられるが、それを超えた場合には、保護者あるいは一般の乳児施設に預けられることになっている。

参考までに記しておくと、受刑者が懐胎しているときは、その出産は刑務所内で行うのではなく、外部の病院で行われている。これは、子供の将来のことを考慮してのことである。

最後に、婦人補導院の問題がある。

婦人補導院というのは、1958（昭和33）年に売春防止法施行とともに制定されたもので、東京、大阪それに福岡の3カ所に設立されたものである。売春防止法5条の罪を犯して、補導処分に付された成人女子を収容し、これに更生のために必要な補導を行う施設のことである。わが国唯一の成人に対する保安処分的施設とされるものである。

前述のうち、大阪婦人補導院は入院者数の激減したこともあって、1971（昭和46）年3月から業務を停止している。近年、売春の巧妙化に伴って、検挙される者が少なく収容されている人員も少数である。現在では、東京婦人補導院が置かれている。

上述したように、女性犯罪には、男性犯罪と違って女性犯罪特有の問題を抱えているといえる。それゆえ、その処遇に関しても女性固有の問題があるといわなければならない。なお、『犯罪白書』（平成4年版）に従うと、施設における女性受刑者の処遇はその特性を考慮して、とくに重要視すべき事項として、①情緒の安定性を養うこと、②家庭生活に関する知識と技術を習得させること、③教養と趣味を身につけさせること、④健康の管理に留意すること、⑤保護引受人との関係の維持に努力すること、などの5項目を挙げているのである。

今後の課題として、女性犯罪を全体としてみたとき、売春防止法違反とか、窃盗を中心として横領、詐欺などいわゆる財産犯で占められているという実態があるので、処遇においては、一般社会への復帰のために経済的生活能力を付与することが重要であると思慮される。女性犯罪者の場合、保護状態の欠如した環境条件に支配されて犯行に及んだというのが比較的多くみられるので、これらの者に対しては、改善更生をさせるための社会内での保護措置の充実が必要である。また、精神的に窮迫した状態で行われるような犯罪に対しては、女性はとくに感情に動かされ、走りやすいところから、カウンセリング的な精神対策すなわち施設の充実がぜひとも必要である。

ところで、どうすれば女性による犯罪を防止することができるであろうか。

言葉を換えていうなら、女性犯罪対策上、重要なことは何かということに帰着する。何回もくり返すが、犯罪者処遇の最終の目標は社会に復帰することにあることを忘れてはならない。そこで、女性犯罪の実態とその特質を挙げ、その個々に対する原因を解明し、よって女性犯罪に対する具体的な対策を考慮しなければならない。

第 3 節　精神障害者と犯罪

1　精神障害者の概念

　古くから、精神障害者による凶悪な犯罪の発生は、善良な一般社会市民に恐怖感を与えている。1980（昭和55）年8月、新宿駅西口で発生したバス放火事件などにみられる事件が、精神障害者による犯行であったために社会問題になった。これらの者による犯罪には、殺人、放火、暴行、傷害など多種多様あるが、それらは、実にささいな動機、予測されない動機によって発生されており、これらの者に対してこのまま放置しておくわけにはいかず、犯罪対策の必要性がここにあらためて認識されるに至った。精神障害者の犯罪は、古くから刑事政策上の重要な問題の一つとされていた。これを歴史的にみると、ヨーロッパでは、悪魔つきであるといわれて迫害され、わが国でも、狐つきとか、犬神つきとかいわれ、その立場は非常に悲惨なものであった。

　ここで、「精神障害」とは、精神機能の障害のため自己統制ないし社会適応できない状態の総称である。その原因として、いろいろなものがあるが、例えば、内因性精神病（統合失調症、躁うつ病、てんかん……）、外因性精神病（脳器質性精神病、中毒性精神障害）、心因性精神病（神経症、心身症、心因反応）、人格障害、精神遅滞などがある。わが国の精神保健及び精神障害者福祉に関する法律（精神保健福祉法）第5条では、精神障害者を統合失調症、中毒性精神病、知的障害、精神病質、その他の精神疾患を有する者をいうとしている。

　表5-2は、精神障害者等の一般刑法犯罪名別検挙人員をみたものである。この表に従えば、人員では窃盗が圧倒的に多いが、罪名別検挙人員総数中に占める精神障害者等の比率は、放火で20.3％、殺人で13.7％であり、強盗、脅迫

表5-2　精神障害者等の一般刑法犯罪名別検挙人員

(2015年)

区　　　分	総　数	殺　人	強　盗	放　火	強姦・強制わいせつ	傷害・暴行	脅　迫	窃　盗	詐　欺	その他
検挙人員総数(A)	239,355	913	1,972	591	3,577	47,580	2,720	123,847	10,502	47,653
精神障害者等(B)	3,950	125	68	120	68	945	110	1,503	161	850
精神障害者	2,334	67	42	66	48	545	66	904	96	500
精神障害の疑いのある者	1,616	58	26	54	20	400	44	599	65	350
B/A(%)	1.7	13.7	3.4	20.3	1.9	2.0	4.0	1.2	1.5	1.8

注1)　警察庁の統計による。
　2)　「精神障害者等」は、「精神障害者」（統合失調症、精神作用物質による急性中毒若しくはその依存症、知的障害、精神病質又はその他の精神疾患を有する者をいい、精神保健指定医の診断により医療及び保護の対象となる者に限る。）及び「精神障害の疑いのある者」（精神保健及び精神障害者福祉に関する法律（昭和25年法律第123号）23条の規定による都道府県知事への通報の対象となる者のうち、精神障害者以外の者）をいう。

からみても著しく高いということになる。わが国における精神障害者等の総数は、その実態がわからないので不明であるが、全国推定数130万〜140万人くらいかといわれている。その意味で、精神障害者の犯罪率は、1％弱であると推計されており、これからすると、精神障害者等が犯罪原因としてとくに意味を持つものといえず、世間一般にいうほど、密接な関係はないようである。

2　精神障害者と犯罪

(1)　精　神　病

極度の知的・情意的分裂によって特徴づけられるところの人格異常状態をいう。これに身体的病変が明らかなもの（例えばアルコール中毒、てんかん、進行性麻痺、老人性認知症、薬物中毒）と、身体的病変があると仮定できるもの（例えば統合失調症、躁うつ病）とがある。精神病と一口にいっても数多くのタイプがあり、またそれぞれ特有の症状を持っている。これらのうち、犯罪との関連性があるのは、とくに青年期に発病することの多い統合失調症である。これは、幻覚とか、被害妄想にもとづく仮想加害者に対する加害行為、あるいは高次の意思機能が弱化したために衝動的に起こる殺人、強姦、放火、暴行など重大な犯罪が多く、犯行動機も理解できない。次に躁うつ病であるが、これには躁期の場合はけんか、無銭飲食、うつ期は自殺と関連した犯罪で自宅への放火、一家心中などがみられる。てんかんであるが、不機嫌あるいはもうろうと意識を喪失し

た状態で殺人、わいせつ、傷害、放火などが多くみられる。さらに、中毒性精神病であるが、これはアルコール中毒、麻薬中毒で、その影響により傷害、暴行、放火などを行う。精神病としてのアルコール中毒には、急性アルコール中毒による病的酩酊と慢性アルコール中毒によるものとがある。その犯罪の特徴とするところは、攻撃性のものが多く、暴行、傷害、殺人などである。

(2) 知的障害

先天的に知能の発育が停止してしまったために社会的適応性を欠く者をいう。別の名を知能障害とか、知能の発育停止症ともいわれている。それゆえ、正常に発育したが、後に脳疾患、中毒などによって知能が後退する認知症とは、厳格に区別されなければならない。知的障害の原因としては、遺伝性のものが最も多いとされるが、そのほか、胎児の脳の傷害、幼少期の脳膜炎、脳の外傷などがある。

知的障害が犯罪の決定的原因だと主張するのは、アメリカの心理学者で精神測定派の始祖であるゴッダード（H. Goddard）である。彼は、1914年にアメリカの16の少年院（または少年刑務所）において、そこに収容されている者の大部分（28％〜89％まで）が知的障害であることを観察し、同時に3カ所を除いた13の少年院（または少年刑務所）では50％以上を占めていることがわかり、平均64％に及んでいるという事実を立証し、その点に立脚してこの説を主張したものであった。その後においては、1915年頃ヒーリーとか、1926年頃ブロンナー（A. Bronner）とか、あるいはまたイギリスのバート（C. Burt）などによって、知的障害と犯罪との関係について数多くの研究が行われているが、10％とか、13.5％とか、あるいは7.6％とか、ゴッダードのような高い結果は出ていない。知的障害は、概して理解力において、行動力において、判断力において一般人よりも劣るものといわれ、それは同時に自主性の欠如、人格構造の未熟性がある。そのために、知的障害者は家庭においても、地域社会においても「もてあまし者」扱いにされている。そこで、犯罪との関連性が指摘されているところである。そうはいうものの売春婦とか、累犯者には多く関連性が認められるが、一般的には関連性は認められていない。知的障害の関連の深い犯罪として、放火、窃盗、性犯罪が顕著であるが、詐欺とか、偽造はほとんどない。欧米諸国では知的障害者による強姦とか、強制わいせつなどが多いとされているが、こ

れは異性からあまり相手にされないためである。それに放火は郷里から離れていて帰りたいという一念で放火する郷愁的なものである。

(3) 精神病質

精神病質の概念はごみ箱概念（garbage can concept）とも称されるように、その概念自体があいまいで、各国各様であり、いまだ統一した定義は存在しないが、病的な性格、異常性格をいう。ドイツの精神医学者シュナイダーは、精神病質を定義して、これを、「人格の異常であって、その異常性のために自分自身が悩むか、あるいは社会が悩まされるもの」であるとした。シュナイダーは、精神病質を次のような10種類型に分類している。

① 発揚型　外向的で社会性に富んでいるが、その反面、好争的、干渉的であったりする。このタイプに属する者は、犯罪は共犯事件である場合が多く、集団的な強盗、傷害、恐喝、詐欺などを犯す。

② 狂信型　自己の利益や損失をかえりみず、一定の思想の信奉にもとづいて行動する人間である。狂信型にも、誇大性狂信型と闘争性狂信型があるが、闘争性狂信型は信念にもとづいて他人（国、役人、友人）としばしば事を構えるとか、とくに侮辱、暴行などを起こしやすい。いわゆる訴訟狂などもこれに属する。

③ 爆発型　ささいな動機から、容易に興奮激昂して、侮辱、暴行、暴言などを行う感情の激しいタイプの人間である。通常は、穏やかであるが、外的刺激に対しては熟慮することなく衝動的に短絡反応を示す。発揚型、狂信型、無力型、抑うつ型、自己顕示型などと結びつくことが多い。いわゆる激情犯人には、このタイプの性向を持つものが少なくない。このタイプに属する者は、暴行、傷害、殺人、公務執行妨害などを行う。

④ 抑うつ型　これはすべてに対して厭世的、懐疑的な人生観を持つ型の人間である。いわば常にその裏ばかりを考える人間で、率直に喜ぶことを表に出すことを知らない。このタイプに属する者は、犯罪とはあまり関係がない。

⑤ 気分易変型　これは、正当な原因もないのに発作的に抑うつ性の気分変調をもたらすことで、俗に、くるくると気分の変わる型の人間である。このタイプに属する者は、逃走、飲酒、窃盗、放火などを行う。

⑥ 無力型　これは、神経衰弱症状を慢性的に持っているタイプの人間で

ある。これには、身体的症状（例えば、頭痛、不眠、嘔気など）を示す場合と、精神的症状（例えば、注意力散漫、記憶減退、作業能力低下など）を示す場合とがある。このタイプに属する者は、犯罪とはあまり関係がない。

⑦　自信欠乏型（自己不確実型）　自分の行動とか、能力とか、すべての事柄について、自信がないタイプの人間である。このタイプに属する者は、規律違反の問題を除けば犯罪とはあまり関係がない。

⑧　無情型（情性欠如型）　これは、同情、良心、人間愛、後悔、体面、差恥心、名誉感情などの感覚を欠いた利己的人間で、別の名を道徳的錯乱者ともいわれている。このタイプに属する者は、冷酷で残忍で抑制のない衝動的な行動に走ることがあり、最も凶悪な犯罪者である。発揚型、気分易変型、意志欠如型と結びつくと社会的にきわめて危険な犯罪者になる。

⑨　意志欠如型　無気力、なまけ者で根気がなく、思慮浅はかで誘惑されやすいというように、自己の意志の一貫性がないために意思決定が他人の言いなりになる傾向にあるタイプの人間である。このタイプに属する者は、さすがに暴力犯罪はみられないが、窃盗、詐欺、横領などが多く行われる。留意すべきことは、罪を犯した場合、矯正効果が一時的に挙がったようにみえても、一度前科がつくと犯罪をくり返し、すぐ次の機会には滅失することになり、累犯者に最も多いタイプである。

⑩　自己顕示型　自己を実際以上にみせようとする傾向にあり、虚栄心が強く、空想的虚言をしたりするタイプの人間である。一般にヒステリー性格ともいわれており、常識ではとうてい考えられないような大げさな行動をしたりする。このタイプに属する者は、詐欺（いわゆる結婚詐欺、同情詐欺、無銭飲食など）とか、偽造などの犯罪を行う傾向にある。

以上が、シュナイダーのいう精神病質の10の類型であるが、われわれ自身、考えてみるにこれら10類型の特徴のいずれかを有している。それでは、われわれのすべてが精神病質者となるのではないかという批判もあるが、それは程度の問題である。これらの類型は、常に単一のものではなく、あるときはいくつかの類型が統合したり、重複したりすることにより、高い犯罪的危険性を示すのである。

留意すべきことは、以上の精神病質者であっても、その異常が反社会的行動、

すなわち犯罪として発現しない場合もあるのであり、それが、学問、芸術、実業の分野ですぐれた業績を挙げている者も相当にいるということである。また、異常性を持っていたとしても、恵まれた境遇などによって、それが発現しない場合もある。

3 精神障害犯罪者の処遇

罪を犯した犯罪者、すなわち精神障害犯罪者の取扱いについては、①刑法上によるものと、②精神保健福祉法上によるものとに分けられる。

参考までに、表5-3は罪名と精神障害名別処分結果をみたものである。精神障害名別では、何といっても、統合失調症が圧倒的に多いことがわかる。

(1) 現行刑法上の取扱い

精神障害のために、自己の行為の是非善悪を弁別することができないか、その弁別はできたとしても、これに従って行動する能力を持たない者は、刑法上心神喪失者として不可罰としている（刑39条1項）。また、このような弁別に従って行動する能力の著しく低い者は、心神耗弱者として、必要的な刑の減軽を規定している（刑39条2項）。

表からわかるように、心神喪失を理由に、起訴猶予になったり、無罪とされたものに対して、現行法は例えば保安処分などが用意されておらず、なすべき方法を知らないのが現状である。1日も早く、これらに対処する制度をつくるべきである。

ここで、注意しなければならないのは、起訴猶予になったり、無罪になった精神障害者が、再び犯罪を犯した場合、いわゆる再犯事件であるが、初犯罪名と再犯罪名との間に顕著に同一性、類似性とが認められることである。売春、窃盗では高い一致率を示している。殺人を犯した者で再犯に及んだ者のうち、約45％が再び殺人を犯しており、残りは暴行、傷害に及んでいる。

ところで、精神障害があるにもかかわらず、裁判において心神喪失も心神耗弱も認められなかった場合には、懲役刑が科せられ一般の刑務施設に収容される。そしてここにおいて、刑務作業に従事することになる。現在のわが国の精神障害者専門収容施設は、岡崎と北九州の2カ所、それに精神科病棟を持つ医療専門施設として、八王子、大阪の2カ所で計4カ所である。とくに重症で治

表5-3　心神喪失者・心神耗弱者と認められた者の罪名・精神障害名別処分結果

(1995年～2005年)

年次 (区分)	総数	不起訴			裁判		
		計	心神喪失	心神耗弱	計	心神喪失	心神耗弱 (刑の減軽)
1995年	824	734 (89.1)	403 (48.9)	331 (40.2)	90 (10.9)	4 (0.5)	86 (10.4)
1996	849	749 (88.2)	399 (47.0)	350 (41.2)	100 (11.8)	3 (0.4)	97 (11.4)
1997	735	648 (88.2)	371 (50.5)	277 (37.7)	87 (11.8)	3 (0.4)	84 (11.4)
1998	622	567 (91.2)	354 (56.9)	213 (34.2)	55 (8.8)	2 (0.3)	53 (8.5)
1999	599	542 (90.5)	350 (58.4)	192 (32.1)	57 (9.5)	−	57 (9.5)
2000	735	651 (88.6)	445 (60.5)	206 (28.0)	84 (11.4)	−	84 (11.4)
2001	694	610 (87.9)	340 (49.0)	270 (38.9)	84 (12.1)	1 (0.1)	83 (12.0)
2002	734	664 (90.5)	360 (49.0)	304 (41.4)	70 (9.5)	1 (0.1)	69 (9.4)
2003	693	604 (87.2)	324 (46.8)	280 (40.4)	89 (12.8)	3 (0.4)	86 (12.4)
2004	649	561 (86.4)	324 (49.9)	237 (36.5)	88 (13.6)	7 (1.1)	81 (12.5)
2005	811	745 (91.9)	370 (45.6)	375 (46.2)	66 (8.1)	1 (0.1)	65 (8.0)
(罪名別)							
殺人	103	85 (82.5)	78 (75.7)	7 (6.8)	18 (17.5)	−	18 (17.5)
強盗	20	18 (90.0)	12 (60.0)	6 (30.0)	2 (10.0)	−	2 (10.0)
傷害	194	178 (91.8)	92 (47.4)	86 (44.3)	16 (8.2)	−	16 (8.2)
強姦・強制わいせつ	22	20 (90.9)	13 (59.1)	7 (31.8)	2 (9.1)	−	2 (9.1)
放火	81	68 (84.0)	58 (71.6)	10 (12.3)	13 (16.0)	−	13 (16.0)
その他	391	376 (96.2)	117 (29.9)	259 (66.2)	15 (3.8)	1 (0.3)	14 (3.6)
(精神障害名別)							
統合失調症	515	492 (95.5)	265 (51.5)	227 (44.1)	23 (4.5)	−	23 (4.5)
そううつ病	69	56 (81.2)	18 (26.1)	38 (55.1)	13 (18.8)	−	13 (18.8)
てんかん	7	7 (100.0)	2 (28.6)	5 (71.4)	−	−	−
アルコール中毒	28	24 (85.7)	14 (50.0)	10 (35.7)	4 (14.3)	−	4 (14.3)
覚せい剤中毒	14	12 (85.7)	2 (14.3)	10 (71.4)	2 (14.3)	−	2 (14.3)
知的障害	35	23 (65.7)	7 (20.0)	16 (45.7)	12 (34.3)	−	12 (34.3)
精神病質	6	5 (83.3)	1 (16.7)	4 (66.7)	1 (16.7)	1 (16.7)	−
その他の精神障害	137	126 (92.0)	61 (44.5)	65 (47.4)	11 (8.0)	−	11 (8.0)

注1) 法務省刑事局の資料による。
  2)「アルコール中毒」及び「覚せい剤中毒」は、これらの中毒性精神病を含む。
  3)「傷害致死」は、「傷害」の外数である。
  4) ( ) 内は、総数に対する構成比である。

療などを必要とする場合には、医療刑務所に移送される。現在、医療刑務所は3カ所（八王子、岡崎、北九州）に設置されており、大阪に医療刑務所の支所がある。しかしながら、医療刑務所は専門的な治療処遇をするには人的・物的設備があまりにも貧弱すぎて、十分な効果が挙がっていないようである。

　知的障害者が受刑した場合、通常の刑務所に収容されるが、そこで集団処遇に適さない者は、医療刑務所に収容され治療を受ける。ここで困難な問題が登

場する。それは精神病質の犯罪者に対する対策である。何をもって精神病質というか、なかなか解明できない概念である。それゆえ、現在の責任能力の判定基準が変わらない限りは、完全な責任能力者とされる。精神病質者の大部分は累犯受刑者が多い。そこで、精神病質者に対する処遇として、①半治療的・半刑罰的処遇説、②社会治療的処遇説、③医療刑務所説、④不定期説……などが考えられる。

(2) 精神保健福祉法上の取扱い

医療施設処遇なるもので、精神保健福祉法29条にもとづく「措置入院の制度」である。すなわち、精神障害者またはその疑いのある者を知った場合の都道府県知事への一般人からの申請、警察官、保護観察所長及び矯正施設所長の通報義務、精神病院の管理者の届出義務について規定している。これらの申請、通報、届出は、各都道府県知事へ出されるのであるが、それらを受けた知事は調査した上で、必要があると認めたときは、保健指定医（通常2人以上）に診察させ、その結果、自傷他害のおそれがあるとされた精神障害者に対して、国または都道府県の設置した精神病院もしくは指定病院に入院させることができる、としている。対象者は、何も犯罪者に限らないが、無罪になったり、不起訴処分になったりした精神障害犯罪者も当然含んでいる。この措置入院は、かつては一般からの申請によるものも相当あったが、近年は激減し、警察、検察、矯正などの刑事司法機関からの通報によるものに限定されているといってよい。それに、この規定による措置入院者数も年々減少の傾向にある。

ところで、この措置入院制度であるが、現在、措置入院者のほとんどといってよいくらいの者が、民間の私立病院に収容されている。この私立の病院は、本来、一般の精神障害者のための医療を目的としたものである。本当は、治療条件の整備された国公立の病院を用意しておき、ここに収容して治療に専念すべきものである。しかしながら、何しろ国公立の病院には、入院目的に使用可能なベッド数が不足しているのである。ベッド数の不足からやむをえない処置だと思われるが、一般の精神障害者の治療が本筋である民間病院に精神障害犯罪者が入院することになる。病院からいわせると、同じ治療をするなら、一般の精神障害者の方がやりやすい、とのことである。時によっては、一般の精神障害者へ及ぼす悪影響も何かと考えられるので、ややもすると、精神障害犯罪

者の方が、治療半ばで退院してしまったり、場合によっては病院から出て行ってしまうようである。ここに措置入院制度の欠陥を露呈せざるをえない。中には、民間病院では劣悪な医療環境の下で、もっぱら営利本位の治療なども行われているケースもあるようである。

4 精神障害犯罪者への対策

　犯罪を犯した精神障害者、つまり精神障害犯罪者に対して現行刑法は、刑罰のみを認めるという刑罰一元主義をとっている。それゆえ、精神障害者が、①責任無能力と判断されたとき（刑39条1項）には無罪となり、②限定責任能力と判断されたとき（同条2項）にはその刑は減軽され、③完全に責任能力があると判断されたときは、一般人と同様に刑が科せられることになるのである。責任無能力と判断されたときは、精神保健福祉法によって、措置入院させられるのである。

　そこで、刑事政策の立場からは、犯罪を犯した後、さらに犯罪をくり返すおそれのある精神障害者（及びそれと関係の深いアルコール、その他の薬物中毒……）を対象とする保安処分の必要性が主張されるのである。改正刑法草案（昭和49年5月29日法制審議会総会決定）では、97条で、治療処分と禁絶処分とを認めている。治療処分は精神の障害により責任能力のない者、その能力の著しく低い者が禁錮以上の刑にあたる行為をした場合において、治療及び看護を加えなければ将来再び禁錮以上の刑にあたる行為をするおそれがあり、保安上必要があると認められるときは、治療処分に対する旨の言渡しをすることになる（草案98条）。これに対し禁絶処分は、過度に飲酒しまたは麻薬・覚せい剤その他の薬物を使用する習癖のある者が、その習癖のため禁錮以上の刑にあたる行為をした場合において、その習癖を除かなければ将来再び禁錮以上の刑にあたる行為をするおそれがあり、保安上必要があると認められるときは、禁絶処分に付する旨の言渡しをすることができる（草案101条）。

　現在行われている精神保健福祉法による措置入院制度は、あくまで厚生労働省所管の一種の行政処分である。この法律は、いくつかの問題点を持っている。そこで、措置入院制度の内容を、もう一度検討し、何をクリアするか考察すべきである。そして、精神障害者の人権保障規定を強化するようにこの規定を改

正すべきであろう。同時に、保安処分も考慮すべきである。

第4節　薬物犯罪

1　薬物犯罪の概念

　薬物乱用とは、中枢神経系等の精神機能に影響を与えるような薬理作用を有する薬物を、本来の医療など正常な治療目的以外に摂取することをいう。健康な人でも、数ミリグラムの摂取で中枢神経が刺激され、陶酔感を覚えるといわれている。そして薬物乱用犯罪という場合、麻薬事犯（麻薬取締法、あへん法、大麻取締法の各違反）と、覚せい剤事犯（覚せい剤取締法違反）、それから麻薬等の薬物に属さないが、シンナー及び接着剤等のいわゆる有機溶剤乱用事犯（毒物、劇物取締法違反）も含められるのが一般的である。

　薬物乱用は、使用者が陶酔、幻覚、興奮などの刺激を求めるために摂取するが、その薬物を常用しているうちに使用量を増加しないと当初の効果が得られないようになり、その薬物に期待した効果以外の有害な作用が現われてくる。薬効が切れると不快感、疲労感を増す。薬物の摂取を取りやめたりすると、精神的・身体的に苦痛に襲われるようになり、やがて使用者は薬物への依存もしくは薬物嗜癖の状態に陥ることになるのである。そういうことで、薬物乱用は、単に使用者自身の健康を害するのはいうまでもなく、薬物乱用がまん延すると国民の健全な勤労意欲をなくさせ、ひいては日本国家の荒廃にもつながる由々しい問題であるといわなければならない。そればかりではなく、薬物を手に入れんがための犯罪を誘発したり、薬理作用の影響で判断力、抑制力を失い異常行動に走り、重大な犯罪が行われたりする。ここに薬物乱用犯罪を取り締まる必要性があり、刑事政策上の重要な問題の一つにもなっている。昔は、よく「犯罪の陰に女あり」という用語が使われていたが、今日ではこれに代わって「凶悪犯罪の陰に覚せい剤、麻薬あり」とさえいわれている。

　ところで、世界保健機関（WHO）専門委員会では、薬物依存性のある薬物を類型的に次の8つに大別することを提唱している。

　①　モルヒネ型（あへん、モルヒネ、ヘロイン）

② コカイン型（コカ葉、コカイン）
③ 大麻型（マリファナ、大麻樹脂、液体大麻）
④ バルビタール型（睡眠薬、精神安定剤）
⑤ アンフェタミン型（アンフェタミン〔覚せい剤〕、メタンフェタミン〔同〕）
⑥ 幻覚剤型（LSD、メスカリン、PCP）
⑦ カート型（カート）
⑧ 有機溶剤型（トルエン、アセトン）

わが国においては、薬物濫用を取り締まる法律として、
① 麻薬及び向精神薬取締法
② あへん法、刑法（第2編14章あへん煙に関する罪）
③ 大麻取締法
④ 覚せい剤取締法
⑤ 毒物及び劇物取締法

が制定されてきたが、これらの法規に違反する行為が、薬物乱用犯罪といわれるものである。

薬物犯罪は、わが国一国の問題ではなく国際的な問題である。そこで、各国とも、このような薬物の流通に対しては厳しい罰則をもって規制し、国際条約を締結して取締りの協力をしている。麻薬に関する単一条約（1961年）、向精神薬に関する条約（1971年）、麻薬及び向精神薬の不正取引の防止に関する国連条約（1988年）などがある。その後、1991（平成3）年10月にいわゆる麻薬二法なるものが成立、公布された。すなわち、「麻薬及び向精神薬取締法等の一部を改正する法律」及び「国際的な協力の下に規制薬物に係る不正行為を助長する行為等の防止を図るための麻薬及び向精神薬取締法等の特例に関する法律」である。これらは、国際的な協力の下に規制薬物の不正行為を助長するような行為等の防止と、わが国において麻薬等の濫用の防止を図るためのものであった。

2 薬物犯罪の推移

わが国において、薬物乱用が深刻な社会問題となったのは、第二次世界大戦以後のことである。その推移（動向）をみると、おおむね3つの時期に区分してみることができる。

第一期は、1945（昭和20）年から1956（昭和31）年頃までの時期であり、一般に、ヒロポン時代ともいわれている。これは、戦争中に軍隊とか軍需工場等で疲労の回復を目的として覚せい剤が製造されており、それが敗戦と同時に大量に民間に放出されて市中に出回るようになり、これが乱用されたものである。

　覚せい剤に対する法規制は、当初は薬事法しかなく、しかも同法によれば供給面のみを規制するものであり、まん延状況を取り締まるには不十分とされ、1951（昭和26）年に供給と使用の両面から規制する覚せい剤取締法が制定されるに至った。1954（昭和29）年は、覚せい剤取締法違反のピーク時であった。これに対処するために、覚せい剤取締法が改正され、罰則を強化した。ともに精神衛生法（1987〔昭和62〕年に精神保健法と改称）規定の準用によって、慢性覚せい剤の中毒者に対する強制入院措置制度を新設、覚せい剤の有害性を広く国民に知らせるためのキャンペーンの実施により1956年には鎮静化した。

　第二期は、1957（昭和32）年頃から1964（昭和39）年頃までの時期であり、一般にヘロイン時代ともいわれている。麻薬の一種であるヘロインの乱用は、終戦直後からあるにはあったのであるが、昭和30年代までは、どちらかといえば覚せい剤事犯の陰にあり、あまり目立たなかった。

　ところが、昭和30年代になると覚せい剤事犯の減少とともに、ヘロイン事犯の増加がみられ、1963（昭和38）年はヘロインを中心とした麻薬取締法違反のピーク時でもあった。これは、覚せい剤使用者がヘロインの使用へと移行したものと思われる。これに対処するために、1963年に麻薬取締法の改正が行われ、罰則が強化され、中毒者の強制入院制度が実施されるに至った。これは、麻薬の施行をくり返すおそれのある麻薬中毒者を入院させて必要な医療を行うもので、精神衛生法（精神保健法）に規定していたものと比べると、毒物中毒者の対策として一歩進めたものとして評価された。

　この法改正とともに、1963年以降、総合的、抜本的な対策が講じられ、
　① 警察、麻薬取締官、税関、海上保安官等取締機関の強化
　② 不正流通に暗躍する暴力団組織の徹底取締り
　③ 厳正な検察処分と科刑の実現
　④ ヘロインの害悪に関する国民キャンペーンの実施
が行われた。

これらの結果、1964年以降は麻薬犯罪は急激に減少した。

第三期は、昭和40年代から現在に至るまでの時期であり、一般に多様化時代といわれている。この時期は、大麻、シンナー、LSD、ボンド等が乱用される薬物の多様化がみられた。

1970年以降は覚せい剤取締法違反の再度の激増期であり、第二覚せい剤時代ともいわれている。

覚せい剤事犯の増加は、深刻な社会問題ともなってきた。アメリカを中心に広がった乱用の風潮は、海外旅行帰りの青少年、外国人旅行者、船員等により

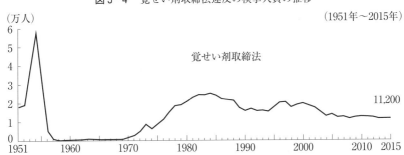

図5-4 覚せい剤取締法違反の検挙人員の推移 (1951年～2015年)

注1) 内閣府の資料による。ただし、2007年までは、厚生労働省医薬食品局、警察庁刑事局及び海上保安庁警備救難部の資料による。
2) 覚せい剤に係る麻薬特例法違反の検挙人員を含む。
3) 警察のほか、特別司法警察員が検挙した者を含む。

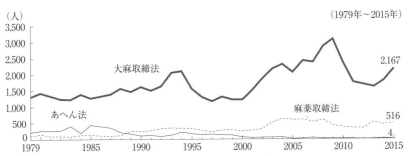

図5-5 麻薬取締法違反の検挙人員の推移 (1979年～2015年)

注1) 内閣府の資料による。ただし、2007年までは、厚生労働省医薬食品局、警察庁刑事局及び海上保安庁警備救難部の資料による。
2) 大麻、麻薬・向精神薬及びあへんに係る各麻薬特例法違反の検挙人員を含む。
3) 警察のほか、特別司法警察員が検挙した者を含む。

表5-4 覚せい剤等の押収量の推移

(2004～2015年)

年次	覚せい剤	乾燥大麻	大麻樹脂	コカイン	ヘロイン	MDMA等錠剤型	あへん
2004	411.3	642.6	327.5	85.5	0.0	469,483	2.0
2005	122.8	652.4	233.9	2.9	0.1	576,748	1.0
2006	144.0	233.8	98.7	9.9	2.3	195,294	28.1
2007	359.0	503.6	56.9	19.1	2.0	1,278,354	19.6
2008	402.6	382.3	33.4	5.6	1.0	217,882	6.6
2009	369.5	207.4	17.4	11.6	1.2	91,960	3.2
2010	310.7	181.7	13.9	7.2	0.3	18,246	3.7
2011	350.9	141.1	28.4	28.8	3.6	27,187	7.6
2012	466.6	332.8	42.5	6.9	0.1	3,708	0.2
2013	846.5	198.0	1.2	124.1	3.8	2,147	0.2
2014	570.2	166.6	36.7	2.3	－	608	0.2
2015	431.8	104.6	3.9	18.6	2.0	1,074	－

注1) 単位は、kg。ただし、MDMA等の錠剤型合成麻薬は錠で、その端数は切捨て。
 2) 内閣府の資料による。ただし、2007年までは、厚生労働省医薬食品局、警察庁刑事局、財務省関税局及び海上保安庁警備救難部の各資料による。
 3) 「乾燥大麻」は、大麻たばこを含む。

推し進められた。とくに注意すべきは、最近においては、主婦、少年、サラリーマン、学生、一般市民層まで覚せい剤が浸透し、まん延しているということである。1965 (昭和40) 年のはじめ頃から、シンナー、ボンドの吸引すなわち、有機溶剤の乱用が青少年の間で、爆発的に流行した。その結果、1971年にはこれらで警察に補導された少年は5万人を数えたとのことである。そこで、1972 (昭和47) 年に、毒物及び劇物取締法の改正が行われ、これらの有機溶剤に対しても規制の対象とした。その結果、1973 (昭和48) 年に一時的に減少したが、その後、増加の傾向にある。1982 (昭和57) 年には法改正により罰則が一段と強化されるに至った。

それでは、ここで1951年以降2015年までについて、覚せい剤取締法違反の検挙人員の推移 (図5-4) と、1979 (昭和54) 年以降2015年までについて、麻薬取締法違反等の検挙人員の推移 (図5-5)、それに、2004 (平成16) 年以降における覚せい剤、麻薬等の押収量 (表5-4) をみてみよう。

最近20年間における覚せい剤1kg以上の大量押収事犯の件数は、1988 (昭和63) 年以降は全体として減少傾向にあったが、1994 (平成6) 年以降は増加傾向にあり、例えば、あへん、麻薬、大麻の押収事犯と比較して覚せい剤事犯型化

が顕著である。

3 麻薬・覚せい剤等の種類

　一般に麻薬と称されるものには、けしの実からとれるあへん、コカの葉からとれるコカイン、麻の繊維からとれる大麻、それに化学的に合成される合成麻薬などがある。麻薬は、中枢神経に作用して、脳や神経をしびれさせる鎮痛作用を有し、医薬品として高い価値を持っている。使用法によっては、注意集中困難、満足感、恍惚郷に陶酔させる作用がある。一度誤って連用すると強い依存状態に陥る。

　中毒になる原因であるが、喘息の発作を鎮静するため、手術、神経痛、胃癌などの肉体的苦痛をとり除くため麻薬を常用して、あるいは麻薬のもたらす快い陶酔状態を求めて常用しているうちに中毒になるのである。これらを常用していると、麻薬習慣を起こし、耐薬性の上昇、使用を中絶すると禁断現象を生ずる。このように薬物に依存する結果、特有の中毒性人格変化を生ずる。もって国民の健康を著しく害することになる。

　覚せい剤には、フェニルメチルアミノプロパン（ヒロポン）とフェニルアミノプロパン（ゼドリン）の２種類がある。覚せい剤は、疲労感、沈うつ感、倦怠感を除き、作業能力を増進させる効果のあるもので、戦時中は軍関係を中心に、戦後は、敗戦という特殊な社会状況の下で深夜就業者、学生などに使用された。従前は、内服薬が主流であったが、今では注射薬がとって代わった。

4 犯罪との関係

　麻薬を目的とする犯罪を、麻薬事犯ないし麻薬犯罪という。概して、麻薬常用者は、他人から逃避した状態で一人快楽にひたる性格なので、犯罪を直接に促進させる作用は少ないといわなければならない。しかし、周知のごとく麻薬が禁制品であるため、その取締りが厳しくなり、その価格が当然に高価になり入手困難となる。ここに各種の犯罪が引き起されるのである。それに麻薬が切れると、激しい苦痛を伴う禁断症状が生ずる。そこで、多くの薬物依存者は麻薬を入手するために窃盗、詐欺、強盗あるいは売春まで行うのである。場合によっては、依存者自ら、暴力団の組織に入って時として密売者となる。それに

注意すべきは、麻薬の不法取引は、巨額の利益を生み出すので暴力団と結びつき、その重要な資金源になっていることである。

覚せい剤事犯には、所持、密造、譲渡などの行為と、その使用または使用のために行う犯罪と、中毒による精神障害を原因とする犯罪がある。覚せい剤は、中枢性の興奮剤であるから、それを使用すれば、あたかも酒に酔ったときのように、うきうきして抑制力がきかなくなるのである。その結果、いともやさしく恐喝、窃盗、傷害など凶悪な発作的犯罪を行うのである。覚せい剤の依存者の場合、精神欠陥を残すこともあり、不可解な行動や、殺人、放火などの危険な犯罪も、しばしば生みだすのである。

5　薬物乱用犯罪の原因

上述したように、近時、薬物乱用犯罪なるものが激増してきたが、これは何といっても、四方海に囲まれている日本はどこからでも覚せい剤が、麻薬が流入してくるということと、国際交流が活発化し、旅客の出入国がひんぱんに行われているがためであろう。

一般化しつつある原因としては、①わが国の近隣諸国に豊富な供給源があり、暴力団等により大規模かつ組織的密輸が行われていること、②覚せい剤を重要な資金源としている暴力団が市場を支配し、新たな需要層、とくに一般市民の拡大に積極的であること、③社会の享楽的風潮が一般国民に薬物に対しての警戒心を希薄にし、安易な興味を引き立たせていることにあるとされる。

6　薬物乱用犯罪の対策

今日、麻薬、覚せい剤等の取引は、国際的規模で行われているところから、その対策も国際的レベルで考察しなければならない。

薬物乱用犯罪の対策としては、①薬物乱用根絶のための国民に対する啓発活動、②薬物乱用犯罪に対しての厳正な取締りと処分、③薬物乱用者に対して行う徹底した医療等の措置、④薬物事犯を撲滅するためにはその供給源を根絶しなければならない。⑤薬物乱用者に対する対策と薬物密売組織に対する対策……等が指摘されている。

これらの中で、刑事政策上、とくに重要なことは、⑤の薬物乱用者対策と薬

物密売組織対策である。まず第一に、中毒患者に対する治療処遇の点である。薬物乱用者を早期に発見して適切な医療の措置を施すべきである。現在、麻薬中毒者に対しては、医師とか捜査機関等からの知事に対する義務通報制、強制入院制、麻薬相談員によるアフターケア制度等が整備されているが、覚せい剤中毒患者に対しては精神保健福祉法の準用によって、措置入院制度が考えられているのにすぎない。

改正刑法草案では、治療処分と禁絶処分を規定している。禁絶処分は、「過度に飲酒し又は麻薬、覚せい剤その他の薬物を使用する習癖のある者が、その習癖のため禁錮以上の刑にあたる行為をした場合において、その習癖を除かなければ将来再び禁錮以上の刑にあたる行為をするおそれがあり、保安上必要があると認められるとき」に裁判所が言い渡すのである（草案101条）。ここに、保安処分としての一種である禁絶処分の導入が必要になる。

ところで、麻薬中毒者は、ある意味において、いわば麻薬禍の犠牲者といっても過言ではない。それゆえ、懲罰的態度で臨むのではなく病人として治療の対象として取り扱われるのが望ましい。麻薬中毒の治療は、何といっても注射服用をやめさせることが先決であり、禁断療法につきる。禁断後、通常は2～3週間で禁断症状が消える。ちょっとしたはずみで再び薬物を使用するようになることがよくあるので、この点を注意しなければならない。ここでおそろしいことは、覚せい剤等を使用したことがある場合、そのために一度精神に障害をもたらすと簡単に治らないのである。使用を中止した後においても10年も経過してから、ある日突然、後遺症の一つとされる再現症状すなわちフラッシュ・バックが出ることがある。現在、覚せい剤事犯により刑務所に収容されている者に対しては、特別処遇プログラムが行われている。しかし、集団処遇の方法によってである。薬物乱用者に対しては個別的処遇しかないのであるから、個別的処遇の導入が必要である。薬物乱用者はたいてい、暴力団とのつながりがあり、ある限りは薬物を絶つことは不可能である。そのところから帰住先の環境調整を充実させることが必要である。

第二に、薬物密売組織に対する対策であるが、とくに麻薬密売組織は、他人の困窮につけ込んで暴利をむさぼる悪質な犯罪者であるといってもよい。薬物、とくに覚せい剤は近頃インドシナ半島中央部等で生産され大量に出回ってきた

ため世界的に値崩れが起きているとはいえ、何しろ、国内の末端価格であるが、産地の価格の低く見積もっても、およそ20倍から30倍にもなるという商売ゆえ、暴力団の有力な資金源となっている（以前は1ｇ17万円くらいが相場、現在は1万～1万5000円くらい）。

　暴力団を根絶するためには、昔から人・物・金の三者を徹底的に取り締まることが重要であるといわれてきた。1991年に「暴力団員による不当な行為の防止等に関する法律」いわゆる暴力団対策法が成立した。ところで、組織を解散した後、組織を構成していた組員をどう処遇すべきかが問題である。組員に対しては、規則正しい勤労生活の習慣を身につけさせると同時に、各自に適切な職業訓練や生活訓練をさせなければならない。場合によって、国は彼らのために自立を目的とした更生保護的性格を持った独自の職業養成機関の設置を配慮すべきである。

第 5 節　性　犯　罪

1　性犯罪の態様

　性犯罪に何を含め、定義するかについては一定していないが、一般に性的欲望を充足する目的からなされる性秩序ないし性風俗に関する犯罪をいう。刑法では、刑法典その他の特別法において犯罪として規定されているものに限られるが、刑事政策上においては、わが国では犯罪とされていないがヨーロッパ、アメリカの州では犯罪とされている、例えば近親相姦、同性愛、姦通、獣姦など性的目的による犯罪はすべて含むことになる。

　人間は、本能として、食欲とともに性欲を持っている。それが、人間の本性にもとづくものであるだけに、本来からいうと法の関与すべき性質のものではない。しかし、人間は、本来「社会的動物」（アリストテレス）であって、共同社会秩序の中に生まれ、そこで育ち、そこで暮らす集団的存在、すなわち社会的存在である。人間の世界には、文化があり、共同の社会生活を維持するためには、一定の秩序が必要になる。そこで、いくら人間の本性にもとづくものであるといっても、性的欲求の発動には、一定の限界があるといわなければなら

ない。性に対する法的規制がなされるゆえんである。一口に性的犯罪といっても、これには多種多様な類型があり、その国の法律制度によって内容が異なっている。

　周知のとおり、ヨーロッパ諸国における民衆の性秩序に対する思想的背景は、キリスト教にもとづく宗教倫理に裏づけされたものである。これに対し、わが国のそれは、日本固有の風俗、伝統、習慣、それに仏教、儒教思想の影響を受けたものである。このように民衆の性に対する思想的背景は、諸国とは明らかに異なり、それに対応して性秩序、性風俗に対する考え方も顕著に相違を示しているといえる。これは、つまるところ、その背後にある社会のあり方にもとづくものといわなければならない。ところで、健全な性秩序の確立は、いずれの社会においても、時代と場所とを超越したもので、人間社会の存続、発展には必要にして不可欠のものである。その手段として、宗教、慣習、道徳、法規範が大きな役割を果たしてきた。現代は、異なる宗教、慣習、法を持つ人々がひんぱんに交流する時代である。そこでは、その差異が明確になると同時に、基本的傾向として統一化されつつあるといえる。今日、個人の意志の自由と男女の本質的平等を基調に、一般的に個人に性的な自由というものが認められている。そこに性秩序というものが構成されている。刑法が基礎に置く性秩序とは、単なる宗教、倫理にもとづくものではなく、科学的、合理的性秩序を基礎としているのである。性的関係において、当事者双方の合意にもとづくことが必要である（性行為合意の原則）。また、性そのものを売買の対象としないことは、社会倫理として確固たるものになっている（性行為非営利の原則）。それに、「性行為の非公開の原則」がある。これは、人種、歴史、風土、文明などを超越した人類普遍的法則である。前述した諸原則は、広く宗教、慣習、国民性の差異をこえて認められているものである。

　わが国においては、明治以来、西洋文化の流入が急速に行われ、とくに第二次世界大戦後の性の解放、自由化ということから、性に関する社会の認識をして顕著な変化を示し、今や、国民における性秩序に対する理想、価値観はいっそう複雑にして多様化してきている。しかし、われわれは、常に時勢に適した正しい性秩序の確立を意図しつつあることを忘れてはならない。刑法改正作業において、性秩序、性風俗に関する法的規制の範囲、量刑など、論議の存する

ところであるが、この点を反映してのことと思慮される。今や、わが国そして国民個人のレベルで国際社会に活動し、交流するとき、ここにおいて従前の性に対する認識や、感覚で通用するものかどうか、問題である。

2 性犯罪の類型

(1) 法制上に表われた性犯罪

現行刑法は、性に関する犯罪を、第22章「わいせつ、姦淫及び重婚の罪」の中に一括規定している。これらの罪は、健全な性的風俗を害する犯罪であり、それは性秩序ないし健全な性的風俗を保護法益とする風俗犯であると呼ばれている。しかし、これらの罪の内容の中には、性質を異にするものが含まれているといえる。公然わいせつ罪（刑174条）、わいせつ物頒布等罪（同175条）、淫行勧誘罪（同182条）、重婚罪（同184条）などは、性秩序ないし健全な性的風俗を保護法益とする社会的法益に対する罪である。このうち、淫行勧誘罪は、どちらかといえば女性個人の性的自由を害する罪としての面が強く、また重婚罪においても、単なる風俗に対する罪ばかりではなく、同時に家庭生活の保護をも意図しているのである。他方、強制わいせつ罪（同176条）、強姦罪（同177条）などは、個人の性的な自由ないし貞操を保護法益にしており、社会的法益に対する罪というより、個人的法益に対する罪として取り扱われている。それは、これらの犯罪が公然と行われる必要がないこと、致死傷の結果があったり、また複数の者によって行われた場合でなければ、その大部分が親告罪とされていることからも理解できる。強制わいせつの罪については、確かに風俗犯としての性質を持ってはいるが、むしろ個人の性的自由を侵す罪であるといえる。第22章中のこれ以外の罪とは異なるとするのが、今日の通説的見解である。改正刑法草案も、第21章「風俗を害する罪」とは別に、第30章「姦淫の罪」を新設し、これに強姦罪（同296条）、強制わいせつ罪（同297条）を規定している。

〔性犯罪の類型〕

① 公然わいせつ罪・わいせつ物頒布等罪　　刑法174条は、公然とわいせつな行為をした者は6月以下の懲役もしくは30万円以下の罰金または拘留もしくは科料に処せられると規定し、同175条は、わいせつの文書・図画・電磁的記録に係る記録媒体その他の物を頒布・販売し、または公然とこれを陳列した

者は2年以下の懲役または250万円以下の罰金もしくは科料に処せられ、販売の目的で所持した者も、また同様であると規定している。ところで、わいせつな姿態を観覧に供するいわゆるストリップ・ショーが、公然わいせつ罪にあたるのか、それともわいせつ物陳列罪にあたるのか問題である。とくに、この種のものは、わが国においては、第二次世界大戦後に流行したものであり、現行刑法成立時、立法者には予測もつかなかったものである。この点に関しては、174条説と175条説との学説が対立している。まず、174条説は、「公衆の観覧に供するための公然わいせつ行為を刑法174条から排除して、175条のわいせつ物の公然陳列罪とするのは、刑の権衡という点以外では、ちょっとおかしい。174条の『公然性』が公衆の観覧に供する目的のある場合を包含しないというのは解釈としては無理である。不特定または多数人の認知しうる状態においてなされれば、行為者がいかなる目的に出たかを問う必要はなく、それは単に刑の量定の際に考慮されるべきものであろう。また、175条の『其他ノ物』は文書・図画に準じて考えられるべき『物』であって、人体は他人がこれを観たからといって、『物』になるわけではなく、わいせつ演劇は観覧のためでも、やはり、人格者の行為であって物ではない。刑の権衡という見地から、重い刑をもって罰する必要があるといって、人格者の動作を物と解するのは法を枉める(ゆがめる)ことであり、罪刑法定主義の原則にも反する」(木村説)という。これに対して、175条説は、「公衆に観覧させるため、みずからわいせつ行為を行うのは、174条の公然わいせつ罪ではなく、175条のわいせつ物陳列罪になる。裁判の実例では、公然わいせつ罪として処断しているのもあるが、刑の権衡を無視している。公然わいせつ罪の刑が軽く定められているのは、それが人に観覧させるために行う行為ではなく、行っていることがたまたま人に認識されやすい状況のもとにあるという場合のみを処罰の対象にしているからであると考えなければならない。174条にただ『公然わいせつノ行為ヲ為シ』とあるだけであるから、この規定だけを卒然として見れば、特に人に観覧させる行為であっても、同条の適用があるものの如くに見えるが、175条にわいせつ物陳列罪が定められている点を考え合わせると、そういう解釈にはならない。たとえば、公然と春画を陳列することは、わいせつ物陳列罪として公然わいせつ罪よりはるかに重い科刑の対象となるのであり、わいせつな彫刻を公然陳列すれば、175条にいわ

ゆる『其他ノ物』の陳列として、同じく同条の罪となることは、極めて明瞭である。それをさらに一歩進め、もっと現実感を持たせたもの、いい換えれば、もっとわいせつの度を高めたものが生きた人間のわいせつ行為を観覧させることである。それがかえって軽い刑事責任にしか当らないというのでは、不合理である。生きた人間は行為者であって、物ではないから、わいせつ物でないというのは皮相の論である。この場合、わいせつ行為をする人間は、これを観覧の対象としてではなく、行為主体としてみれば、勿論、法的にも人格者であって物ではないが、観覧の対象としては、肉体とその運動であるに過ぎないから、その意味では『物』にほかならない。そこには人格者としての意味は全然ない。従って、不特定または多数の人の観覧し得べき状態においてわいせつ行為を行う者は、公然陳列罪の行為者であると共に、同時にその行為の客体たるわいせつ物になっているのである」(植松説)とする。しかし、人体を有体物とみるのは刑法の建前に反するものと、いわなければならない。そこで通説は、この種のショーに対して、人間も観覧の対象として物であるとすることは無理であるとして、公然わいせつ罪として扱っており、判例も、またしかりである。

　次に、科学・芸術作品とわいせつ性との関係が問題になる。ここで、わいせつとは何か、を明確にしておかなければならないが、刑法174条・175条とも、わいせつの語を用いながらわいせつの何たるかについては構成要件にも具体的にうたっていない。判例のいうわいせつとは、「徒らに性欲を興奮または刺激せしめ、且つ普通人の正常な性的差恥心を害し、善良な性的道義観念に反するもの」をいう。通説も、また同様の見解をとっている。わいせつ性と芸術性との限界をめぐっては、憲法の保障する表現の自由 (憲21条) や学問の自由 (同23条) との関連から、わいせつ性の判断はとくに慎重に考慮されなければならない。営利を目的にした商業ベースによる興味本位の性的描写は、性風俗を破壊するものとして規制されなければならない。しかし、芸術作品、科学的著作など、高度の芸術・科学性を具備している場合には、その芸術性、科学性が高まるに対応して、わいせつ性は弱まり、やがては解消するものであろう。この点につき、最高裁判所は、「チャタレー」事件において、芸術性とわいせつ性とは別異の次元に属するから両立可能であるとし、高度の芸術的作品でもわいせつ性を帯びることがあるとしている。その後、判例に多少の変遷の跡がうかが

われ、最高裁判所は、「悪徳の栄え」事件において、高度の芸術性がわいせつ性を消失する場合のあることを示している。例えば、研究発表の場合にも、純粋に学問的なものであればわいせつ性は認められないが、いたずらに、興味本位ということになれば、もはや研究の目的を逸脱し学問的価値はないから、わいせつ性があるといわなければならない。科学・芸術的作品も、実は扱い方いかんによってはわいせつ性を持つことになるのである。そこで、ビンディングによって主張された「相対的わいせつ文書」という概念が用いられるべきである。わいせつ性の有無は、作品を通して文書全体との関連において判断されなければならない。ここに、いわゆる「全体的評価の原則」が支持される。

　最近の社会風俗ことに性風俗のめまぐるしい変遷は、世界の風潮である。その例にもれず、わが国においても性に関する解放的気運が強まりつつあることは否定できない。これに応じて、性風俗に対する社会の認識もとみに変化を示してきている。この中にあって、いわゆるポルノグラフィなるものを、刑法175条の構成要件の枠にあてはめてこれを規制することは、今日的意義が薄れてきているといえるのではなかろうか。ポルノを解禁にした方が、むしろ性欲を発散させることになり、性犯罪を減少させる効果があるともいわれている。性風俗のごとき国民各自の嗜好、趣味に関する事柄を、法律で規制すると、社会的弊害をもたらすこともありうる。ポルノ解放は、青少年に対して、犯罪、非行、性的逸脱といった有害であるとする教育上の見地も無視できないが、このことをも配慮して、場合によっては、成人間におけるわいせつ物販売罪の規制を緩和すべきであろう。

　わいせつの概念をいかに決定するかは、その国の文化的水準を示すバロメーターであるといわれている。この概念は、歴史的には不変であるが、何がそれにあたるかは、その時代の社会的風俗感情によって定まるもので、時代と場所により、またその国の文化の発達段階によっても左右されるものである。近年来、社会風俗のめまぐるしい変遷に遭遇するとき、わいせつの概念も、相対的・流動的である。具体的判断にあたっては、価値概念の問題であるから、その国の歴史的・社会的事情、すなわち社会通念を基礎として決定されなければならない。

　②　強制わいせつ罪　　13歳以上の男女に対し、暴行または脅迫をもってわ

いせつの行為をした者は、6月以上10年以下の懲役に処せられる。13歳未満の男女に対しわいせつの行為をした者も同様である（刑176条）。未遂も処罰される（同179条）。

③　強姦罪　　暴行または脅迫をもって13歳以上の婦女を姦淫した者は、3年以上の有期懲役に処せられる。13歳未満の婦女を姦淫した者も同様である（刑177条）。未遂も処罰される（同179条）、この点に関し、改正刑法草案をみると、14歳以上の婦女に対する強姦罪（草案296条1項）と、幼年者の姦淫（同298条1項）とに分けて規定している。犯罪行為の性質からすると、暴行または脅迫を用いて強姦を行う場合と、幼年者に対する姦淫は異質的なものがある。強姦罪における犯罪者の中には、被害者が抵抗することを期待し、その抵抗を排除する過程において加虐的な欲求を充足させ目的を達成する、という心理構造を持つ者も多いのである。幼年者に対する性犯罪を、犯罪学上、ペドフィリアと称するが、犯行を容易にするため未成熟者が選ばれるのである。それに、改正刑法草案において、「被保護者の姦淫に関する罪」（同301条）が、新設された。これによると、身分、雇用、業務その他の関係にもとづき自己が保護または監督する18歳未満の女子に対し、偽計または威力を用いて、これを姦淫した者は、5年以下の懲役に処せられる。精神障害の状態にある女子を保護しまたは監督する者が、その地位を利用して、その女子を姦淫したときも同様である。本罪は、親告罪（同302条）である。社会的な組織に組みこまれた状態での女性の性的自由を保護する必要性は、従来から望まれていたところである。本条は、広く女性一般を保護する趣旨の規定ではなく、「社会的関係の上から特に弱い立場にある女子に対する保護の強化を図る」ために設けられたものである。

なお、2016（平成28）年9月12日、法制審議会は強姦罪についての刑法改正要綱骨子を答申した。すなわち、非親告罪化、法定刑の3年以上から5年以上への引き上げ、男性の被害も対照とするなどである。

④　準強制わいせつ・準強姦罪　　人の心神喪失もしくは抗拒不能に乗じて、または人を心神喪失もしくは抗拒不能にさせて、わいせつの行為をし、または姦淫をした者は、前2条の場合と同様である（刑178条）。未遂も処罰される（同179条）。強制わいせつ罪、強姦罪、準強制わいせつ罪、準強姦罪、及びこれらの罪の未遂罪は、致死傷の結果を生じた場合のほかは、親告罪である（同180条

1項）。2人以上が、現場において共同して犯したときは、親告罪ではない（同180条2項）。告訴なくして訴追をし、事件を公にすると、かえって被害者の名誉などに不利益をもたらすことがあるからである。これらの犯罪は、もっぱら個人の性的事項に関するものだけに、被害者の感情を考慮した趣旨である。

⑤　強姦致死傷罪　　176条もしくは178条1項、またはこれらの罪の未遂の罪を犯し、よって人を死傷させた者は、無期または3年以上の懲役に処せられる（刑181条1項・177条・178条2項の罪またはこれらの未遂罪を犯し、よって女子を死傷させた者は無期または5年以上の懲役）。

⑥　淫行勧誘罪　　営利の目的で、淫行の常習のない婦女を勧誘して姦淫させたる者は、3年以下の懲役または30万円以下の罰金に処せられる（刑182条）。本罪は、売春の斡旋をして財産的利益を取得することを罰するものであり、特別法として売春防止法（これについては後掲4　売春を参照のこと）がある。

⑦　重婚罪　　配偶者のある者が重ねて婚姻をなしたときは、2年以下の懲役に処せられる。その婚姻の相手も同様である（刑184条）。

(2)　刑事政策上の性犯罪

刑事政策の観点からの性犯罪は、上述した強姦、強制わいせつ、公然わいせつ、わいせつ目的による誘拐など、現行刑法で、それに条例で規定しているほかに、性的目的による犯罪はすべて含むことになる。

①　色情盗　　これは、フェティシズム（拝物愛）のことで、性的倒錯（異常性欲）行為である。主として、女性の下着などを盗むことによって、性的興奮を得るもので、盗品の対象は、ハンカチ、シャツ、ブラジャー、ストッキング、パンティ、靴などである。必ずしも男性に限らず、女性の場合には男性のズボンとか靴下とかである。この種のものは、刑法上は窃盗罪（同235条）になる。

②　窃視症　　これは、カギ穴から他人の性行為中を、あるいは女性のトイレに潜伏して用便中をのぞいたり、女性の浴室にしのびこんで脱衣を、入浴をのぞきこむことによって、性的に興奮するものである。一般的には自慰を伴うことが常である。この種のものは、軽犯罪法違反（軽犯1条23号）になるが、場合によっては住居侵入罪（刑130条）になることもある。

③　露出症　　相手が誰であろうと選ぶことなく性器または裸体などを露出するが、通常の場合はその対象は若い女性が多い。同じ露出といっても、男性

と女性によって内容が異なり、概して男性の場合には、自己の性器を相手にみせ、相手が不本意ながらその性器をみることにより相手が驚くのをみて満足するというものである。女性の場合には、裸体露出が多い。相手に直接的な被害を与えることはないが、場所を問わず性器を露出するので、刑法上は公然わいせつ罪（同174条）になるところであるが、普通は風紀犯として取り締まる。

④　婦女切り・婦女汚し　　これは、混雑した電車の中で、女性の着ている衣服を刃物で切ったり、硫酸をかけたり、場合によってはインク、精液をかけたりするものである。これらは、器物損壊（同261条）か、場合によっては傷害罪（同204条）になる。

⑤　痴漢　　これは、一般には電車・バスに乗車中の人ごみの中で、それをよいことに女性の胸部とか、スカートの上からタッチする。エスカレートすると、スカートの中に手をしのばせ相手の性器に触れるような行為をする。これらは、強制わいせつ罪（同176条）になる。

⑥　同性愛　　同性愛に関しては隔離された刑務所などに強制収容されている受刑者間でしばしば問題になる。男性同士というのが多いが、アメリカのサンフランシスコなどでは、年中行事の一つとして街中デモがみられる。わが国においては、相手が13歳以下の場合でない限り、同意があれば犯罪とはならない。

⑦　苦痛淫楽症　　これには２つあって、一つは相手に苦痛を与えて性的興奮を求めるもので、俗にサディズムといわれ、他は相手方から苦痛を与えられることによって性的興奮を求めるもので、俗にマゾヒズムといわれている。例えば女性を室内において、全身裸体にして両手をしばり上げ、革の鞭で血が出るまで打つとか、一歩間違えば事故死など惹起する。その実態はつかめないたぐいのものである。

ほかに、近親相姦、幼児姦、獣姦、死体姦などがある。

3　性犯罪の現況

性犯罪の増減は、いうまでもなく、そのときの社会の性道徳とも相当の関連を持つものである。性犯罪の主役とも目される強姦・強制わいせつは、第二次世界大戦直後は著しく減少していたが、1958年においては急増している。これ

は、従前は、親告罪とされていたが、2人以上の者が共同して犯した強姦が非親告罪とされたためである。そして、これが昭和40年代前半にかけてピークとなっていたが、その後は減少傾向を示しているといえる。このように、性犯罪の増加は、性道徳の頽廃ということから理解できるのである。その後、性犯罪は、性の解放・自由化ということから一般にかなり減少しているといえる。ここにおいて、最近の性犯罪の推移をみてみたものが、図5-6、5-7である。これによると、強姦、強制わいせつ等の減少が顕著である。しかし、強制わいせつは、ただ一つ増加傾向にある。とくに、わいせつ物頒布など昭和50年代後

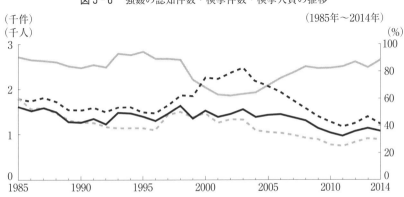

図5-6 強姦の認知件数・検挙件数・検挙人員の推移 (1985年〜2014年)

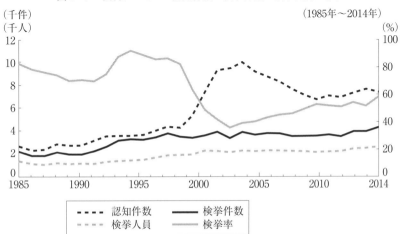

図5-7 強制わいせつの認知件数・検挙件数・検挙人員の推移 (1985年〜2014年)

半に、ビニ本とか、わいせつビデオテープなどが登場し、社会問題になったことに留意しなければならない。

性犯罪といえば、強姦、強制わいせつ、公然わいせつ、それにわいせつ物頒布などを指すが、『犯罪白書』から強姦、強制わいせつの推移をみてみることにする（図5-6、5-7）。

4　売　　春

（1）売春（Prostitution）とは、「対償を受け、又は受ける約束で、不特定の相手方と性交すること」（売春2条）をいう。それは、「対価的に自分の体を委付することを業とするもの」であり、カボシーも正婚以外の性交を遂げんがために起こった文明史上の事実であると称している。売春制度の起源は、古くは神を祭り、その神殿を栄えさせるため、司祭等によって設けられたのに始まり、後には、ソロンのような政治家により、合目的な形態を備えるに至ったとされている。売春は、文明社会における一つの歴史的事実であり、多少の形式が異なっても、いずれの時代にも存在したものである。キンゼーのいうように、それは需要があるから存在するものであり、その現象は永久に続くものである。売春を廃止できないのも、また歴史の教えるところである。しかし、売春は性道徳を乱すものであり、本質的に犯罪と同質のものである。

近時の特徴として、援助交際などと称し年少者による売春がとみに増加していることが挙げられる。その内実は、「年少者の売春事犯には、暴力団員、悪質な風俗営業者等によるものが多い反面、性に対する好奇心、小遣い銭欲しさ等の理由で極めて安易に売春を行っていた例など、婦女自身の側にも問題があると思われる事犯も少なくない」ということで、従来の生活困窮による被害者＝売春婦という単純な構造では説明できなくなってきているのである。

（2）わが国における売春に対する法的規制の推移をみると、1872（明治5）年に娼妓解放令（太政官布告第295号）が公布され、公娼制度が廃止された。しかしその後、1900（明治33）年に娼妓取締規則（内務省令第44号）により、公娼制度を認めることになった。さらに1908（明治41）年の警察犯処罰令は、非公認の売淫に対する規定であった。これが、終戦まで継続するわけである。戦後、1946（昭和21）年1月21日、占領軍司令部の意向により、公娼制度廃止の方向

が示されることになる。さらにこれを受けて、勅令として1947（昭和22）年に、「婦女に売淫をさせた者等の処罰に関する勅令」（勅令第9号）が出された。それ以外においても、条例での取締りが行われた。しかし、実際には、特殊飲食店の形式で売春行為は行われていた。1956年には、売春防止法（法律第118号）が成立した。その後、1958年（法律第16号）、1962（昭和37）年（法律第140号・第161号）の改正など2007（平成19）年6月（法律第88号）最終改正を経て、今日に至っている。何はともあれ、姦通罪の廃止（昭和22年法律第124号）と、売春防止法の制定は、戦後の画期的なものである。

　売春防止法の目的は、売春が人としての尊厳を害し、性道徳に反し、社会の善良の風俗を乱すものであることに鑑み、「売春を助長する行為等を処罰する」あるいは「売春を行うおそれのある女子に対する補導処分、保護更生の措置を講ずる」ことによって、売春の防止を目指すものである（売春1条）。本法は、売春の防止を図るところに意義がある。3条は、「何人も、売春をし、又はその相手方となつてはならない」と規定しているが、それは、単に売春に対する禁止を示すに止まり、処罰規定を伴っていない。本法は、「売春の防止」を図ることを目的としているが、この目的実現のために、売春婦自身による勧誘等（同5条）、売春の周旋等（同6条）、困惑等による売春（同7条）、対償の収受等（同8条）、前貸等（同9条）、売春契約（同10条）、売春場所の提供（同11条）、売春をさせる業（同12条）、売春業のための資金等の提供（同13条）などを、処罰している。売春防止法の功績は、確かに、旧来の売春行為に対する国民の意識を覚醒する上に大きな役割を演じたことは疑いない。しかし売春行為の現状をみるとき、周知のとおり、とくに風俗営業等において、より巧妙な手段あるいは形式で行われ、売春の実態は複雑多様化し、潜在化していることも無視できない。

5　性犯罪の特性

(1)　加害者特性

　犯罪は、概して倒錯した性欲、自己抑制しえない過大な性欲によって起こる異常な場合が多いといわれている。ここで、性犯罪者の特性として、①性犯罪者は同種の犯罪を反復するか、一過性のものが多い。②男性の性犯罪者の過半

数が30歳以下の者であり、とくに思春期ないし青少年期における好奇心・遊興などからなされたもので、一過性のものが多くみられる。③青少年の性犯罪・性的非行は集団によって行われる傾向がある。④矯正施設等に収容されている者のうち、精神異常は必ずしも多くはないが、一部に異常性の強いものが認められる、といわれている。性犯罪の主役である強姦については、加害者の多くは少年である。これは、身体的成熟も近づき、精神成熟化、安定化の時代に入るところから、性的衝動と体力を反映してのことと思われるが、ここに相関関係がみられる。最近、インターネットを利用して性的画像・動画などの入手が容易になり、彼らにとって性に対する歪んだ印象を与えるようなとりまきがあまりにも多くなってきている。強姦とか、強制わいせつの場合、加害者にいわせると、被害者の選定は、「相手がたまたまそこにいたから」とするものが多く、7割を占めている。強姦に関して、注意すべきことは、淫楽型の性犯罪者の常として、常習者がいることである（例えば、小平事件〔1945年〕、大久保事件〔1971年〕）。成人の倒錯的性犯罪は、くり返される場合が多いが、少年の場合には、代償的な性欲の満足として一過性のものが多くみられる。倒錯的性犯罪であるようにみえても、実は、一時的代償行為であるときもあり、ここで一過性の犯罪者と精神障害にもとづく常習犯とは、区別して取り扱われなければならない。

(2) 被害者特性

近時、犯罪の被害者の研究が盛んに行われるようになっているが、こと性犯罪に関する被害者はその中にあって、特異な存在であるといえる。性犯罪が、従前からすると、最近やや減少傾向にあるが、これは前述したように、性の自由・解放化という観点から理解することができる。しかしその反面、強制わいせつ、強姦、準強制わいせつ、準強姦などの罪は、被害者の名誉・プライバシーを優先させ、性に関するものなので親告罪として、被害者の告訴を必要としていることである。被害者の社会的評価がマイナスになるところから、あまり表ざたにするようなことはなく、これも無視できない。これが、性犯罪の実態の把握を困難にしているのである。その意味で、この種の犯罪には、暗数が相当あるといってよい。それは、性犯罪における氷山の一角にすぎず、いかに未知数の犯罪が隠されているかを注意しなければならない。しかるに、その実

際の犯罪数は、潜在犯罪数に統計上の数を加えたものである。統計上の数字に対して、最も周到な注意を払い、そして初めて問題の評価が可能になるのである。

　犯罪と被害者とは、表裏一体の関係にあるが、ここで、被害者側にも、犯罪を起こした一半の、いや場合によっては大半の責任すなわち落度のあることである。とくに強姦罪などは、自動車の普及に伴い、これを利用しての犯罪が多い。例えば、路上で声をかけられたり、家まで送るといわれたりドライブに誘われたりすると、安易に自動車に乗り、気軽に前後のみさかいなしに行動をともにするのである。このようにして、被害者側の落度が被害惹起の一因ともなっている。その結果、自動車、モテルの中で被害に遭うという形が少なくない。とくに、この種の事件では、被害者が加害者と顔見知り、知人、友人関係と面識のある場合が多い。被害者と加害者との出会いから犯行のときまで、時間が経過していればいるほど、被害者の責任は重大であろう。また、その距離が長ければ長いほど、被害者側が途中で、なぜ逃げ出さなかったかということである。ことに、犯罪誘発の要件となった被害者の人格特性に問題があるといわなければならない。性的自由に対する侵害は、いわば回復不可能な打撃を時として被害者に与えるので、安易な理由をもってその対策とすべきではない。被害者＝加害者の人間関係を動的・発展的に把握し、これらを経験科学的方法によって、解明することが今後に残された課題である。

6　性犯罪への対策

　性犯罪が問題になると、きまって批判の対象となるのが、セックスをむき出しにしている映画や、ビデオそれに雑誌である。しかし、これらすべてが、性犯罪の原因になっているかというと、積極的な証明はなされていない。デンマークでは、ポルノを解禁してから性犯罪が増加するどころか、逆に減少したとさえいわれている。これはデンマークの話であるから、これが直ちにわが国にあてはまるとは限らない。しかし、ポルノなどの解禁は、少年にとっては、これにより多少とも欲求を発散させることになり、ある程度の犯罪発生を抑止することになるであろう。解禁といっても、そこにはほどほどの程度問題がある。

性犯罪のうち、とくに強姦については、少年によって惹起されることが多い。これは、少年は体力を反映してのことで、性的欲求が強い反面、それをいかに充足するかを知らない。また自己を抑止する力を持っていない。それゆえ、性犯罪の多くは、性欲の最盛期ともいわれる少年によってなされることが多く、またこれを常とする。しかしながら、高齢社会を迎えた今日においては、高齢者による性犯罪も決して少なくない。少年に比して高齢者の体力は薄弱であるため、強制わいせつが多いが、時によっては幼女を相手とする強姦の場合もある。この少年や高齢者に対し積極的な対策を講じるべきである。

　ところで、性犯罪者には、一過性のものと、常習性のものとがあり、性犯罪に対する対策としては、これを同一に取り扱うことはできず、個別的に考察されなければならない。まず、一過性の性犯罪の対策については、防犯体制の整備と充実ということになる。アパート、マンションなどに住居を構える場合、ここには、なにしろ不特定多数の者が出入りするので、各人一人ひとりが、窓、玄関の戸締まりに注意しなければならない。とくに、最近の高層住宅の出現により、エレベーター、屋上など死角がいろいろな所に多くみられる。こういう場所にあっては、非常用の連絡ベルの設置など対策が必要であろう。何はともあれ、そこにいる住民同士が横の連絡を密にし、用心し、管理体制の強化に細心の注意をすべきである。

　次に、精神障害にもとづく常習犯の場合であるが、強制的な治療処分すなわち、保安処分的対策が必要である。絶対的不定期刑を科すとか、断種とか、去勢という保安処分が検討されたりするが、なかなか現実的には困難である。いうまでもなく、性犯罪者の中には、相当のアルコール中毒患者が含まれていることは事実であるが、わが国においては、このような者を治療する専門施設が用意されていない。それゆえ、このような者を収容して治療する施設を一日も早く整備することが急務である。

　最近、ヨーロッパでは、性犯罪の再犯防止のために、性犯罪者に対してアンドロクールという薬物去勢の治療薬を使用し、相当の治療効果を挙げていると聞いている。それにもう一つ、性犯罪者の受刑後の社会内においての個別的処遇も、再犯防止には欠かせない重要問題である。アメリカでは、性犯罪を犯した者が居住していると、公報とかテレビでどこに住んでいるかといった情報を

公表しているとのことである。

第 6 節　外国人の犯罪

1　外国人犯罪

周知のように今や国際化の時代であり、これに対応して犯罪の国際化も進んでいる。

犯罪動向の中で外国人の犯罪が注目されるが、ここでいう外国人とは、「来日外国人」の意味で、日本に昔から永住している者とか、在日米軍関係者などを除いた者をいう。外国人の犯罪は、いうまでもなく昔からなくはなかったが、当時は外国人の絶対数も少数であったし、また、来日外国人も比較的教育水準の高い、裕福な人々が中心であったため、あまり問題にはならなかった。そういうことで、外国人犯罪は主として「在日」ではなく「来日」の外国人を指す。

2015（平成27）年における外国人の新規入国者数は、年間1779万6147人（前年より約540万7399人増加）であり、過去外国人新規入国者を出身地域別に見ると、何といってもアジア地域出身者が多く約８割を占める。次いで北アメリカ地域、ヨーロッパ地域となっている。一方、不法残留者の数は、1993（平成5）年5月に約29万9000人に達し、これは過去最高である。その後は減少傾向にあり、

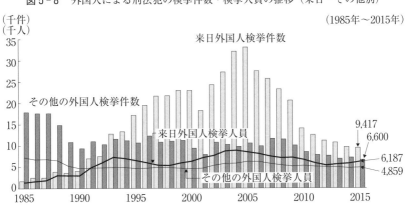

図5-8　外国人による刑法犯の検挙件数・検挙人員の推移（来日・その他別）

注）警視庁の統計による。

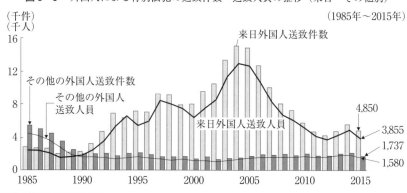

図5-9 外国人による特別法犯の送致件数・送致人員の推移（来日・その他別）（1985年～2015年）

注1）警視庁の統計による。
2）交通法令違反を除く。

2016年1月1日現在で約6万2818人である。これを国籍別に見ると、2009年においては、韓国（約1万3400人）が圧倒的に多く、次いで中国（約8700人）、タイ（約6000人）、フィリピン（約5200人）、の順である。

図5-8、5-9は、1985年以降の外国人による一般刑法犯の検挙件数及び検挙人員と、特別法犯の送致件数及び送致人員を、来日外国人とその他の外国人の別にみたものである。

2　来日外国人の犯罪の特徴

(1)　犯罪の特徴

来日外国人による犯罪の特徴として、次のようなものが挙げられる。すなわち、①アジア地域出身の外国人による犯罪の多発、②日本人を被害者とする凶悪犯の増加、③外国に本拠を置く国際的職業犯罪者グループによる犯罪の増加、④地方都市への拡散化などである（警察庁『警察白書』平成4年版、10～43頁）。

来日外国人による刑法犯に占める国籍別検挙人員は、アジア出身者によるものが圧倒的に多く、窃盗、侵入盗についてはベトナムが多く、入管法違反については中国が多い。薬物関係法令違反については、ブラジル、フィリピン、中国、タイの順である。売春防止法違反は中国、韓国の順である。

表5-5は、来日外国人による事件の主要罪名、国籍等別状況を示したものである。

表5-5　来日外国人国籍・地域別検挙件数・人員

(2015年)

	総検挙件数			
	刑法犯	特別法犯		構成比
総数	9,417	4,850	14,267	100%
中国	2,390	2,225	4,615	32.3%
ベトナム	2,556	759	3,315	23.2%
ブラジル	1,282	128	1,410	9.9%
フィリピン	450	416	866	6.1%
韓国	543	321	864	6.1%
タイ	65	246	311	2.2%
ペルー	226	60	286	2.0%
コロンビア	273	9	282	2.0%
アメリカ	138	107	245	1.7%
ナイジェリア	186	22	208	1.5%
その他	1,308	557	1,865	13.1%

	総検挙人員			
	刑法犯	特別法犯		構成比
総数	6,187	3,855	10,042	100%
中国	1,848	1,789	3,637	36.2%
ベトナム	1,475	492	1,967	19.6%
フイリピン	435	398	833	8.3%
韓国	444	252	696	6.9%
ブラジル	358	103	461	4.6%
タイ	72	215	287	2.9%
ペルー	195	44	239	2.4%
アメリカ	103	75	178	1.8%
モンゴル	116	26	142	1.4%
ネパール	96	30	126	1.3%
その他	1,045	431	1,476	14.7%

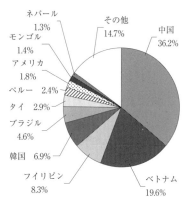

　次に来日外国人犯罪の特質・背景としては、①犯罪目的で来日した職業的犯罪者による犯罪、②出稼ぎ的就労目的で来日した者による犯罪、③正規の目的で来日した者による犯罪に分けられる。来日外国人による犯罪は、日本すべての場所でところかまわず発生しているが、東京都、関東管区、中部管区で全体の80％近くを占めている。近時は、地方への拡散化傾向がみられるので、この点に注目しなければならない。

(2)　問　題　点

　近時、日本人が被害者となる事件が増加していることが特徴になっている。ことに量において激増していることは注目に価する。とくに問題となるのは、

その増加傾向に加えて、凶悪性ということである。周知のとおり、日本は世界で一番といってよいほど安全で治安がよい国であると定評があった。しかし来日外国人の母国は、必ずしもそうではなく、こうした母国の犯罪文化を日本に持ち込まれると、相対的に凶悪になってしまう。ここで凶悪な犯罪といえば、殺人、強盗、強姦それに放火である。凶悪犯がここまで急増しているが、韓国スリは刃物を用いて犯行を重ねる、また香港窃盗団は夜間、貴金属店などの壁や床、天井を爆破して侵入し犯行を重ねるのである。別の名を、爆窃団とも称されている。

　次に問題になるのは組織性である。外国人犯罪の大部分は組織的な犯罪である。自国での経済的不況とか、取締り強化のため本国で犯罪活動が制約されてきている。そこでわが国の経済発展に目をつけ、とりわけ円高以降、経済的弱国から金銭目当てに日本に出稼ぎに来るのである。もともと、自国での犯罪組織であったものが、海外市場を求めて進出してきたのであり、いわゆるマフィアと称されているものである。

3　日本における国際犯罪組織の活動状況

　近年、外国に本拠地をおいている国際的職業犯罪者グループによる日本への進出が顕著になってきており、その被害はばく大なものがある。これは、盗品の処分の困難性とか、日本国内の地理に不案内であるところから、お互いに協力するなどして、場合によっては、日本の暴力団員と協力して犯罪を引き起こしていることもある。

　国際的職業犯罪者グループによる犯罪としては、次のようなものがある。

① 　韓国人グループによる集団暴行スリ事件。これは韓国人によるスリであるが、通常4～5人がグループを組んで短期滞在の在留資格などにより短期間滞在して、広域にわたるスリを行うものである。犯罪が発覚すると、催涙スプレーや、ナイフなどを使用して、被害者はもちろんのこと警察官にまで抵抗し、逮捕を逃れようとするところに特徴がある。

② 　香港人グループによる貴金属店を対象とした事件。これは、貴金属店における強盗、置物盗事件、壁破りによる窃盗事件である。「香港三合会」とは、香港の伝統的秘密結社を源流とする香港の犯罪組織の総称のことで

あり、例えば、「新義安」「和勝和」「14K」など20のグループが活発に活動している。
③　イラン人などによる両替を口実とする、チェンジ・チェンジ盗事件。
④　ナイジェリア人などによる盗難偽造クレジット・カードを使用した詐欺事件。
⑤　ブラジル人犯罪者グループによる犯罪。ブラジル人による犯罪は、日系ブラジル人グループによる広域にわたる自動車盗、侵入盗の窃盗事件、場合によっては凶器を使用しての強盗事件などである。
⑥　中国人犯罪者グループによる犯罪。中国人グループ間の利権争いを原因とする殺人などの凶悪事件、変造硬貨を利用した自動販売機荒し事件、貴金属店・衣料品店・家電販売店などを対象とする広域窃盗事件、はたまた集団スリ事件、日本国中をふるえあがらせたピッキングによる空き巣狙い事件などがある。それに「蛇頭」である。蛇頭は一口にいうと、密航の手助けをビジネスとしている国際的な密航請負業といってもよい。これは、中国での密航者の勧誘、搬送、船舶、偽造旅券の調達から、日本での密航者の受け入れ、隠匿などを行う犯罪組織である。日本に滞在している中国人を集めて、受け入れ組織をつくり、広域的に活動している。暴力団と連携した事件もしばしばみられる。それに蛇頭は、場合によっては、日本人、在日中国人から刃物などを使用して現金を強奪することもある。
⑦　台湾人の暴力犯罪組織同士による対立抗争事件などもある。
なお、注目すべきものの一つとして、
⑧　犯罪目的で来日した職業的犯罪者による犯罪。これは、外国のいわゆる国際的職業犯罪グループが日本をターゲットに来日し、自国において準備された偽造・偽名旅券を使用して、毎回異なる偽名で入国して、わずか1週間くらいの短期間に手際よく犯罪を行い、すばやく国外に逃亡するという「ヒット・エンド・ラン型」の形態がある。

これらと関連するが、日本において、不法滞在者が、より効率的な利益の獲得を目的として国籍、出身地などの別によってグループ化して、悪質かつ組織的な犯罪を引き起こしている点も見逃がすことはできない。

4　外国人犯罪への対策

　近年、国際交流の活発化に伴い、来日外国人の数も日に日に増加の一途をたどっている。それゆえ、犯罪と犯罪者の国際化現象は今後とも続くであろうし、避けて通ることはできない。

　犯罪の国際化ということから、来日外国人による犯罪の増加がみられるが、その一方においては、日本人の海外においての犯罪や、犯罪被害も多く発生していることに注目しなければならない。日本においても、これらに対応するために、逃亡犯罪人引渡法（1953〔昭和28〕年）、国際捜査共助法（1980年）、入管法の一部改正により不法就労助長罪（1989年）、麻薬特例法（1991年）を制定しているのである。

　対策としては、犯罪者に対しての処罰強化、すなわち刑の重罰化が必要である。しかしながら、それよりも水際阻止作戦が必要である。それと同時に、犯罪の国際化ということに鑑み、わが日本だけではなく諸外国とも密接に連携を維持しながら、国際的な協力で取締りをしなければ効果は上がらないであろう。

第 7 節　少年の犯罪（非行）

1　少年犯罪（非行）の概念

　少年犯罪とか少年非行といった概念は、相対的な内容を持つものであるから、その時代や場所によってその定義を異にするといわれているが、最近において、両者はほとんど同義語として使用されている。

　わが国の少年法（3条1項）の定めるところによれば、20歳未満の者を少年とし、非行少年を3種に分けている。すなわち、

　①　14歳（刑事責任年齢）以上20歳未満の少年による犯罪行為

　②　14歳未満の少年による触法行為（刑罰法令に触れるが刑事責任年齢に達しないため刑事責任を問われない行為）

　③　20歳未満の少年のぐ犯（(i)保護者の正当な監督に服しない、(ii)正当の理由がなく家庭に寄り付かないこと、(iii)犯罪性のある人若しくは不道徳な人と交際し又はいかがわ

しい場所に出入りすること、(iv)自己又は他人の徳性を害する行為をする性癖のあることのうち、いずれかの事由があってその性格又は環境に照らして、将来、罪を犯し又は刑罰法令に触れる行為をするおそれがあると認められる行状）である。

ここで、少年犯罪（非行）とは、これら3種類の行為または行状を総称する概念ということになる。わが国の家庭裁判所の審判の対象となる非行少年は、少年法に定められている犯罪少年、触法少年及びぐ犯少年の3種類の少年のみである。

2　少年犯罪（非行）の現状

(1)　少年非行の推移

戦後の少年非行の推移は、3つの大きな波が認められている。

第一の波は、戦後のいわゆる混乱期を背景にしたもので、1951年をピークとするものである。この時期の少年非行は、その大部分が典型的な経済的窮乏にもとづくもので、18、19歳の年長少年による窃盗や強盗、詐欺などの財産犯を中心とした犯罪の多発に特色づけられる。当時、世相は暗く家庭は崩壊し何の希望すら持てず、未曾有の食糧難、失業はいうに及ばず就職難などの生活条件が、少年を非行に走らせたのであった。しかし、これらは生きるための非行ということができて、敗戦後の社会的混乱と貧困を背景としたものと考えることができる。その後、社会の安定と経済の復興に伴い、非行は徐々に鎮静化した。

第二の波は、1955（昭和30）年に始まり、1964年をピークとして登場する。ここでは、殺人、強盗、放火などの凶悪犯、暴行、傷害、脅迫、恐喝などの粗暴犯の増加、強姦、わいせつなどの性犯罪の増加、交通犯罪の激増、「睡眠薬遊び」などが比較的多く発生してきた。それに、年少少年、触法少年の増加による低年齢傾向、非行の都市集中化がみられるようになってきた。これらの背景としては、高度経済成長による社会構造の急激な変化、すなわち経済の高度成長と産業化・工業化、都市化の進展と近隣社会の解体、地域社会の連帯感の稀薄化、核家族化の急速な進展などの影響を受けた社会や家庭の歪みが、未成熟な少年に影響を与えたものと思慮される。その後、昭和40年代に入ってからは、経済的に安定したことも手伝ってか、再び減少傾向を示した。従来の非行少年というものは、精神障害とか、異常性とか、ある種の条件、病理性を持つ

ものに限定されていたものであるが、両親の揃った生活に何ら困っていない中流家庭出身者の増加が顕著であった。当時の少年非行は、いわゆる「遊び型非行」が主流であった。

　この時期を代表する犯罪の特色として、①モータリゼーションの進展に伴う業務上（重）過失致死傷の増加、②車関連非行（車窃盗、車内盗、車使用犯罪）の増加、③学生の集団暴力事件の頻発、④シンナー・ボンド遊びの流行、⑤被害者との人間関係のない通り魔的・無差別攻撃的な非行の増加、⑥常識的理解を超えた、いわゆる動機なき凶悪犯罪の頻発、⑦シンナー遊びと関連した脱社会的フーテン族の出現、⑧非行の大都市から周辺都市や地方都市への拡散化等が挙げられるとする（藤本哲也『刑事政策概論』青林書院、323頁以下）。

　第三の波は、昭和50年代に入ってから現在に至るまでであるが、1973年以降激増に転じ、人口比では1977（昭和52）年以降、前2回のピーク時を超えて増え続け、1983（昭和58）年がピークである。その後やや減少に転じていたが、1996（平成8）年以降は増加し1999（平成2）年に再び減少し、一貫して減少している。第3の波は、オイルショックを契機として、それまでの高度経済成長が終盤に向かい低成長期時代へと入っていく時期である。

　図5-10は、1950年以降における少年刑法犯検挙人員及び人口比の推移をみたものである。

　ちなみに、第一の波は1951年の16万6433人をピークに、第二の波は1964年の23万8830人をピークに、第三の波は1983年の31万7438人で、これは戦後最高の記録を樹立している。第三の波の少年非行は、一口にいって量的増加に特色があるといえる。

(2)　少年非行の傾向

　少年による犯罪・非行は、量的な増加傾向のなかで多様化・複雑化しており、質的にも変化がみられるのである。少年非行が、今日、深刻社会問題として受けとめられているのは、次のような特質によるものと思慮される。

　①　非行の低年齢化　　少年犯罪の低年齢化が顕著であるということはいうまでもないが、とくに14歳未満で刑罰法令に触れる行為をした触法少年の著しい増加も指摘されている。

　②　いわゆる遊び型非行と凶悪化　　第一に少年犯罪において窃盗などの被

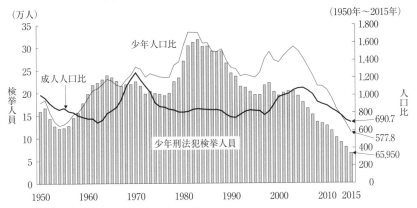

図 5-10　少年刑法犯検挙人員・人口比の推移
（1950年～2015年）

注 1）警察庁の統計及び総務省統計局の人口資料による。
　2）触法少年の補導人員を含む。
　3）1970年以降は、自動車運転過失致死傷等による触法少年を除く。
　4）「少年人口比」は、10歳以上の少年の刑法犯検挙（補導）人員の人口比であり、「成人人口比」は、成人の刑法犯検挙人員の人口比である。

害者を意識しない軽微な犯罪の割合が高い。その大半を占めるのが万引きであるが、ほかに自動車盗、オートバイ盗に関しては動機も単純であり、補導されても、自分で悪いことをしたという罪の意識すらなく、ましてや反省などない場合が多い。本人は軽い気持で行っているのであり、ましてや経済的に困窮して犯行したものではない。いわゆる遊び型非行と称されるものである。なお、占有離脱物横領罪の大部分は放置されている自転車の乗り逃げである。第二に、強盗、傷害、暴行、恐喝、強姦、脅迫などの凶悪犯、粗暴犯の増加傾向がみられる。

③　薬物乱用　　薬物犯罪は、戦前はあまり問題にならなかった。戦後に特有の犯罪といってよいが、何といっても覚せい剤が最も多く、大麻、ヘロイン、あへん、向精神薬、シンナーなど有機溶剤の乱用行為が顕著である。図 5-11 は、覚せい剤取締法違反の少年送致人員及び少年比の推移を示したものである。

④　女子の非行　　内容的には90％までが財産犯であるが、最近では粗暴犯も増える傾向にある。いわゆる援助交際は、以前は年長少年が問題の中心であったが、最近は顕著に低年齢化してきており、あまりにも目にあまるものがある。

⑤ 暴走族　少年の集団非行の一つに暴走族が挙げられる。集団でオートバイや乗用車を暴走させる暴走族は、暴走行為のみならず、一般の善良な市民にまで暴力を加えたり、場合によってはグループ同士の対立抗争をくり返している。いわば悪質な非行集団としての性格を具備し、市民から警戒されている。図5-12は、暴走族の構成員数及びグループ数の推移をみたものである。

⑥ 校内暴力・家庭内暴力　この両者は、とくに上述した第三波（1977年

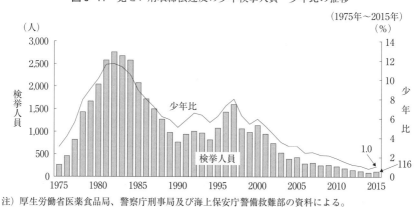

図5-11　覚せい剤取締法違反の少年検挙人員・少年比の推移（1975年〜2015年）

注）厚生労働省医薬食品局、警察庁刑事局及び海上保安庁警備救難部の資料による。

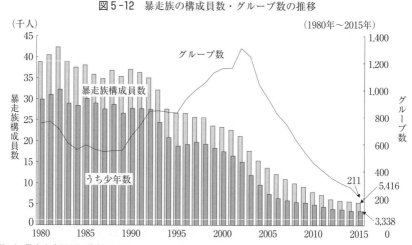

図5-12　暴走族の構成員数・グループ数の推移（1980年〜2015年）

注1）警察庁交通局の資料による。
2）共同危険型暴走族に限る。

〜）においてみられるようになった新しい非行類型である。校内暴力については、中学生の教師に対する暴力事件が全国的に発生している。かつては、卒業期に行われたものだが、近時は時期を問わず授業時間中の教室内で木刀等を使用して暴力をふるうという傾向もある。少年の多くの学業成績は概して下位であるとされている。1997（平成9）年以降増加の傾向にある。図5-13は、校内暴力事件の検挙状況の推移をみたものである。

　次に家庭内暴力であるが、少年が家庭内で暴力をふるう事件の実態認識は非常に困難であるとされる。家庭内暴力を起こす少年の学業成績は、比較的よく、家庭外では概してよい子で通っている。家庭内暴力は1995（平成7）年以降増加傾向にあり、2000（平成12）年には認知件数1386件と急増した。2014年における家庭内暴力の対象別の状況をみると、母親が1291件と最も多く、次に家財道具などの物が281件、同居の親族が188件、父親が172件、兄弟姉妹が155件であった（『犯罪白書』平成27年版）。

⑦　いじめ　　少年非行が、今日深刻な問題として取り上げられているものに、いじめがある。一口にいじめと称してもその態様はさまざまであり、それゆえに実態を把握することは困難である。

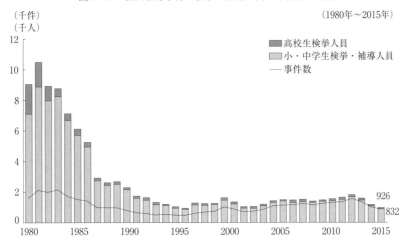

図5-13　校内暴力事件の検挙・補導人員・事件数の推移

注1）警察庁生活安全局の資料による。
　2）2000年以降は、小学生を含む。

われわれが一般に「いじめ」として認識している、その内容とは、①悪口をいう、②仲間はずれにする（無視する）、③持ち物を壊す・隠す、④暴力で金や物を強制的に取り上げる、⑤脅して金や物を取り上げる、⑥たたく・蹴るなどの乱暴をする、⑦怪我などをさせる、⑧つねる・髪の毛を引っ張るなど、⑨いやらしいことをする、⑩恥ずかしい、いやなことをする……などがある。このうち、①、②は精神的なものである。③を実行した者は、器物損壊罪（刑261条）に該当する。④は恐喝罪（同249条）。⑤は強要罪（同223条）。⑥は暴行罪（同208条）。⑦は傷害罪（同204条）に該当するところである。これが、大人の社会であれば、もちろん刑法上の犯罪に該当するところであり、それに、「刑法上の犯罪に当たる行為を、『いじめ』という言葉のオブラートに包んでしまうところに、そもそも現代型いじめの根本的な問題がある」（藤本『刑事政策の諸問題』中央大学出版部、1999年）としている。

いじめ防止対策推進法（平成25年法律第71号）第2条第1項の定義では、「『いじめ』とは、児童等に対して、当該児童等が在籍する学校に在籍している等当該児童等と一定の人的関係にある他の児童等が行う心理的又は物理的な影響を与える行為（インターネットを通じて行われるものを含む。）であって、当該行為の対象となった児童等が心身の苦痛を感じているものをいう」とされている。

ところで、このいじめ問題が注目されるようになったのは、昭和50年代に入ってからである。1985（昭和60）年には9件のいじめによる自殺事件が発生し、昭和60年代に、いじめに関する事件の発生件数にピークを迎えている。その後、いじめの問題は、やや沈静化した状態であったが1994年になって、いじめ問題は、再び脚光を浴びるようになったのである。このいじめ事件は、「いじめている者」と「いじめられている者」という2つの対象から成り立っているが、それを組み合わせると、①いじめられている者がいじめている者に対して報復して殺すという類型と、②いじめられている者が自ら死を選ぶという類型（例えば、1986〔昭和61〕年の「鹿川裕史君葬式ごっこ色紙事件」、1994年の大河内清輝君の自殺事件「愛知いじめ事件」）、③いじめられている者がいじめている者の暴力によって死に至る（例えば1993年のいじめマット事件）、④いじめている者がいじめを苦にして死を選ぶという、いわゆる4つの類型に分けられる。

2014年に国公私立の小学校、中学校、高等学校などで起きたいじめの認知件

数は、18万8057件であった（文部科学省「いじめに関する調査」）。態様別にみると、最も多かったものは冷やかし、からかい、次いで言葉での脅し、暴力、仲間はずれなどがみられる。いじめを受けた被害少年が、いじめに対する仕返しとして、自殺するなどの事例もあるが、殺人、傷害などを犯す場合もみられる。いじめ問題の対応策については、いじめの「普遍性」を認めなければならない。いじめはどこの学校にも存在するものであるから、いじめを解決するのは、子供たち自身であることをまず認識しなければならない。いうまでもなく、いじめは犯罪である。われわれ自身が、いじめに対して十分な認識を持ち、子供たちとともに、真剣に取り組んでいくことが重要である。子供といじめを理解する、つまりは子供の身になっていじめを考える。いじめに関係している子供の心に自らの心を重ねることこそが、犯罪防止活動につながるのである。近時、いじめそれ自体わずかであるが増える傾向がみられ、今後の動向を注目する必要がある。

　このような少年非行の傾向——いわゆる特質——がみられるが、今日、少年の刑法犯の動向をながめてみると、その絶対数は概して減少傾向にあるといえる。しかしながら、それに反し、殺人、強盗、強姦、放火などという凶悪な非行、傷害、恐喝などの粗暴犯が増加している。とくに、女子少年の性的被害の増加は顕著である。それにもまして少年による覚せい剤乱用は後をたたない。もう一つ、いじめに起因する事件の増加も見逃せない。

　それに、これら少年犯罪（非行）の背景については、社会情勢の変化が挙げられる。経済の高度成長とそれに伴う産業化・工業化ということである。また、都市化の進展とそれに伴う近隣社会の解体、地域社会の連帯感の稀薄化である。成人はあまり社会情勢の変化の影響を受けることは少ないが、少年は社会情勢の変化をまともに受け鋭敏に反映するのである。それから、社会における価値観の分裂が徹底的に進行したということである。今日の社会は、多様な価値観が許されるのであり、それを裏づける構造的変化と対応して、家族とか、学校とか地域社会の本来のあり方を根本的に一変させている。従来の家族は、大家族から核家族に移行し、それに伴う家庭の孤立化、無力化を呈している。

　学校はもっぱら進学のための通り道であり、家庭においては、夫婦、親子関係の変化（とくに父親の権威の喪失）、地域社会は、同じ地域に住んでいる人の単

なる集合にすぎなくなってきているのである。このような価値観の分裂した社会において、とくに社会の規範力の低下が少年に影響を与えるのである。

3　少年犯罪（非行）の要因

　少年犯罪（非行）の要因については、古くから生物学的要因としての年齢、社会学的要因としての家庭、地域社会、教育、経済的条件など、種々なものが挙げられている。しかしながら、どれが真の要因であるかを明確にすることは非常に困難なことである。これらの要因が複雑に絡み合って発生するのである。

　ここで、生物学的要因としての年齢であるが、年齢と犯罪との間には統計上密接な関係があり、非行多発年齢層といわれる14歳以上25歳未満の間に犯罪が集中していることが特徴的であり、窃盗と強姦については、約6割程度がこの年齢期によって占められているといえる。窃盗に関していうなら、精神的社会的未熟性からくるところの遊び型非行であり、これはいわゆる一過性のエピソード的な社会的逸脱を経験しやすいことが、要因であろうと考えられるのである。強姦についていうなら、身体と精神のアンバランスからくるものであり、それは好奇心、冒険心などが要因として考えられるのである。

　社会学的要因としての家庭は、夫婦、親子を中心とする人類最小の社会集団であるといえる。人間が最初に接するところは家庭であり、とくに少年期は家庭に対する依存度がすこぶる高いために、強力な影響を受けるのである。家庭の機能は、親子間の扶養とか、教育とか、家族間の情緒的安定などである。これらの各機能が遺憾なく作用していれば、家庭は犯罪を抑制することになる。わが国にあっては、家庭の犯罪抑制機能が強力に作用しているようにみえる。

　しかしながら近年、一般家庭の犯罪抑制機能なるものが、①職業の世襲制が崩壊してしまったために、親権が失墜しつつあること、②物質優先の価値観が社会にまん延しており、人間相互の情愛が失われつつあること、などの理由で、低下してきているようである。

　次に、地域社会であるが、地域社会というのは、人間の日常生活にとって家庭の次に密接な環境であるといえる。人格を形成する上でも大きな影響を与えるところから、地域社会が犯罪に与える影響が問題とされてきた。従来、都市と田舎との犯罪性について比較したところ、①都市的商業娯楽や刺激によって

道徳が混乱していること、②富も人口も都市に集中しており、利益の相剋や摩擦が多いこと、③都市には社会的失敗者が生計の途を求めて数多く流入していることなどから、都市の方が犯罪率が高いというのが定説であった。しかし、マスメディアが普及し交通機関が急速に発達した今日においては、都市と田舎との格差は縮小してきており、その区別も緩和されてきている。

　次に教育であるが、人間は種々の教育を通じて、社会の生活様式を習得し、社会規範を自己の行動基準として内面化していくのである。従来、犯罪者は、低学歴者が多いというのが定説であった。しかしながら、今日のように9割までが高校に進学するような社会においては、相対的にいって低学歴者の割合が減少しており、学歴なるものがいかほどの直接的関連性を有しているのか疑問である。

　次に、経済的条件であるが、経済的条件の犯罪に対する影響力については、経済発展と経済変動の2つに分けて考察される。前者は農業経済から工業経済へ、工業経済から高度資本主義経済へ発展するという経済構造の変化を意味し、それは、人口の都市部への集中、失業者の増大、職業分化などがもたらされ、犯罪現象は質的量的にも変化してきたのである。後者、すなわち経済変動というのは、一定の経済構造の下での所得、景気、物価等が変化することをいうのである。ところで、劣悪な経済的条件が犯罪原因であるということについては、実証的研究から定説になっていたが、現在ではむしろ良好な経済的条件と犯罪との関連性が重要である。すなわち、豊かな社会における犯罪なのである。

　ところで、少年非行の要因として、『犯罪白書』（昭和56年版、399〜400頁）では次のようなものを挙げている。すなわち、

①　豊かな社会における物質主義と感覚主義、所有と享楽への過剰な刺激・誘惑、非行機会の拡大
②　教育、就職の機会の不平等、失業、スラム等の諸問題
③　伝統的な社会倫理上の価値観または理想像の変化または多様化、少年の教育における親及び教師の権威の低下と自信の喪失、家庭、学校、宗教、地域社会などの非公式な社会統制機能の弱化
④　少年の身体的、性的発達の加速と精神的・情操的発展の退行、社会的意識及び自発性未成熟

⑤　少年の身体的・精神的エネルギーを消耗・昇華させる健全な遊び、スポーツ及び労働の機会の減少
⑥　愛情と紀律によって子供の人格的発展のための基礎を形成する家族共同体の崩壊または低落から生ずる家庭の教育機能の退化
⑦　現代工業社会における教育期間の延長と社会的自立の遅延化の状況下での学校教育の知性主義と技術主義
⑧　テレビ・出版物などのマスメディアの影響
⑨　生活水準の向上と中流化による「報酬の延期モデル」の放棄
⑩　物質的な欲望の刺激、抑制力の減退、価値観の変化などから生じる規範意識の低下、などである。

4　非行少年の処遇

(1)　少年法改正

　少年法は、少年事件を少年保護事件と少年刑事事件とに大別して、それぞれ独自の手続と処分を規定している。言葉を換えていうなら、少年の犯罪事件は、保護事件と刑事事件の2本立てで処理されているということになる。

　1948（昭和23）年に制定された少年法は、いうまでもなく、アメリカの標準少年裁判所法に範をとったものであるが、この法律の特色は、①少年保護事件は家庭裁判所が取り扱うこととした。②検察官先議を廃止し、全件送致主義を採用し保護主義の理念を徹底したこと。③少年の年齢を20歳に引き上げていること。④審判のための調査機能を高めたこと、などである。

　このように、少年の健全育成を中心とした少年法は制定以来、すでに半世紀以上が経過した。この間、社会も変化し、とくに近時、少年による凶悪重大事件が相次いで発生増加傾向にあり、また少年事件の処分及び審判手続の適正化ならびに犯罪被害者保護の必要性が痛感されるに至った。ここに、少年法の規定が社会の実情に合わなくなったために、法改正の気運が高まり、2000年12月6日に「少年法等の一部を改正する法律」（平成12年法律第142号）が可決成立し、2001（平成13）年4月1日から施行され（刑事処分の可能年齢が16歳以上から14歳以上に引き上げ。また16歳以上の少年が故意の犯罪行為で被害者を死亡させたときは検察に逆送が原則になった）、以降2007年、2008年、2014年の4回の改正に至っている。

2007（平成19）年では、①少年院送可能年齢を14歳以上から「おおむね12歳以上」に引き上げ、②触法少年に関する警察の調査要件の明文化、平成20年6月法律第71号では、主な改正点として、犯罪被害者基本法と整合性をとるため、①審判傍聴制度の創設、②審判状況説明制度の創設、③被害者等による記録の閲覧及び謄写の範囲の拡大、④成人刑事事件の移管、そして平成26年4月法律第23号（2014年5月7日施行）では、①18歳未満の少年に対し、無期懲役に代わる有期懲役の上限を15年から20年に引き上げ、②不定期刑も「5年から10年」を「10年から15年」に引き上げ、③無期刑の緩和刑における仮釈放要件を3年からその刑の3分の1へとなった。

改正少年法を整理すると、
1　少年事件の処分等のあり方の見直し
2　少年審判の事実認定手続の適正化
3　被害者への配慮の充実

の3点である。従来は、処罰よりも保護に重点が置かれていたものが、この改正により保護主義から刑罰主義へと、ある程度の重罰化がうかがえる。

(2)　非行少年の処遇

警察等が犯罪少年を検挙した場合は、捜査の結果、交通犯則通告制度による反則金の納付のあった事件を除き、罰金以下の刑にあたる犯罪については、直接家庭裁判所にその事件を送致し（直送事件）、それ以外の禁錮以上の刑にあたる場合は、すべて検察官に送致する。送致を受けた検察官は捜査を遂げた上で、犯罪の嫌疑があると思料するものはすべて家庭裁判所に送致する（これを全件送致主義という）。

また検察官は、犯罪の嫌疑がない場合でもぐ犯等で家庭裁判所の審判に付すべき事由があると認めるときは、具体的に処遇意見を記し事件を家庭裁判所に送致しなければならないとされている。このように、少年事件については微罪処分を認めず、また起訴猶予処分も認められず、全件送致主義にとらわれているのは、少年の健全な育成を図るため家庭裁判所に要保護性の認定を託そうとの趣旨であろう。全件送致主義が採られているものの、例外的に実務上は「簡易送致制度」が認められているのである。警察は軽微な要保護性の少ない事件を、家庭裁判所は一括して送致された事件を書面で審査して、審判不開始の決

定をするいわゆる簡易処分手続なるものがある。これはあたかも、警察限りで処理している成人の微罪処分に相当するものである。検察官は、やむをえない場合でなければ勾留を請求することはできないとされている。裁判官は、少年を勾留する場合には、少年鑑別所に拘禁することができるとされている。

触法少年及び14歳未満のぐ犯少年については、児童福祉法上の措置が優先される。警察官は保護者のない児童または保護者に観護させることが不適当であると認められる児童を発見したときは、これを児童相談所または福祉事務所に通告しなければならない。児童相談所または福祉事務所へ通告された少年については、都道府県知事または児童相談所長から、家庭裁判所の審判に付するのが適当として、家庭裁判所に送致されたときに限り、これらの少年を審判に付することができる。

ぐ犯少年の場合は、14歳未満の者については触法少年とほとんど同じ手続によって取り扱われる。14歳以上のぐ犯少年については原則として、これを発見した者が家庭裁判所に通告しなければならないとされている。14歳から18歳未満については、警察官または保護者は直接に家庭裁判所に通告または送致するよりも、児童福祉法による措置に委ねるのが適当であると認めたときは、その少年を直接児童相談所に通告することができる。18歳から20歳未満については、すべて家庭裁判所に直送し、または通告・報告する。

家庭裁判所に受理された事件については、家庭裁判所調査官に命じて必要な調査を行わせる。この調査は、少年、保護者または関係人の行状、経歴、素質、環境などについて、医学、心理学、教育学、社会学その他の専門的知識、とくに少年鑑別所の鑑別の結果を活用して行うべきものとされている。

図5-14は、非行少年に対する処遇の流れを示したものである。

家庭裁判所は、調査の結果、審判を開始するのが相当であると認めるときは、その旨を決定する。審判は非公開で懇切を旨として、なごやかにこれを行うとともに、非行のある少年に対し自己の非行について内省を促すものとしなければならないとされている。審判期日には、少年、保護者及び付添人を呼び出し原則として家庭裁判所調査官を出席させる。審判の席には、裁判官及び裁判所書記官が列席する。その他少年の親族、教員、保護司法務技官などに在席を許すこともある。

図5-14 非行少年に対する手続の流れ

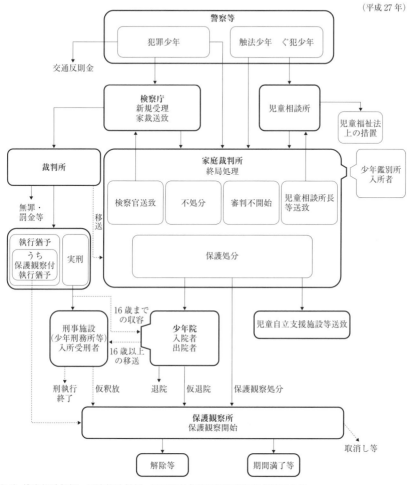

注1)　検察統計年報、司法統計年報、矯正統計年報及び保護統計年報による。
 2)　「検察庁」の人員は、事件単位の延べ人員である。例えば、1人が2回送致された場合には、2人として計上している。
 3)　「児童相談所長等送致」は、知事・児童相談所長送致である。
 4)　「児童自立支援施設等送致」は、児童自立支援施設・児童養護施設送致である。
 5)　「出院者」の人員は、出院事由が退院又は仮退院の者に限る。
 6)　「保護観察開始」の人員は、保護処分少年及び少年院仮退院者に限る。
 7)　『犯罪白書』平成28年版を一部修正。

　審判の結果、非行少年と認められれば、これに対する処遇を決定する。この決定には保護処分と保護処分以外の決定がある。保護処分に付する必要があるものについては、①保護観察所の保護観察、②児童自立支援施設・児童養護施

設送致、③少年院送致の3つがあり、いずれかを決定する。ここで保護処分とは、非行少年（犯罪少年、触法少年、ぐ犯少年）に対して、少年の健全育成を目的として、家庭裁判所が行う処分である。保護観察、児童養護施設への送致は、環境の調整に重点が置かれており、児童自立支援施設、少年院送致は、性格の矯正に重点が置かれている。保護観察は、社会内処遇に属するものに対して、他は施設収容を伴う処分である。

　保護処分に付することができないか、または保護処分に付する必要がないと認めるときは、不処分の決定をすることになる。保護処分以外の決定としては、①児童福祉法上の措置を認めたときは、都道府県知事または児童相談所長への送致。②死刑、懲役、禁錮に当たる罪の事件で、その罪質、情状から刑事処分を相当と認めたときは検察官送致。③審判に付することができないか、または審判に付することが相当でないと認めたときは審判不開始の決定。

　家庭裁判所の決定により保護観察に付された少年は、原則として20歳に達するまで、法務省に属する保護観察所の保護観察を受けることになる。保護観察官及び民間の篤志家である保護司の指導監督を受け、少年に対する改善更生のために必要な補導援護を行うのである。

　児童自立支援施設・児童養護施設送致となった少年は、児童福祉法による施設、すなわち不良行為をなし、またはなすおそれのある児童などに必要な指導を行い、その自立を支援することを目的とする児童自立支援施設、または保護者がいない児童、虐待されている児童などを養護し、その自立を支援することを目的とする児童養護施設に収容して、必要な福祉のための措置を受けるのである。

　少年院送致になった少年は、法務省に属する少年院に収容されるのである。ところでこの少年院には、おおむね12歳からおおむね16歳未満の者を収容する初等少年院、心身に著しい故障のないおおむね16歳から20歳未満の者を収容する中等少年院、心身に著しい故障はないが犯罪的傾向の進んだおおむね16歳から23歳未満の者を収容する特別少年院、心身に著しい故障のあるおおむね12歳から26歳未満の者を収容する医療少年院の4種に分かれており、このいずれかの少年院で、教科教育、職業補導などの矯正教育が行われている。少年院の処遇は、まず1カ月程度の新入時教育、それから中間期教育、出院準備教育の3

つの過程に分けられており、入院時の2級下→2級上→1級下→1級上と順次、改善、進歩に応じて進級する4つの処遇段階に分けられる。少年院を仮退院した少年は、保護観察に付されることになる。これ以外に保護観察に付される少年としては、①刑の執行を猶予されて保護観察に付された少年、②少年刑務所で刑の執行を受け仮釈放した少年の場合がある。

　検察官送致になった少年についてであるが、検察官は原則として裁判所に公訴を提起しなければならない。起訴された少年に対する処遇の流れは、全く成人の刑事事件と同様の手続による。しかし、少年については、成人の場合と異なり、刑事処分に付する場合も刑の緩和（少51条）、不定期刑（同52条）、仮釈放が許される期間の短縮（同58条）などについて種々の特則が認められている。

　このようにして、非行少年の処遇については、処罰よりも保護に重点が置かれ、なるべく刑事処分を避けて保護処分をもって健全育成を図っているのである。

　ところで、少年の刑事事件については、検察官が直接に通常の裁判所へ公訴を提起するわけではなく、すべて、いったんは家庭裁判所に送致し（全件送致主義）、家庭裁判所が刑事処分を相当と認めたときに限り、これを検察官に送致するのである。これを逆送といっている。ここではじめて検察官がこれを通常の裁判所に起訴するのである。このように、少年の犯罪事件なるものを、公判事件にすべきかどうかの先議権を検察官にではなく、家庭裁判所に与えることによって、いわゆる保護処分優先主義なるものを手続的に保障したものである。

　次の図は、少年院の矯正教育課程（表5-6）と、少年事件処理手続（図5-15、5-16）についてみたものである。2001年の少年法改正によって、逆送は16歳以上に限られていたが、この年齢の下限が取り払われ刑事責任年齢の14歳以上の少年に対して可能となった。それゆえ、16歳未満で懲役または禁錮の実刑判決を受けた少年は少年院在院受刑者として少年院で矯正教育を受けることができることになった（同56条3項）。

(3)　少年院法改正

　2014（平成26）年6月4日、新少年院法（平成26年法律第58号）、少年鑑別所法（平成26年法律第59号）および少年院法及び少年鑑別所法の施行に伴う関係法律の整備等に関する法律（平成26年法律第60号）が成立し、2015（平成27）年6月1日から施行され、本法の施行に伴い旧少年法は廃止された。いうまでもなく、少

表5-6　少年院の矯正教育課程

(平成27年)

少年院の種類	矯正教育課程	符号	在院者の類型	矯正教育の重点的な内容	標準的な期間
第1種	短期義務教育課程	SE	原則として14歳以上で義務教育を終了しない者のうち、その者の持つ問題性が単純又は比較的軽く、早期改善の可能性が大きいもの	中学校の学習指導要領に準拠した、短期間の集中した教科指導	6月以内の期間
	義務教育課程Ⅰ	E1	義務教育を終了しない者のうち、12歳に達する日以後の最初の3月31日までの間にあるもの	小学校の学習指導要領に準拠した教科指導	2年以内の期間
	義務教育課程Ⅱ	E2	義務教育を終了しない者のうち、12歳に達する日以後の最初の3月31日が終了したもの	中学校の学習指導要領に準拠した教科指導	
	短期社会適応課程	SA	義務教育を終了した者のうち、その者の持つ問題性が単純又は比較的軽く、早期改善の可能性が大きいもの	出院後の生活設計を明確化するための、短期間の集中した各種の指導	6月以内の期間
	社会適応課程Ⅰ	A1	義務教育を終了した者のうち、就労上、修学上、生活環境の調整上等、社会適応上の問題がある者であって、他の課程の類型には該当しないもの	社会適応を円滑に進めるための各種の指導	2年以内の期間
	社会適応課程Ⅱ	A2	義務教育を終了した者のうち、反社会的な価値観・行動傾向、自己統制力の低さ、認知の偏り等、資質上特に問題となる事情を改善する必要があるもの	自己統制力を高め、健全な価値観を養い、堅実に生活する習慣を身に付けるための各種の指導	
	社会適応課程Ⅲ	A3	外国人等で、日本人と異なる処遇上の配慮を要する者	日本の文化、生活習慣等の理解を深めるとともに、健全な社会人として必要な意識、態度を養うための各種の指導	
	支援教育課程Ⅰ	N1	知的障害又はその疑いのある者及びこれに準じた者で処遇上の配慮を要するもの	社会生活に必要となる基本的な生活習慣・生活技術を身に付けるための各種の指導	
	支援教育課程Ⅱ	N2	情緒障害若しくは発達障害又はこれらの疑いのある者及びこれに準じた者で処遇上の配慮を要するもの	障害等その特性に応じた、社会生活に適応する生活態度・対人関係を身に付けるための各種の指導	
	支援教育課程Ⅲ	N3	義務教育を終了した者のうち、知的能力の制約、対人関係の持ち方の稚拙さ、非社会的行動傾向等に応じた配慮を要するもの	対人関係技能を養い、適応的に生活する習慣を身に付けるための各種の指導	
第2種	社会適応課程Ⅳ	A4	特に再非行防止に焦点を当てた指導及び心身の訓練を必要とする者	健全な価値観を養い、堅実に生活する習慣を身に付けるための各種の指導	2年以内の期間
	社会適応課程Ⅴ	A5	外国人等で、日本人と異なる処遇上の配慮を要する者	日本の文化、生活習慣等の理解を深めるとともに、健全な社会人として必要な意識、態度を養うための各種の指導	
	支援教育課程Ⅳ	N4	知的障害又はその疑いのある者及びこれに準じた者で処遇上の配慮を要するもの	社会生活に必要となる基本的な生活習慣・生活技術を身に付けるための各種の指導	
	支援教育課程Ⅴ	N5	情緒障害若しくは発達障害又はこれらの疑いのある者及びこれに準じた者で処遇上の配慮を要するもの	障害等その特性に応じた、社会生活に適応する生活態度・対人関係を身に付けるための各種の指導	
第3種	医療措置課程	D	身体疾患、身体障害、精神疾患又は精神障害を有する者	心身の疾患、障害の状況に応じた各種の指導	
第4種	受刑在院者課程	J	受刑在院者	個別的事情を特に考慮した各種の指導	－

注1)　矯正統計年報による。
　2)　2015年6月から同年12月までに少年院に入院した者の人員である。
　3)　(　)内は、矯正教育課程別の構成比である。
　4)　『犯罪白書』平成28年版を一部修正。

第 5 章　犯罪現象の類型的考察　　191

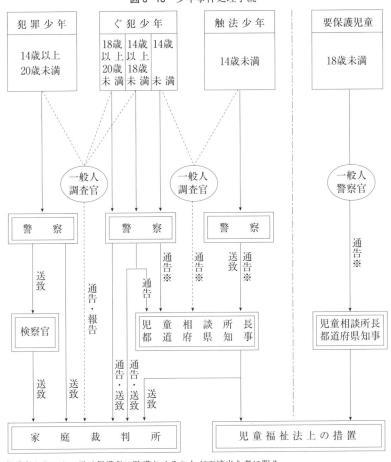

図 5-15　少年事件処理手続

注）保護者がないか、又は保護者に監護させることが不適当な者に限る。

年院法・少年鑑別所法は少年矯正の基本ともいうべき法律である。しかしながら1949（昭和24）年に少年院法（昭和23年法律第169号。1条〜17条で構成、うち16条〜17条が少年鑑別所について規定）が施行されて以降、60年以上にわたり抜本的改正がなされることなく現在に至ってきた。本法改正の経緯については、2009（平成21）年4月、広島少年院で発覚した不適正処遇事案から、少年の健全育成、再発防止を図るため「少年矯正を考える有識者会議」が設置され、「適正かつ有効な処遇を支えるための法的基盤整備の促進」の提言によるものである。

新少年院法においては、被収容少年の権利義務関係・職員の権限の明確化、

図5-16 少年事件処理手続の概略図

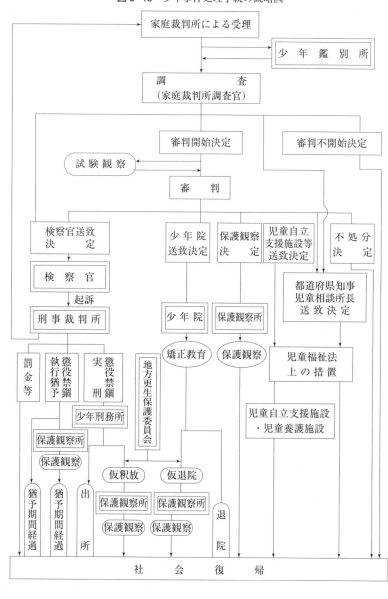

　施設運営の透明化、意思決定過程の明確化等のため、それまで省令、訓令、通達などによって運営されてきた施設のあり方を法律に明記したものといえる。

　少年院法の目的規定として、1条は「この法律は、少年院の適正な管理運営

を図るとともに、在院者の人権を尊重しつつ、その特性に応じた適切な矯正教育その他の在院者の健全な育成に資する処遇を行うことにより、在院者の改善更生及び円滑な社会復帰を図ることを目的とする」としているのに対し、旧少年院法1条は「少年院は、家庭裁判所から保護処分として送致された者及び少年法（昭和23年法律第168号）第56条第3項の規定により少年院において刑の執行を受ける者（以下「少年院収容受刑者」という。）を収容し、これに矯正教育を授ける施設とする」としている。少年院法は第1章総則、第2章少年院の運営、第3章処遇の原則等、第4章入院、第5章矯正教育、第6章社会復帰支援等、第7章健康衛生及び医療、第8章物品の貸与等及び自弁、第9章金品の取扱い、第10章書籍等の閲覧、第11章宗教上の行為等、第12章規律及び秩序の維持、第13章外部交通、第14章賞罰、第15章救済の申出等、第16章仮収容、第17章移送、第18章仮退院、退院及び収容継続、第19章出院、第20章死亡、第21章補則、第22章罰則と、1条から147条によって構成されている。

　少年院法と少年鑑別所法とをそれぞれ別法にしたのは、少年の健全育成を図ることを目的とする収容施設という共通性を持つも、①少年院は保護処分又は刑の執行を受ける者を収容する施設であるのに対し、少年鑑別所は、保護処分又は刑の執行を受ける前の者を収容する施設であること、②少年院は、改善更生及び円滑な社会復帰を目的として矯正教育を中心とした処遇を行うが、少年鑑別所では矯正教育を行わないこと、③少年院の所掌事務は、在院者の処遇が主たる業務であるが、少年鑑別所は観護処遇のほか、鑑別対象者の鑑別、非行及び犯罪に関する援助の実施など収容業務以外も行うこと等からである。

(4)　少年鑑別所

　少年鑑別所は家庭裁判所に対応して、全国に本所52、支所1が設置されており、家庭裁判所が受理した少年のうち、非行を疑うに足る相当な理由があるなどの一定の要件を満たす者について、家庭裁判所の決定で観護の措置がとられ、少年鑑別所へ収容されることになるのである（少17条）。

　少年鑑別所は、家庭裁判所の行う少年に対する調査及び審判ならびに保護処分の執行に資するために、医学、心理学、教育学、社会学その他の専門的知識（同9条）にもとづいて、少年の資質を鑑別調査する施設である（同16条）。当然に少年の自由を拘束し、身柄を保全して、これらを行う。それゆえ、未決拘禁

図 5-17 少年鑑別所における収容鑑別対象少年の鑑別の流れ

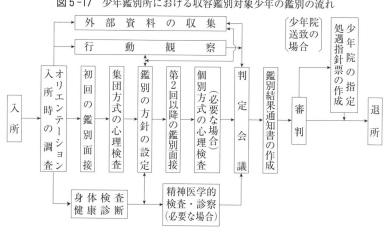

としての機能と、判決前調査の資質鑑別の機能の2つを持っている施設である。図5-17は、少年鑑別所における収容鑑別の対象少年に対する標準的な鑑別手続の流れを示したものである（『犯罪白書』平成28年版3-2-3-5図）。

ところで、少年鑑別所の存在理由であるが、第一は、非行少年を成人の未決拘禁と異なる施設に収容して、成人からのいわゆる悪風感染を防止しようとする人道的要請によるものと、第二は、非行少年を改善更生させようとする実証学派的要請によるものだとされる。すなわち処遇の個別化の前提としての、問題発見のための科学的調査を実行しようとするところにその使命が存在するといわれる。さらに、事実上の効用から実務家の間に了解された存在理由がある。それは、少年観護措置が一種のショック療法的に利用される効用である。かつては少年院の収容期間は概して、1年数カ月に固定的に運用されていた時代では、少年鑑別所を短期のショック療法的な施設収容代替物として、利用する考え方がかなり強かったようであるとする（柳本正春『刑事政策読本』成文堂、331頁）。なお、少年鑑別所法は、2015（平成27）年6月1日、少年院法施行によって少年院法と2つに再編され、それまでは旧少年院法（1条〜17条）のうち、わずか2カ条に規定されていた。現行少年鑑別所法（平成26年6月11日法律第59号）は第1章総則、第2章鑑別対象者の鑑別、第3章在所者の観護処遇（第1節〜第15節）、第4章非行及び犯罪の防止に関する援助、第5章罰則と、132カ条によって構成されている。

(5) 児童相談所

児童相談所とは、児童福祉法12条により設置されたもので、すべての児童が心身ともに健やかに育てられるようにという主旨から、18歳未満の児童のあらゆる相談に応じる機関である。児童とその家庭などについて、必要な調査や医学的、心理学的、教育学的、社会学的及び精神保健などの分野の診断、判定をし、それにもとづいて援助している。都道府県は、児童相談所を設置しなければならない（児福12条）。

① スタッフ及び役割

　相談と措置　児童相談員が担当する。相談者からの目的、ニーズを把握して、児童相談所がとれる援助の方法を説明し、必要に応じて適切な機関への紹介をしている。また処遇方針の決定にもとづき、施設入所や里親委託などのための事務的手続をする。電話相談は専用回線があり、専任の電話相談員が対応している。

　調査　児童福祉司が担当する。家庭や学校、警察などに出向いて、児童や家庭が抱えている問題とその背景となる生活環境などを調査して、問題と環境との関連を明らかにし、問題解決の方法を検討して指導を行う。

　診断指導　心理学的診断・指導は心理判定員が担当し、面接、心理検査、行動観察を行って問題行動の原因を探り、それにもとづいて子供、保護者、関係機関などに指導したり、親子に対してカウンセリングなどの心理治療を行う。医学診断・指導は精神科、小児科、小児神経科の医師が担当し、療育手帳の診断や医学的見地から児童の処遇方針を定める。このほかに臨床検査技師、言語聴覚士なども各々の診断・指導を担当する。

　一時保護　児童指導員、保育士が担当する。子供と一定期間起居を共にし、一般的な生活指導、学習指導を行いながら、問題改善の方針を検討する。

② 業務の流れ

受付相談→受理会議→処遇会議→判定会議→処遇決定会議

　受理会議　当面の対応方針と担当を協議する。相談によっては、調査・診断・一時保護というように複数の課が担当する。

処遇会議　　担当課が一定の期間の活動による評価・調査の結果により、より効果的な援助・対応方針を検討・決定する。
　判定会議　　施設入所、児童福祉司指導などの詳細な援助方針を検討する。
　処遇決定会議　　○○施設入所、○○里親委託などの具体的な措置内容を決定する。
　③　相談内容の種類
　養護相談　　例えば母親の家出とか、病気、逮捕などの理由で父母などが手元で養育できないという相談。
　心身障害相談　　知的障害、身体障害、言語障害、自閉症などの相談。
　非行相談　　警察通告による14歳未満の触法少年や家出、怠学、不良交友などの、将来、罪を犯すおそれのあるぐ犯少年の相談。
　育成相談　　不登校、いじめ、落ちつきなしなどの性格行動上の問題を持つ子どもや学業不振、進路適性などについての相談。
　④　いかなる対応をしているのか
　助言　　比較的軽易な問題には、見方・考え方・対応の仕方などの助言、相談事の解決につながる制度の説明、より専門性の高い機関の紹介などの対応を行う。
　通所　　問題がある程度整理され、その改善には継続的な援助が必要な場合、児童相談所に通ってもらい、カウンセリングや心理療法などを心理判定員が行う。対象は子どもだけではなく、親の場合もある。
　訪問　　家庭や学校を訪問して、経過を追跡したり、関係を調整したり、対応について助言する。主に児童福祉司が担当する。
　一時保護　　虐待された子供、迷子などを安全確保のために緊急保護をしたり、不登校・非行・神経症的反応を示す子供などや、施設入所を前提とした子供と、24時間生活をともにし、行動観察、生活指導をする。
　措置　　子供を家庭から離して、養育や療育を児童養護施設、里親、児童自立支援施設、障害児施設などに委託が必要と判断されたときに、行政的決定をする。
　その他の措置　　知的障害があり、18歳以上になってもなお福祉援助が必要なものは福祉事務所に、非行問題などで児童相談所の指導に限界があるときに

は家庭裁判所に送致する。

5　少年非行とその対策

　従来、わが国における少年非行への対策は、家庭裁判所を中心に、あるいは児童相談所を中心になされてきた。少年非行に対する対策は、少年司法または刑事政策だけの問題ではなく、国家的な、社会的な問題であり、それは全国民的な問題でもある。

　その対策としては、非行を犯した少年に対する司法機関の処遇の改善はいうまでもなく、それよりも、少年自身の規範意識の覚醒を図る必要がある。それには、まず家庭内のしつけが重要である。いうまでもなく家庭は子供にとって最も基本的に保護される場所であり、また同時に人格形成を図る場所でもある。ここにおいて他人に迷惑をかけてはいけないこととか、人間の生命の尊重など、両親が子供に対し態度で示して初めて身につくものである。家庭の役割の重要さがここにある。

　次に、学校教育における信頼が大切である。子供にとって第一次的環境における少年の学校教育が重要である。いうまでもなく、子供にとって学校教育は社会生活の第一歩である。社会共同生活の実践的なルールは、重要な体験である。なかなか困難とは思われるが、子供一人ひとりを生かす教育が行われなければならない。例えば、高校においては非行が発覚すると退学処分が行われるが、そうすると、再出発の機会を奪われ暴走族などに転落する少年も決して少なくない。教育の根本である教師と生徒との信頼関係の確立がぜひとも必要である。それに、地域非行防止運動も忘れてはならない。今日、街中には少年にとって有害な広告物が目にあまる。これらをぜひとも除去しなければならない。あるいは不良少年の街頭補導をする。そうすることは、コミュニティー・オーガニゼーション（地域の組織化）にも役立ち、このように地域ぐるみの非行防止活動が必要なのである。そうすれば、地域社会の規範力は回復するであろう。このようなわけで、少年非行対策は、全国民的な対応が必要不可欠であるということになる。

第 8 節　暴力団犯罪

1　暴力団犯罪とは何か

　暴力団犯罪とは、暴力団の構成員によって行われる犯罪のことである。暴力団という用語は、わが国においては単なる社会的用語で使用されているにすぎず、その概念たるや明確ではない。
　それゆえ、これを正確に定義することは困難であるが、暴力団対策法すなわち「暴力団員による不当な行為の防止等に関する法律」（平成3年法律第77号）2条2号によると、集団的に、または常習的に暴力的不法行為等を行うことを助長するおそれのある団体としている。
　これを犯罪取締りの実態に即していうならば、市民の日常生活を脅やかす反社会的集団で、その活動において、その団体もしくは多衆の威力を背景に集団的または常習的に暴力的不法行為を行い、もしくは行うおそれのあるもので、その活動を生活資金獲得の手段としている集団であるということになる。いずれにしても、暴力団犯罪は、暴力団によって行われる麻薬、覚せい剤、賭博はもちろんのこと、その他の犯罪を広く包含するもので、別の名を組織暴力犯罪とも称されている。

2　暴力団の動向

(1)　戦後の暴力団の動向

　戦後の暴力団の動向は、およそ5つの時期に区分することができる（『犯罪白書』平成元年版）。
　すなわち、第一期は「戦後の混乱期」（昭和20年代前半）で、この時期はいわゆる博徒、テキ屋が主流であるが、これ以外に大小無数の新興不法集団が登場し、例えば集団強盗、闇市、用心棒などあらゆる分野に進出して、各種の利権をめぐり既存勢力と武力による対立抗争が行われた時代である。
　第二期は「対立抗争期」（昭和20年代末～昭和30年代後半）で、朝鮮戦争の特需を契機にして社会の経済復興が進み、これに応じて大都市に盛り場が誕生し、

パチンコ、風俗営業、ヒロポン、売春、公営ギャンブルなど、新たな利権を狙って多くの新興グレン隊と既存勢力との間に抗争事件が発生、旧来の組織と新興組織が離合集散をくり返し、その結果、各地域に一応の勢力地図ができあがった時代である。

第三期は「頂上作戦とその影響期」(昭和30年代末～昭和40年代前半) で、この時期は資金源犯罪、武器関係犯罪など、暴力団に対する総合的集中取締りが展開された時代である。

第四期は「広域化・寡占化による再編の時代」(昭和40年代後半～昭和50年代前半) で、暴力団が組織を再編するとともに大規模な広域暴力団が確立していく時代である。

第五期は「世代交代と変動の時代」(昭和50年代後半～現在) で、暴力団の世界においても、世代交代が避けられず、新たな覇権をめぐり大規模な変動が起こりつつある時代である。

(2) 暴力団組織の動向

それでは、ここにおいて、いわゆる暴力団構成員等(暴力団の構成員及び準備成員)の推移状況をみてみると、表5-7(1)のようである。ここで、準構成員というのは、正式の構成員ではないが、暴力団と何らかの関係を持ちながらその組織の威力を背景に暴力的不法行為などを行う者とか、場合によっては暴力団に資金や武器を供給しながら、その組織の維持、運営に協力・関与している者を意味している。

暴力団構成員等は、2005 (平成17) 年より減少傾向にあり2014年末においては総数5万3500人である。表5-7(2)をみると六代目山口組、神戸山口組、稲川会及び住吉会の主要団体の構成員は、およそ1万5000人であり、全国の暴力団構成員、準構成員の73.1％を占めている。ちなみに、警察庁によると、山口組はこの10年で広島、沖縄を除く45都道府県へ傘下を広げたといっている。

① 神戸山口組について

2015 (平成27) 年8月末に指定暴力団6代目山口組傘下の直系組長13人が同組を離脱。ここに「神戸山口組」が結成された (平成28年2月「平成27年の暴力団情勢」〔警察庁組織犯罪対策部・暴力団対策課・組織犯罪対策企画室〕1頁より)。

同年9月には初の定例会が行われ、そこで人事体制の発表が行われ本格的な

表 5-7(1)　暴力団構成員等の人員

(2005年～2015年)

年次	総数	構成員	準構成員等
2005年	86,300	43,300	43,000
2006	84,700	41,500	43,200
2007	84,200	40,900	43,300
2008	82,600	40,400	42,200
2009	80,900	38,600	42,300
2010	78,600	36,000	42,600
2011	70,300	32,700	37,600
2012	63,200	28,800	34,400
2013	58,600	25,600	33,000
2014	53,500	22,300	31,200
2015	46,900	20,100	26,800

注 1) 警察庁刑事局の資料による。
　 2) 人員は、各年の12月31日現在の概数である。
　 3) 「準構成員等」とは、暴力団構成員以外の暴力団と関係を有する者であって、暴力団の威力を背景に暴力的不法行為等を行うおそれがあるもの、又は暴力団若しくは暴力団構成員に対し資金、武器等の供給を行うなど暴力団の維持若しくは運営に協力し、若しくは関与するものをいう。

表 5-7(2)　主要 4 団体の暴力団構成員等の比較

			2015年末の概数	2014年末からの増減	全体の構成比
主要団体	六代目山口組	構成員 準構成員 計	6,000 8,000 14,100	-4,300 -5,100 -9,300	30.1% (構成員29.9%)
	神戸山口組	構成員 準構成員 計	2,800 3,400 6,100	- - -	13.0% (構成員13.9%)
	住吉会	構成員 準構成員 計	3,200 4,100 7,300	-200 -1,000 -1,200	15.6% (構成員15.9%)
	稲川会	構成員 準構成員 計	2,700 3,000 5,800	-200 -700 -800	12.4% (構成員13.4%)
主要団体合計		構成員 準構成員 計	14,700 18,500 33,200	-1,900 -3,500 -5,300	73.1% (構成員70.8%)

注) 暴力団構成員等の数は概数であり、増減及び構成比は概数上のものである。

「組織体制」の確立が行われた。2015年末の時点で構成員は2800名。準構成員等は3400名。計6100名。

② 神戸山口組の「指定暴力団」指定への動き

山口組から分裂したために神戸山口組は「指定暴力団」から外れた形となった。そこで兵庫県公安委員会は2016年4月15日付官報で神戸山口組の指定暴力団への指定を公示。この日以降同団体は「指定暴力団」となり暴対法の規制対象となった（朝日新聞DIGITAL「神戸山口組の指定暴力団への指定、15日に官報公示」）。

(3) 暴力団犯罪の動向

2015年における暴力団構成員等の検挙人員は、2万1643人である。前年と比べると852人減少している。そのうち刑法犯は1万2690人で、特別法犯は8953人となっている。これを、罪名別検挙人員の構成比をみてみると、覚せい剤取締法違反が26.0％（5618人）と圧倒的に高く、次いで傷害12.0％（2596人）、詐欺10.6％（2281人）、窃盗10.0％（2121人）の順となっている（『犯罪白書』平成28年版）。

表5-8は、2015年における主要罪名別の検挙

表5-8　暴力団構成員等の検挙人員（罪名別）

(2015年)

罪　　名	全検挙人員	暴力団構成員等	
総　　　数	304,868	21,643	(7.1)
刑　法　犯	239,355	12,690	(5.3)
殺　　人	913	115	(12.6)
強　　盗	1,972	295	(15.0)
強　　姦	933	48	(5.1)
暴　　行	25,485	1,115	(4.4)
傷　　害	22,095	2,596	(11.7)
脅　　迫	2,720	592	(21.8)
恐　　喝	2,187	1,042	(47.6)
窃　　盗	123,847	2,121	(1.7)
詐　　欺	10,502	2,281	(21.7)
賭　　博	923	515	(55.8)
公務執行妨害	2,152	293	(13.6)
逮捕監禁	400	124	(31.0)
器物損壊	5,588	369	(6.6)
暴力行為等処罰法	101	29	(28.7)
特　別　法　犯	65,513	8,953	(13.7)
自転車競技法	10	9	(90.0)
競　馬　法	7	6	(85.7)
風営適正化法	2,466	542	(22.0)
売春防止法	538	104	(19.3)
児童福祉法	401	95	(23.7)
銃　刀　法	4,420	195	(4.4)
麻薬取締法	389	80	(20.6)
大麻取締法	2,067	580	(28.1)
覚せい剤取締法	10,785	5,618	(52.1)
職業安定法	52	27	(51.9)

注1）警察庁の統計による。
　2）刑法犯及び特別法犯（交通法令違反を除く。）に限る。
　3）特別法犯の人員は、送致人員による。
　4）「暴力団構成員等」は、暴力団構成員及び準構成員その他の周辺者をいう。
　5）（　）内は、全検挙人員に占める暴力団構成員等の比率である。

人員に占める暴力団構成員等の人員をみたものである。

3 暴力団犯罪の特徴

暴力団犯罪（別の名を組織暴力犯罪）は、暴力団によって行われるすべての犯罪を意味する。

(1) 暴力団の武装化

いわゆる暴力団犯罪は、何といっても常に暴力性を背景にして行われているのが特徴である。近時においては、銃器発砲（場合によっては刀剣類の使用）事件が激増しており、いっそうの凶悪化の傾向がみられる。とくに暴力団相互の対立抗争事件が凶悪化し、そのために一般市民を無差別に巻き添えにした無法化が進んでいることである。ちなみに、2014年には、この対立抗争の発生事件数は18件で、その際、9回銃器が使用されたといわれている。図 5 -18は、2000年から2015年までの、その様子をみたものである。

(2) 活動の多様化

暴力団犯罪も多様化、複雑化してきている（例えば債権取り立て、金融ブローカー、手形パクリ屋……など）。暴力団といえども、ほとんどの集団が形式的には

図 5 -18　暴力団対立抗争事件の事件数・銃器使用率の推移

（2000年～2015年）

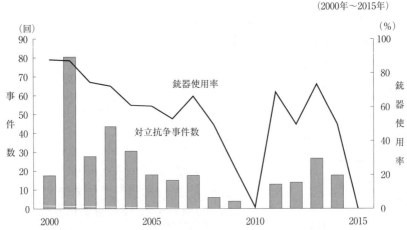

注 1）警察庁刑事局の資料による。
　 2）「銃器使用率」とは、対立抗争発生回数に占める銃器使用回数の比率をいう。

何らかの正業を仮装している。通常は、風俗営業や建設業などが多く目につくところであるが、このほかにも興行関係、金融業、交通運輸業、港湾運送業など、多方面に進出、活動している。

このように正業を仮装しているも、裏面では、覚せい剤、麻薬、賭博、売春などの犯罪が行われている。近時、新しい形態の資金源活動を行うために、民事介入暴力や、企業対象暴力によって、合法企業を装った政治活動を仮装したり、あるいは標榜したりする暴力団がとみに増え、これが巧妙化・悪質化している。

(3) 暴力団の海外進出

それに、近時、社会的情勢の変化に伴い、生き残りの戦術も手伝ってその形態も変化してきており、暴力団犯罪の国際化ともいわれるところである。

現在では、フィリピンなど東南アジア、韓国はもちろんのこと、ハワイ、アメリカ西海岸にまで世界各地へ進出しており、世界最大規模の犯罪組織であろうといわれている。

(4) 暴力団の系列化・広域化

近年、2つ以上の都道府県にまたがって勢力を持つ広域暴力団の増加が顕著であり、それが系列化・広域化している。換言すると、犯罪シンジケートを形成するようになってきているということである。

ところで、暴力団犯罪の特色として、深山健男氏は、①対立抗争事件の増加、②拳銃所持の日常化傾向、③暴力団犯罪の知能化、④特殊知能暴力事犯、⑤暴力犯罪の国際化……が挙げられるとしている（「暴力団犯罪」石原一彦＝佐々木史朗＝西原春夫＝松尾浩也編『現代刑罰法大系(4)社会生活と刑罰』日本評論社、93頁以下）。また、林則清氏によると、①暴力団気質の変化と組織統制力の低下、②暴力団の縄張り観念の稀薄化と流動化、③暴力団がその資金源活動の対象や幅を、企業社会や一般経済取引、さらには市民の日常生活にまで拡げてきていること、④暴力団の拳銃による武装化と所持の日常化、⑤徹底した功利主義が支配する職業的利欲犯罪者集団であるとしている（「最近における暴力団の動向と問題点」『罪と罰』20巻3号23頁以下）。

今度は、立場を変えて被害者側からみた暴力団犯罪の特色として、星野周弘氏によれば、①概して暴力団犯罪は、数人の者によって行われる集団的犯罪が

比較的多い、②被害者の落度、弱みを突いて被害届を最初から出さないであろうと見込んだ上での継続的な犯罪が多い、③同一の被害者に対する継続的な、断続的な犯罪が少なくない、④被害者が特殊な職業に偏り、また被害者に落度、弱み、不法行為、前科などが見られることが少なくない、⑤青少年不良団は、被害者に落度の有無にかかわらず、これを加害の対象とする無差別犯行をなす傾向がある、⑥被害にあったとき、第三者の通報が事件の認知の端緒となることが少なく、被害者自身の通報が認知の端緒となることが多い。被害者は被害届を出すことに逡巡する傾向が強い、⑦被害者、被害関係者、第三者の協力が検挙の端緒となることが少ない、⑧暴力団員に知り合いを持つ被害者も少なくない……といっている（「暴力団犯罪の被害と被害者に関する研究」『科学警察研究所報告防犯少年編』20巻2号13頁以下）。

4　暴力団対策法の制定

　近時、暴力団の活動は、ますます多様化すると同時に、巧妙化してきている。そのため、暴力団を排除しなければならないという気運の高揚と取締りのいっそうの強化により、社会から孤立している感もある。しかしその一方においては、広域暴力団への系列化が進んでいることも見逃せない。

　暴力団の資金獲得活動（シノギ）の範囲といえば、覚せい剤の密売、賭博、ノミ行為、みかじめ料徴収などが伝統的なものであった。ところが、社会経済情勢の変化に対応して、金融・不良債権関連事犯、密入国の仲介、総会屋活動、企業対象暴力はもちろんのこと、一般市民の間の民事事件にまで介入するようになったのである。また、拳銃などの武器を使用した銃器発砲事件も多く発生させ、生き残りの作戦として暴力団相互間の対立抗争事件も数多く続発している。それに注目すべきことは、不良外国人による組織的窃盗事件、集団強盗事件にも関与するなど、その活動範囲を広げており目に余るものがある。このようにして、暴力団は、市民社会にとっては、大きな脅威になっているといっても決して過言ではない。

　これらに対応するものとして、「暴力団員による不当な行為の防止等に関する法律（平成3年法律第77号）」が公布され、1992（平成4）年3月1日より施行された。これが、いわゆる暴力団対策法である。この法律は、暴力団員の行う

暴力的要求行為等について必要な規制を行い、暴力団の対立抗争等による市民生活に対する危険を防止するために必要な措置を講ずるなどにより、──市民生活の安全と平穏の確保を図り、もって国民の自由と権利を保護することを目的として制定された。

この法律は、もっぱら暴力団対策のみを目的とするもので、現行の刑罰法令には抵触しない類型の暴力的要求行為など、いわゆるグレー・ゾーンにおける活動を中止命令などの行政的措置を講ずることを可能にしている点に特色があるといえる。その後、1993年5月12日に、暴力団対策法の一部改正が行われた。これは、競売の対象となるような土地等に係る明渡し料等の要求行為等を中止命令等の対象となる暴力的要求行為に含ませるというものである。さらに、最近における暴力団をめぐる情勢に対し、1997年6月には、指定暴力団等の業務に関して行われる暴力的要求行為の防止、指定暴力団員以外の者による準暴力的要求行為等の規制を図るために一部改正が行われている。また、暴力団の資金獲得活動等を規制していくために、「債権管理回収業に関する特別措置法」が1999年2月に施行されている。このような情勢の下で、暴力団活動の取締りをさらに強化するため、①組織的な犯罪の処罰及び犯罪収益の規制等に関する法律（平成11年8月法律第136号）──いわゆる組織犯罪処罰法──が制定され、②犯罪捜査のための通信傍受に関する法律（平成11年8月法137号）が新設された。

ところで、暴力団対策法が施行されてから、2016年末現在で、22団体が指定暴力団として指定されている。参考までに、指定暴力団の指定の状況をみてみると、次のようである（表5-9）。

暴力団対策法が禁止している行為とは、およそ次のようなものである。
〔9条で禁止している行為〕
①人の弱みにつけ込んだ金品等の要求行為　②不当寄付金要求行為　③不当な下請等要求行為　④みかじめ料要求行為　⑤用心棒料等要求行為　⑥高利債権取立行為　⑦不当債権取立行為　⑧不当債務免除要求行為　⑨不当貸付要求行為　⑩不当信用取引要求行為　⑪不当自己株式買取等要求行為　⑫不当地上げ行為　⑬競売等妨害行為　⑭不当示談介入行為　⑮因縁をつけての金品等要求行為
〔10条で禁止している行為〕

表5-9　指定暴力団一覧表（22団体）

番号	名称	主たる事務所の所在地	代表する者	勢力範囲	構成員数
1	六代目山口組	兵庫県神戸市灘区篠原本町4-3-1	篠田　建市	1都1道2府39県	約5,200人
2	稲川会	東京都港区六本木7-8-4	辛　炳圭	1都1道16県	約2,500人
3	住吉会	東京都港区赤坂6-4-21	西口　茂男	1都1道1府15県	約3,100人
4	五代目工藤會	福岡県北九州市小倉北区神岳1-1-12	野村　悟	3県	約420人
5	旭琉會	沖縄県沖縄市上地2-14-17	富永　清	1県	約360人
6	六代目会津小鉄会	京都府京都市下京区東高瀬川筋上ノ口上る岩滝町176-1	馬場　美次	1道1府	約110人
7	五代目共政会	広島県広島市南区南大河町18-10	守屋　輯	1県	約180人
8	七代目合田一家	山口県下関市竹崎町3-13-6	金　教煥	3県	約90人
9	四代目小桜一家	鹿児島県鹿児島市甲突町9-24	平岡　喜榮	1県	約70人
10	五代目浅野組	岡山県笠岡市笠岡615-11	中岡　豊	2県	約90人
11	道仁会	福岡県久留米市京町247-6	小林　哲治	4県	約540人
12	二代目親和会	香川県高松市塩上町2-14-4	吉良　博文	1県	約40人
13	双愛会	千葉県市原市潤井戸1343-8	椎塚　宣	2県	約140人
14	三代目俠道会	広島県尾道市山波町3025-1	渡邊　望	5県	約100人
15	太州会	福岡県田川市大字弓削田1314-1	日高　博	1県	約130人
16	九代目酒梅組	大阪府大阪市西成区太子1-3-17	吉村　三男	1県	約30人
17	極東会	東京都豊島区西池袋1-29-5	曺　圭化	1都1道12県	約590人
18	二代目東組	大阪府大阪市西成区山王1-11-8	滝本　博司	1府	約140人
19	松葉会	東京都台東区西浅草2-9-8	荻野　義朗	1都1道8県	約650人
20	三代目福博会	福岡県福岡市博多区千代5-18-15	金　寅純	3県	約150人
21	浪川会	福岡県大牟田市上官町2-4-2	朴　政浩	1都5県	約240人
22	神戸山口組	兵庫県淡路市志筑88-1	井上　邦雄	1都1道2府32県	約2,600人

注1）本表の「名称」、「主たる事務所の所在地」、「代表する者」、「勢力範囲」、「構成員数」は、2016年末のものを示している。
　2）2016年末における全暴力団構成員数（約1万8,100人）に占める指定暴力団構成員数（約1万7,400人）の比率は96.1％である。
　3）警察庁「平成28年における組織犯罪の情勢【確定値版】」。

①暴力的要求行為の要求行為等　②暴力的要求行為の現場に立会い助ける行為
〔12条の2で禁止している行為〕
指定暴力団等の業務に関し行われる暴力的要求行為
〔12条の3で禁止している行為〕
準暴力的要求行為の要求等
〔12条の5で禁止している行為〕
準暴力的要求行為

〔16条で禁止している行為〕
①少年に対する加入強要・脱退妨害　②威迫による加入強要・脱退妨害　③密接関係者の親族等に対する加入強要・脱退妨害

〔17条で禁止している行為〕
加入の強要の命令等

〔20条で禁止している行為〕
指詰めの強要等

〔24条で禁止している行為〕
少年に対する入れ墨の強要等

〔29条で禁止している行為〕
事務所における禁止行為等

　この法律により、指定暴力団に指定された21団体の組員が、上述の禁止された行為をした場合、各公安委員会が中止命令を出し、もしそれに従わない場合には、命令違反として1年以下の懲役や、100万円以下の罰金が科せられることになる。この指定は、3年間有効で、それ以後は、3年ごとに指定の見直しをすることになっている。ちなみに、暴力団対策法を施行してから今日に至るまで、発出した中止命令、再発防止命令の総件数は、2014年末現在でそれぞれ4万4368件、1751件あったとされ、2014年中は、1687件の中止命令、39件の再発防止命令を発出したといわれている（『警察白書』平成27年版第4編第3章第1節）。

5　暴力団犯罪対策

　暴力団犯罪を撲滅するためには、いったいどのような施策を講ずべきであるのか。当面、行わなければならない対策が山積しており、何から手をつけたらよいのかわからないが、それにしても暴力団犯罪を根絶するためには、暴力団の存立基礎である人（構成員）、金（資金源）、物（武器）のすべてに対して徹底した取締りを強化することが必要である。

　この種の犯罪を醸成しやすい社会環境を取り除くことから始めなければならない。

⑴　まず、暴力団犯罪を根絶するための最もベストな方法は、組織自体に実質的な打撃を与えることである。言葉を換えていうなら、暴力団の組織を壊滅

するためには、暴力団特有の組織としての統制力を失わせることである。いうまでもなく、暴力団の組織を支えているものは、金である。この金すなわち資金源こそが暴力団の最大の存立基盤であるから、暴力団を壊滅するためには、多種多様で豊富な資金源を枯渇させることが必要である。

暴力団といえども、正面から堂々と暴力団の看板を出しているわけではなく、ほとんどの集団がその存続を正当化するために、合法的な企業活動を行い正業を仮装しているといえる。近時、暴力団は警察の取締りや国民の暴力排除活動の高揚につれ、活動の場を奪われてきていることも事実である。そのため、資金獲得活動はますます多様化・巧妙化してきており、国内での資金源獲得の限界を打破するために、その活路を海外のブラック・マーケットに求めてきている。このように、合法・非合法の両面にわたって資金源獲得のために活動しているのである。年間収入も一般人には推計すら不可能な金額で、1兆何千億円といわれている。そういうことで暴力団の資金源を絶つといっても、有効な対策を講ずることは非常に困難であるといわざるをえない。

古くから、暴力団の伝統的資金獲得犯罪として、覚せい剤取締法違反、恐喝、賭博それに公営競技関係四法違反（ノミ行為など）が挙げられていたが、しかしながら、これら資金獲得活動は時代によって変化していて、上述した伝統的資金獲得犯罪のほかに、暴力団自らが経営に関与する企業を通じて、あるいは暴力団が企業と結託して通常の経済取引を装うなど、いわゆる企業活動を利用した資金獲得犯罪を引き起こしている。

ここで、暴力団の資金源を枯渇させるためには、組織活動によって蓄積した資金に対し、徹底した税制上の課税徴収が必要である。また、脱税などに対しては、罰金はいうまでもなく検挙も惜しまないというようにしなければならない。警察はもちろんのこと、税務官庁にも特殊の権限を付与して、これに対処しなければならない。現在、麻薬新法で不正収益剥脱とマネー・ロンダリング（資金浄化）の処罰があるが、取引活動から得た利益に対しても暴力団対策に導入されることが望まれるところである。

(2) 次に、暴力団構成員に対する対策としては、徹底的な長期間にわたる検挙取締り（警察力の厳正な行使）と、刑務所収容による隔離である。

しかし、これには、暴力団の構成員が刑罰をおそれないという対策上困難な

問題がある。上述したように、概して構成員は平均6回、1～2年に1度の割合で検挙されているという事実がある。一般人は、裁判で懲役であれ、罰金であれ言い渡されると刑罰を受けたということにより社会的評価が低下する。実は刑罰の威嚇力（犯罪抑止力）はここに存在理由があるのである。

　ところが、暴力団関係者の場合は、刑罰を受けたとする社会的評価の低下は身に感じることはない。むしろ、暴力団内部での評価は刑罰を受けることによって、ハクがつくし、逆に高くなる場合が多いのである。暴力団構成員は彼ら独特の価値観を持っていることに留意しなければならない。そうはいうものの、彼らの犯罪に対して検挙されたり、やがて受刑ということになると、暴力団組織自体に痛手であることは事実である。その意味で忍耐強い監視と、長期間の取締りが必要なことは言をまたない。

　(3)　それに、暴力団関係受刑者に対する処遇である。

　暴力団関係者は、一般の受刑者と同様にB級受刑者（犯罪傾向の進んでいる者）を収容する施設に入れられているが、彼らが4割近くを占めており、そのことからB級施設は、別の名を暴力団専用の収容施設とも称されている。暴力団に対する処遇であるが、彼らは独特の価値観を持ち、さらに暴力団関係者の組織への帰属意識、あるいは忠誠心は異常ともいうほど強いものがみられるのである。

　彼ら暴力団関係者は、いったん刑務所に入所しても釈放されれば再びもとの組織集団に復帰するのを常としている。これには、構成員自身の精神構造もさることながら、彼らの世界に特有な掟とか、リンチとかがあるからであろう。それにある面では、社会的脱落者（一般人と共生が困難）であるから、社会的には受容拒否にもあっている。そういうことで、一般に凝集性の強いことが特性にもなっている。

　ここで、参考までに暴力団加入のメリット・デメリット、暴力団を離脱しなかった理由について、『犯罪白書』（平成12年版）からみてみると、表5-10～5-12のようである。

　それゆえ、受刑者に対しては刑務施設において出所後のことを考慮して職業に必要な技能を修得させることが重要である。刑務作業を通じて、規則正しい生活習慣を身につけさせたり、あるいは作業に従事させることにより勤労の尊

表5-10 暴力団加入の魅力・メリット（暴力団加入に対する意識別）

暴力団加入の魅力・メリット	暴力団加入に対する意識			
	総　　数	良かったと思う	良かったとは思わない	良かったかどうかはわからない
総　数	533	141	189	223
特にない	184　(33.3)	31　(22.0)	78　(41.3)	75　(33.6)
自分が強くなれる	96　(17.4)	36　(25.5)	23　(12.3)	37　(16.6)
組の名前で仕事がしやすい	190　(34.4)	57　(40.4)	62　(32.8)	71　(31.8)
金に困らない	117　(21.2)	41　(29.1)	31　(16.4)	45　(20.2)
出世できる	108　(19.5)	49　(34.8)	22　(11.6)	37　(16.6)
面倒を見てもらえる	102　(18.4)	35　(24.8)	31　(16.4)	36　(16.1)
格好がいい	111　(20.1)	37　(26.2)	30　(15.9)	44　(19.7)
女性にもてる	62　(11.2)	20　(14.2)	16　(8.5)	26　(11.7)
仲間が増える	142　(25.7)	46　(32.6)	41　(21.7)	55　(24.7)
刺激にあふれている	140　(25.3)	51　(36.2)	34　(18.0)	55　(24.7)
世間の役に立っている	47　(8.5)	23　(16.3)	4　(2.1)	20　(9.0)
その他	56　(10.1)	20　(14.2)	9　(4.8)	27　(12.1)

注1) 法務綜合研究所の調査による。
2) （　）内は、暴力団加入に対する意識別回答者総数に対する比率である。
3) 「暴力団加入の魅力・メリット」については、重複選択による。
4) 無回答を除く。

表5-11 暴力団加入の不利益・デメリット（暴力団加入に対する意識別）

暴力団加入の不利益・デメリット	暴力団加入に対する意識			
	総　　数	良かったと思う	良かったとは思わない	良かったかどうかはわからない
総　数	604	140	219	245
特にない	65　(10.8)	26　(18.6)	12　(5.5)	27　(11.0)
家族に迷惑をかける	410　(67.9)	75　(53.6)	174　(79.5)	161　(65.7)
両親に迷惑をかける	334　(55.3)	64　(45.7)	146　(66.7)	124　(50.6)
世間から冷たい（白い）目でみられる	171　(28.3)	33　(23.6)	87　(39.7)	51　(20.8)
普通の人から相手にされなくなる	133　(22.0)	8　(5.7)	78　(35.6)	47　(19.2)
危ない目に遭いやすい	261　(43.2)	61　(43.6)	104　(47.5)	96　(39.2)
警察ににらまれる	373　(61.8)	77　(55.0)	148　(67.6)	148　(60.4)
一度入ると脱けることができない	73　(12.1)	6　(4.3)	43　(19.6)	24　(9.8)
思ったよりも経済的に苦しい	196　(32.5)	23　(16.4)	104　(47.5)	69　(28.2)
普通の生活ができなくなる	269　(44.5)	43　(30.7)	117　(53.4)	109　(44.5)
かた苦しい	111　(18.4)	9　(6.4)	58　(26.5)	44　(18.0)
その他	28　(4.6)	5　(3.6)	13　(5.9)	10　(4.1)

注1) 法務綜合研究所の調査による。
2) （　）内は、暴力団加入に対する意識別回答者総数に対する比率である。
3) 「暴力団加入の不利益・デメリット」については、重複選択による。
4) 無回答を除く。

表5-12　暴力団を離脱しなかった理由（所属暴力団での地位別）

暴力団を離脱しなかった理由	総　数	幹　部	組　員
総　数	604	362	242
組員としての生活に満足していたから	201　(33.3)	128　(35.4)	73　(30.2)
組に義理があったから	262　(43.4)	150　(41.4)	112　(46.3)
親分兄弟分との関係が切れなかったから	253　(41.9)	159　(43.9)	94　(38.8)
脱けるのは男の面子が立たないから	116　(19.2)	71　(19.6)	45　(18.6)
離脱するには金が要るから	32　(5.3)	15　(4.1)	17　(7.0)
離脱すると自分や家族が攻撃を受けるから	46　(7.6)	22　(6.1)	24　(9.9)
他の手段で生活できなかったから	172　(28.5)	106　(29.3)	66　(27.3)
世間が受け入れてくれないから	65　(10.8)	38　(10.5)	27　(11.2)
自分には入れ墨・指つめがあるから	132　(21.9)	94　(26.0)	38　(15.7)
その他	79　(13.1)	43　(11.9)	36　(14.9)

注）法務綜合研究所の調査による。

さを教育したり、訓練したりすることが必要である。しかしながら、途中で脱落する者もあり、怠惰な生活習慣のためせっかくの職業訓練もなかなか思うような効果が挙がらないのである。ここで注意すべきことは、せっかくの職業訓練も組織から離脱しない限り、一歩間違えば逆に非合法活動に利用されることである。

　いうまでもなく、暴力団関係の受刑者の更生は、その所属暴力集団から足を洗うこと、すなわち離脱することが絶対的条件である。それゆえ、刑務施設においてはこの点に向けての指導がきわめて重要である。彼らは、概して独特の労働蔑視の価値観を有している。また享楽的生活志向が強く、怠惰な生活態度、習慣を持っているのであるから、この価値観を何としても変更させなければならない。処遇上は、暴力団組織の中枢にいる構成員を独居拘禁で収容し、他の収容者からこれまた徹底隔離することが必要である。彼らは、一般に上述したように凝集性の強い集団であるので、まずこの凝集性を弱体化させることが先決問題である。なぜなら、暴力団特有の組織としての統制力を失わせることにあるからである。

　この点については、警察及び都道府県暴力追放運動推進センター（一般に都道府県センターと呼ばれている）が相談活動を通じて暴力団組織から離脱意思を持っている者に対し、離脱促進を行っている。それと同時に、全国に設置されている社会復帰対策協議会を通じて就業した者も、数百名いるとのことである。

表5-13は、暴力団受刑者に対する暴力団組織を離脱するための必要条件、方法などについての質問である（『犯罪白書』平成12年版、428頁）。

(4) 暴力団犯罪は、組織自体を壊滅させなければ根絶しない。根絶するための有効な方法は、組織を支えている資金面から壊滅に追い込むことである。すなわち組織内における利益配分として行われている、いわゆる上納金制度を絶つことである。

暴力団の組織というものは、かつては親分・子分という疑似血縁関係によって結ばれた単純な2階層構造から成り立っていた。しかし今日においては、親分・子分という関係の下に、さらに子分が存在するという3階層、4階層という何層もの階層構造をとるようになった。これは、子分は組織（すなわち親分）の名前を使用させてもらって、資金を稼ぐというものであり、このようにして獲得した資金の一部は当然ながら、名義使用料という形で上納金を親分の元に納めなければならない。換言すれば、金は下から上へと流れていくことになるのであり、組織が肥大化すればするほど、幹部は下部組織から上納金を受け取るだけでよいのである。幹部自身は、背後から実戦部隊に指揮、命令を発していればよく、非合法的活動をせずに継続的に資金（上納金）を手に入れること

表5-13　離脱のための必要条件・方法（所属暴力団での地位別）

離脱のための必要条件・方法	総　数	幹　部	組　員
総　数	469	264	205
暴力団（組）事務所との接触を絶つこと	303　(64.6)	164　(62.1)	139　(67.8)
よその土地で暮らすこと	258　(55.0)	140　(53.0)	118　(57.6)
警察などの公的機関によって一時的に避難できる場所を確保してもらうこと	41　(8.7)	23　(8.7)	18　(8.8)
一般社会での就業や生活の基盤が確保されること	208　(44.4)	118　(44.7)	90　(43.9)
入れ墨除去や義指	32　(6.8)	21　(8.0)	11　(5.4)
金銭的な援助があること	85　(18.1)	53　(20.1)	32　(15.6)
相談に乗ってくれる人がいること	187　(39.9)	100　(37.9)	87　(42.4)
仕事に関する訓練や資格があること	119　(25.4)	63　(23.9)	56　(27.3)
周囲の人が特別な目で見ないこと	52　(11.1)	33　(12.5)	19　(9.3)
自分と家族の身の安全を確保すること	104　(22.2)	53　(20.1)	51　(24.9)
その他	65　(13.9)	41　(15.5)	24　(11.7)

注1）法務総合研究所の調査による。
　2）（　）内は、所属暴力団での地位別回答者総数に対する比率である。
　3）「離脱のための必要条件・方法」については、重複選択による。
　4）無回答を除く。

ができる仕組みになっている。

　この上納金制度は、上部組織はもちろんであるが、下部組織の双方にメリットがあるところから、この制度を利用して組織の系列化が図られている。このようにして、大規模暴力団には毎月数億円という耳を疑うような上納金が組織の中枢幹部の下に集められているとのことである。実は、上納金制度が組織の上層幹部の私生活までも支えているのであり、すなわち「大規模暴力団の首領クラスは、一等地に豪邸を構え、また、高級外車を保有するなど、一般市民からは不自然と思われるようなぜいたくな生活を送っているが、これは上納金制度に負うところが大きいのである」(『警察白書』平成元年版、53頁)とは、このことを物語っているのであろう。

(5)　暴力団犯罪を根絶するためには、暴力団の組織を支えている新たな構成員の補充を絶つことも見逃すことができない。

　概して、家庭的に何か問題をもっているか、あるいは落ちこぼれと目されるような特定の少年が、暴力団の予備軍なのである。例えば、何となく目的なくして高校に入学してしまう。目的がないからこの過程で劣等感、自己不適当感を感じるようになる。そこで学業以外の面で何とかこれを補償しようとして、同類者が集まって非行などに走る。ここに、いわゆる番長組織が形成され、やがて暴力団予備軍的集団にまで発展するのである。彼らは、今日の社会(政治の貧困のゆえ)にあまり希望が持てず、反社会的集団にあこがれ、暴力讃美、ヤクザ讃美の風潮の波にさらわれやすい。

　とりあえず、テレビ、映画、出版物の中から暴力讃美の内容のものを追放し、この種の犯罪を醸成しやすい社会環境を除去することが、先決問題である。反社会的集団にあこがれることのない、すべての人にとって生きがいの見出せる世の中をつくっていかなければ解決されない。そして、暴力団予備軍ともいうべき者を一掃しなければならない。

(6)　最後に、資金源との関係でとくに重要な問題は、一般市民や企業の中には暴力団を利用する者も決して少なくないということである。例えば、債権の取立て、家屋明渡し、倒産整理屋、総会屋をはじめ数え上げるときりがないが、何かと暴力団の利用は後を絶たない。これらの暴力団の利用の風潮を、厳に改めなければならない。

それゆえ、暴力団の資金源となっていると特定された企業などには、厳格に対処すべきであるし、また過重ともいわれるほどのペナルティーを課すという方策を考慮しない限りは解決は困難であろう。

(7) 最後に、近時、暴力団の間で、貧富の差の激化が広がったため、生き残り策としてその末端組織の暴走に拍車をかけてきている。それゆえ、これら末端の組合員らによる暴力的な犯罪に対しては、これら犯罪を封じ込めることのできる新しい法制度の確立こそが、この種の犯罪をなくす要因であるといわなければならない。

要は、暴力団の変化をにらんだ対策が重要である。

第9節　交通犯罪

1　交通犯罪の概念

交通犯罪という場合、広狭3つの意義があるといわれている。狭義における交通犯罪とは、いわゆる交通事犯、すなわち交通機関を手段または対象として刑法上の犯罪（例えば業務上過失致死傷罪、遺棄罪、往来を妨害する罪）が犯される場合である。広義における交通犯罪とは、狭義における交通犯罪である交通事犯に、刑を科せられる交通規則違反を加えたものである。最広義における交通犯罪とは、広義における交通犯罪のほかに、交通規則以外の交通関係行政取締法規に違反し、これに対して刑が科せられているものを加えたものである。

通常、交通犯罪という場合には、①陸上交通、②海上交通、③航空交通をめぐる犯罪と大別して3種に区別されるが、ここでは、①の道路交通における広義の交通犯罪、すなわち、自動車等（自動車、自動二輪車及び原動機付自転車をいう）による道路交通上の犯罪に限定してみていくことにする。

2　交通犯罪の現状

戦後のわが国の飛躍的な経済発展にはめざましいものがみられ、経済の高度成長は必然的に急激なモータリゼーションの発達を促した。その結果、今や免許取得資格とされる16歳以上の国民の約7割が運転免許を有し、国民皆免許時

代が到来したといっても過言ではない。このようにして、現在、国民の誰もが加害者にも被害者にもなっても決しておかしくなく、交通事故による死傷者の激増が社会問題となってきた。

わが国の自動車の保有台数は、第二次世界大戦後の1945年には、約14万台にしかすぎなかったものが、1953年には約100万台を超え、1967（昭和42）年には約1000万台を突破した。さらに、1976（昭和51）年には約3000万台、1980年には約5225万台、1990（平成2）年には約7811万台、1994年には約8349万台、2000年には約8925万台に増加、そして2014年には約9131万台となっている。

わが国における交通事故の発生件数は、1950（昭和25）年以降に急激な増加が始まり、1969年、1970年をピークに（約72万件台）、1977年まで減少傾向にあったが（約46万件台）、この年を底として1978（昭和53）年から再び増加傾向に転じ、1993年には約72万5000件と過去のピークを突破した。以後、年ごとに記録を更新し、2004（平成16）年には95万2191件（前年比4198件）と過去最多の件数を記録したが翌年以降減少してきている。

これに伴い、交通事故による負傷者数も1977年には59万3211人であったが、これを底として次第に増加傾向を示しており、1994年には88万1723人、2004年には過去最多の118万3616人であった。他方、死亡者も交通戦争と呼ばれた

図5-19 交通事故発生件数・死亡者数・負傷者数の推移

注）警察庁交通局の統計による。

ピーク時、1970年には1万6765人、1979年には8466人とピーク時と比べてほぼ半減したものの、1992年には1万1452人という数字を記録するまで上昇し第2のピークを示した。その後は減少に転じ、1999年は9012人、2000年には多少増加して9073人、2001年以降は一貫して減少し、2014年には4113人となった。この数字は1966（昭和41）年から統計をとり始めて以来最低であった。これらの数字からも理解できるように、今も、毎年5000人内外の尊い人命が失われていることに留意しなければならない。図5-19は、1955年以降における交通事故の発生件数及び交通事故による死亡者数・負傷者数の推移を示したものである。

3 　交通犯罪の特質

交通犯罪の特質の第一は、何といっても交通事故の発生件数、それと被害者の数があまりにも多いことである。

2014年において、道路交通法違反事件は、総数で704万8722件であった。上述したところであるが、同年の交通事故発生件数は57万3842件、死亡者4113人、負傷者71万1374人であり、発生件数と負傷者数とはいずれも2004年をピークとして減少傾向にある。このように、交通犯罪は、他の刑法犯的犯罪の被害者数をはるかに10倍以上、上まわるほどの損害を与えているといえる。交通犯罪の直接の被害者は、もちろん死亡者であるが、死亡者の周辺には、例えば一家の支柱を失った多くの間接的被害者が数多く存在しているということである。それにもう一つ、事故の加害者及びその家族も失職、賠償、服役とかの問題が生ずる。間接的被害者、加害者ともに経済的困窮をもたらすことはいうまでもない。加害者もある意味からすれば、被害者なのである。このようにして交通事故を起こすと直接、間接と潜在的な種々の問題が発生するのである。犯罪にも種々なものがあるが、その意味で被害者に対して最も悲惨な結果を与えるタイプの犯罪といわれている。

交通犯罪の特質の第二は、この種の犯罪は、国民皆免許時代といわれる今日、他の犯罪と異なり年齢、性別、職業などのいかんを問わず、国民の誰もが被害者に、加害者になりうるという普遍性を持っているということである。上述したように2000年において、8925万台、16歳以上の国民の約7割が免許を持つという国民皆免許時代が到来し、何人を問わず、いつでも加害者になりうる機会

をもち、反対に被害者になりうる。言葉を換えていうなら、多くの者がいつでも当事者になりうる可能性を持っているということである。

4 交通犯罪への対策

(1) その対策

交通事故を少なくし、道路交通の安全を確保するためには、まず最近の交通犯罪の現状を十分に把握理解し、認識しそれに即応した対策が講じられなければならない。言葉を換えていうなら「総合的体系的対策」がより重要となっている。

交通犯罪及び交通事故の対策として、現時点では、とりあえず次のようなものが考えられる。

第一に、物的な対策である。これは交通環境の整備ということである。2015年における事故類型をみると、圧倒的に多いのが車両相互の事故で46万5558件、次いで人対車両の事故で5万5038件となっている。これらの事故は、道路環境を整備することによって大幅に減少することが可能であると思慮される。そこで道路の拡張舗装、立体交差、信号機の増設、横断歩道や地下道、ガードレール、中央分離帯、夜間走行の安全を図る道路照明、警戒標識などの整理がなされなければならないであろう。また同時に、運転する者の心理をよく把握するために、精神医学、交通心理学、人間工学、交通工学などの成果を総合的に利用すべきである。

第二に、対人的な対策である。これはとくに運転者に対する交通安全教育ということである。運転者に対する運転技術教育はもちろんのこと、交通法規・交通道徳を守るための精神教育が重要である。近時、とくに少年による交通事故率が高く、無免許運転があまりにも多いことなどを考えるとき、将来運転者となるであろう青少年に対しては、上述した交通法規・交通道徳といった交通安全教育の普及徹底化が必要である。また、同時に被害者となりやすい幼児や老人などに対しても交通安全教育が行われるべきであることはいうまでもない。それに、交通違反や事故をくり返す者に対しては、科学的・心理学的な運転適性検査を実施する必要がある。なお、交通事故防止のための一環として、免許取得してからも一定の期間ごとに、免許更新時の講習など再教育の機会が設け

られている。

　第三に、法的な対策である。これは、現在施行されている道路交通法は法律的な正確さを期すためか、あまりにも詳細すぎて運転者がすべてを覚えることは困難だといわれている。そのため、交通法規を整理し、さらに周知徹底させることが必要である。それに、交通違反や事故の常習者に対しては、免許の停止や剥奪などの制裁を整備（罰則強化）することも考慮されなければならない。とくに、交通三悪といわれる無免許運転、酒酔い運転、スピード違反については、さらなる取締りの強化・徹底が強く要望されているところである。

　第四に、社会政策的な対策である。これは、無理な請負制度、積載超過など、もっぱら使用者の経済優先主義の考え方が、交通違反事故を生みだしているのである。それゆえ、まずは職業運転者の労働条件の改善から始めなければならない。

　(2)　交通犯罪に対する刑事政策的対応

　交通事故を少なくし、道路交通の安全を確保するためには、何といってもまず道路の整備と適切な維持管理、交通安全教育の普及徹底、交通安全施設の整備などはいうに及ばず、交通関係法令を整備してこれを適切に運用することが重要である。

　交通犯罪は、国民の多くがその当事者（加害者もしくは被害者）になる可能性があるという一般性・普遍性を持っている最も身近な犯罪であり、同時に発生件数、被害者の数が数量的に多発する大量犯罪でもある。実は交通犯罪が、刑事政策上重要な案件となったのは、この大量性に着眼してのことである。

　わが国における施策の大部分は、人身事故を発生させ、あるいは道路交通法に違反した者に対し、適正な刑事処分を行うことにより、交通犯罪を防止するという目的のため、また、増加傾向にある交通犯罪を可能な限り効率を考えて処理するという目的から実施されてきたものである。それゆえ、刑事政策的対応は、交通犯罪の処理の簡易迅速化の面に現われているといえる。そこで、わが国における交通犯罪に対する刑事政策の流れは、一面において軽微な犯罪に対する非刑罰化ないし行政処分化路線と、悪質で重大な犯罪に対する重罰化路線という「二極分化政策」にあるといえる（藤本哲也『刑事政策概論（全訂版）』364頁）。

① 交通裁判所の誕生

　交通違反の激増によって、その処理方法の簡易迅速化の必要性が問題になったのは、1950年代である。当時の交通違反事件の処理方式は、たとえ略式手段であっても、警察署、検察庁それに裁判所へ個別に出頭したため、処理まで1件平均100日を要したといわれた。その後、1953年に刑事訴訟法の一部改正が行われ翌1954年には、交通事件即決裁判手続法が制定されるに及び、交通事件処理の迅速適正処理が図られた。すなわち、ここに交通事件を、警察、検察、裁判所の三者で即日処理するという「三者即日処理方式」が採用されたのである。これは、被害者の出頭を求めて、警察官による取り調べ、事件送致、検察官による取り調べ、略式命令請求または即決裁判請求、裁判官による略式命令の発布または即決裁判の宣告、被告人への送達罰金または科料の仮納付という一連の手続を流れ作業のように、1日のうちに同一場所において完了させるものである。

　この三者即日方式を取り扱う専門施設として、1955年11月、東京と大阪に交通裁判所が設置されたのである。交通裁判所と称しても、決して特別裁判所ではなく、同一庁舎内に警察、検察、裁判の三庁の施設と職員を整えたものである。その後、この三者即日処理方式は、東京、大阪をはじめ全国で行われるようになった。同方式の導入により、迅速、大量処理が可能になったほか、呼出費用それに送達費用などの経費が節約されるという利点があった。しかしながら、次第に交通事件即決裁判手続に付する割合が減少して、その略式手続の割合が増加した。ところで、現在では三者即日処理方式は略式手続だけで利用されているにすぎない。

② 交通切符制度

　上述した交通事件即決裁判手続は、簡易かつ迅速な手続を意図しながらも略式命令手続の簡易性よりも劣っていた。いくら交通犯罪の手続の簡易迅速化といっても、道路交通法違反に対して刑罰をもって処理する以上、人権保障の点も考慮しなければならない。そこで、道路交通法違反事件のうち、比較的危険性の高いもの（例えば、ひき逃げ、酒酔い運転、無免許運転など）に対しては、従来と同様に刑罰をもって処理し、その他の比較的危険性の低い違反については、行政罰をもって臨むとした。そしてこの種の危険性の比較的低い違反に対して

は、迅速な処理方式で臨まなければますます激増した道路交通法違反事件の処理ができなくなる。これを解決するために、必要に迫られて、1963年から、交通切符制度ができたのである。

　道路交通法違反の迅速処理のために、1963年1月から、「道路交通法違反事件迅速処理のための共用書式」いわゆる交通切符制度が導入されたわけであるが、まず、東京と大阪において実施され、以後、逐次全国各地に普及していった。この交通切符は、告知票、免許証保管証、交通事件原票、徴収金原票、取締り原票、交通法令違反事件簿などから構成されており、複写式で検察庁や裁判所において共用できる書類であり、取締まりにあたる司法警察職員の書類作成を簡略化して、略式手続、または交通事件即決手続をより迅速に処理できるようにしたものである。この交通切符は、道路交通法違反者に交付する1枚目の紙の色により、別の名を、いわゆる「赤切符」と称されているものである。

　③　交通反則通告制度

　上述した交通切符制度は、書類作成を簡易化すると共に、略式手続、または即決裁判手続の処理を迅速化するという効果はあったものの、これをもってしても激増した道路交通違反の処理にはかなりの時間と労力を要するなどして、対処することがむずかしくなってきた。

　ここに交通違反により刑を科せられる者も年々増加してきた。違反者に対し、その違反の軽重を問わず、すべて犯罪者として刑罰を科すことは、刑罰の感銘度を乏しくし、刑罰の効果をなくすものである。こうしたときに、このような大量な交通違反事件を処理する方策として誕生したのが、いわゆる交通反則通告制度である。

　この制度は、車両などの運転者などが行った一定の道路交通法違反のうち、比較的軽微であって悪質でなくかつ危険性の低い行為について、現認、定型的なものを反則行為として、司法警察職員の報告にもとづいて、警察本部長が定額の反則金の納付を通告する。その通告を受けた者は、翌日から起算して10日以内に所定の銀行または郵便局に反則金を納付することによって、その反則行為について成人の反則者は公訴を提起されず、また少年の反則者は家庭裁判所の審判に付されないことにする。もし納付しなかった場合にのみ本来の刑事手続がとられるというものである。

この制度は、道路交通法の一部改正によって、1967年8月1日に公布され、翌1968年7月1日から施行された。その後、1969年には、運転免許の行政処分に点数制度が導入されている。ところで、この制度により、反則者による反則行為に対して、従来の交通切符すなわち赤切符に代わって、反則切符（いわゆる青切符）が使用されることになった。反則切符は交通反則告知書、免許証保管証、交通事件原票、交通反則通告書、取締り原票、告知報告書、交通法令違反事件簿などから構成されており、複写式で迅速に処理できるようになっている。

5 交通犯罪者の処遇

交通犯罪の激増に伴い、交通犯罪者の数は著しく多いものの、その多くはとくに犯罪的傾向を持っているとか、あるいは社会的不適応者であるということではなく、事故や違反を除けば、大部分はごくありふれた通常の社会人である。それゆえ、社会復帰にもさほどの困難を伴わないといわれている。そのため交通事犯受刑者は、一般受刑者のように矯正教育や職業訓練を行う必要性のない場合が多いので、特定の施設に集中拘禁（集禁）して開放的処遇を行っている。

開放的処遇であるが、もっぱら事故責任の涵養と交通安全教育を中心として、集禁が行われている。開放的処遇であるから、一般の刑務所と異なり、居室、食堂、工場、教室などは施錠しないのが原則である。行刑区域内では、戒護者をつけず整理上支障のない限り、面会も立会者なしで行われ、信書の発信、受信も自由である。

最初1961（昭和36）年10月に名古屋刑務所豊橋刑務支所で交通事犯による禁錮受刑者を対象に集禁処遇の試みがなされていたが、1964年12月、正式に集禁の試行制度が発足し、全国8矯正管区に各1施設ずつ存在することになった。その収容施設として、市原刑務所、加古川刑務所、豊橋刑務支所、尾道刑務支所、大分刑務所、山形刑務所、函館少年刑務所それに西条刑務支所が指定されている。

ここに初めて、1976年11月1日、「『交通事犯禁錮受刑者の集禁及び処遇要領』の制定について」という矯正局長通達が出され、集禁処遇制度が正式に制度化されるに至った。かつては集禁施設に収容し開放処遇を実施するのは、禁錮受

刑者に限定されていたが、交通犯罪による懲役受刑者の増加に伴い、1976年以降、禁錮受刑者のみならず、交通事犯懲役受刑者についても実施されている。その理由とするところは、「懲役受刑者といえども交通事犯懲役受刑者の場合は、収容分類A級で、ほぼ半数が処遇分類級O級と判定されるもので、刑期、人格、特性、処遇の難易度、家庭及び社会生活環境などは、一般の懲役受刑者よりも交通事犯など禁錮受刑者に類似している」（橋本洋一『刑政』89巻8号21頁）からである。この局長通達により、交通事犯懲役受刑者についても最初に実施されたのが、市原刑務所（千葉県）においてである。現在では、加古川刑務所（兵庫県）、西条刑務支所（愛媛県）でも実施されている。

　ところで、交通事犯懲役受刑者が集禁施設に収容される基準としては、
① 処遇分類級O級と判定されること
② 交通事犯以外の犯罪による懲役刑を併有しないこと
③ 刑期がおおむね3カ月以上であること
④ 心身に著しい障害がないこと
という要件を満たすものとされている。

　集禁施設における処遇は、開放的処遇として、生活指導、職業訓練、職業指導などが行われる。社会復帰に必要な教育的処遇を活発に行うことにその特色がある。生活指導については、遵法精神、人命尊重及び責任観念の養成に重点が置かれている。職業訓練の種目としては、例えば自動車運転、整備のほかに、熔接、ボイラー運転、電気工事、情報処理技術などがある。また職業指導については、各人の自動車運転に対する適性、将来の生活設計などを考慮して、職業技能の開発が行われている。自動車の運転適性がないと判断された者及び自動車運転を必要とされる職業から転職することを希望する者に対しては、職業指導を実施している。

　少年の交通犯罪者に対しては、大量の交通犯罪の迅速な処理が要求されるので、成人と同様に交通反則通告制度の適用がある。また、交通試験観察制度なるものがある。

第6章　犯罪者の処遇

第1節　刑　務　所

1　刑務所の概念

　刑務所とは、裁判にもとづいて決まった刑罰を執行する機関である。その刑罰の執行の過程を通して、受刑者が健全な市民として1日も早く社会復帰できるよう、規律正しい生活習慣を身につけさせたり、あるいは作業により勤労の尊さを教育したり、訓練したりする矯正の施設でもある。

　この受刑者が収容される刑務所は、別の名で行刑施設とか、刑事施設と呼ばれている。ところで、刑事収容施設及び被収容者等の処遇に関する法律（以下、刑事収容施設法、平成17年法律第50号）によれば、法律により拘禁された者を収容する場所が刑事収容施設であり、刑事施設、留置施設及び海上保安留置施設をいう（刑事収容1条）。法律上の名称としては、1907（明治40）年制定の刑法、それに1908（明治41）年制定の監獄法において監獄という用語が用いられて以来、2005（平成17）年の監獄法改正まで使用されていた。しかし、監獄という用語には、古い時代の非人間的な暗い感じのイメージがつきまとうので、1922（大正11）年（勅令第434号）以来、監獄は通常、刑務所と呼ばれるに至っている。これは、行政事務の面からの呼名である。それから、法律上の監獄は決して刑務所だけの名称ではなく、ほかに少年刑務所、拘置所を含み、監獄法上ではこの三者の総称であるということになっていた（法務省設置8条2号）。2015（平成27）年4月現在における全国の行刑施設の数は、本所77〔刑務所62〔社会復帰促進センター4を含む〕、少年刑務所7、拘置所8〕、支所111〔刑務支所8、拘置支所103〕である。

表6-1 新受刑者数・女子比

(1946年～2015年)

年次	総数	女子	女子比	年次	総数	女子	女子比
1946	66,094	1,654	2.5	1981	30,336	996	3.3
1947	66,002	2,335	3.5	1982	31,397	1,121	3.6
1948	70,727	2,662	3.8	1983	30,725	1,157	3.8
1949	58,595	1,839	3.1	1984	32,060	1,298	4.0
1950	60,148	1,442	2.4	1985	31,656	1,363	4.3
1951	54,081	1,197	2.2	1986	30,651	1,299	4.2
1952	55,419	1,177	2.1	1987	29,726	1,272	4.3
1953	51,121	1,177	2.2	1988	28,242	1,193	4.2
1954	48,727	1,358	2.8	1989	24,605	1,039	4.2
1955	54,900	1,615	2.9	1990	22,745	999	4.4
1956	51,509	1,243	2.4	1991	21,083	914	4.3
1957	47,910	1,130	2.4	1992	20,864	914	4.4
1958	46,392	1,041	2.2	1993	21,242	919	4.3
1959	45,271	1,161	2.6	1994	21,266	955	4.5
1960	41,008	1,079	2.6	1995	21,838	1,004	4.6
1961	37,285	1,106	3.0	1996	22,433	1,071	4.8
1962	35,996	1,247	3.5	1997	22,667	1,150	5.1
1963	34,603	1,119	3.2	1998	23,101	1,199	5.2
1964	32,757	947	2.9	1999	24,496	1,207	4.9
1965	33,935	972	2.9	2000	27,498	1,468	5.3
1966	34,591	991	2.9	2001	28,469	1,562	5.5
1967	30,617	876	2.9	2002	30,277	1,705	5.6
1968	29,402	776	2.6	2003	31,355	1,867	6.0
1969	26,871	648	2.4	2004	32,090	2,001	6.2
1970	25,890	568	2.2	2005	32,789	2,182	6.7
1971	27,197	513	1.9	2006	33,032	2,333	7.1
1972	28,423	568	2.0	2007	30,450	2,178	7.2
1973	26,266	549	2.1	2008	28,963	2,195	7.6
1974	25,728	467	1.8	2009	28,293	2,170	7.7
1975	26,175	517	2.0	2010	27,079	2,206	8.1
1976	27,408	570	2.1	2011	25,499	2,226	8.7
1977	27,684	616	2.2	2012	24,780	2,225	9.0
1978	29,096	707	2.4	2013	22,755	2,112	9.3
1979	29,087	847	2.9	2014	21,866	2,122	9.7
1980	28,374	843	3.0	2015	21,539	2,124	9.9

注)行政統計年報及び矯正統計年報による。

第6章 犯罪者の処遇 225

表6-2 全国の矯正施設一覧

施設名	郵便番号	所在地	電話番号
札幌刑務所	007-8601	札幌市東区東苗穂2条1-5-1	011-781-2011
札幌刑務支所	007-8603	札幌市東区東苗穂2条1-5-2	011-784-5241
旭川刑務所	071-8153	旭川市東鷹栖3線20-620	0166-57-2511
釧路刑務支所	085-0833	釧路市宮本2-2-5	0154-41-0221
帯広刑務所	089-1192	帯広市別府町南13-33	0155-48-7111
網走刑務所	093-0088	網走市三眺	0152-43-3167
月形刑務所	061-0595	樺戸郡月形町1011	0126-53-3060
青森刑務所	030-0111	青森市大字荒川字藤戸88	017-739-2101
宮城刑務所	984-8523	仙台市若林区古城2-3-1	022-286-3111
秋田刑務所	010-0948	秋田市川尻新川町1-1	018-862-6581
山形刑務所	990-2162	山形市あけぼの2-1-1	023-686-2111
福島刑務所	960-8254	福島市南沢又字上原1	024-557-2222
福島刑務支所	960-8536	福島市南沢又字水門下66	024-557-3111
水戸刑務所	350-1162	ひたちなか市毛847	029-272-2424
栃木刑務所	328-8550	栃木市惣社町2484	0282-27-1885
黒羽刑務所	324-0293	大田原市寒井1466-2	0287-54-1191
前橋刑務所	371-0805	前橋市南町1-23-7	027-221-4247
千葉刑務所	264-8585	千葉市若葉区貝塚町192	043-231-1191
市原刑務所	290-0204	市原市磯ケ谷11-1	0436-36-2351
八王子医療刑務所	192-0904	八王子市子安町3-26-1	042-622-6188
府中刑務所	183-8523	府中市晴見町4-10	042-362-3101
横浜刑務所	233-8501	横浜市港南区港南4-2-2	045-842-0161
横須賀刑務支所	239-0826	横須賀市長瀬3-12-3	046-842-4977
新潟刑務所	950-8721	新潟市江南区山二ツ381-4	025-286-8221
甲府刑務所	400-0056	甲府市堀之内町500	055-241-8311
長野刑務所	382-8633	須坂市馬場町1200	026-245-0900
静岡刑務所	420-0801	静岡市葵区東千代田3-1-1	054-261-0117
富山刑務所	939-8251	富山市西荒屋285-1	076-429-3741
金沢刑務所	920-1182	金沢市田上町公1	076-231-4291
福井刑務所	918-8101	福井市一本木町52	0776-36-3220
岐阜刑務所	501-1183	岐阜市則松1-34-1	058-239-9821
笠松刑務所	501-6095	羽島郡笠松町中川町23	058-387-2175
岡崎医療刑務所	444-0823	岡崎市上地4-24-16	0564-51-9629
名古屋刑務所	470-0208	みよし市ひばりヶ丘1-1	0561-36-2251
豊橋刑務支所	440-0801	豊橋市今橋町15	0532-52-2567
三重刑務所	514-0837	津市修成町16-1	059-228-2161
滋賀刑務所	520-8666	大津市大平1-1-1	077-537-3271
京都刑務所	607-8144	京都市山科区東野井ノ上町20	075-581-2171
大阪刑務所	590-0014	堺市堺区田出井町6-1	072-238-8261
大阪医療刑務所	590-0014	堺市堺区田出井町8-80	072-228-0145
神戸刑務所	674-0061	明石市大久保町森田120	078-936-0911
加古川刑務所	675-0061	加古川市加古川町大野1530	079-424-3441
和歌山刑務所	640-8507	和歌山市加納383	073-471-2231
鳥取刑務所	680-1192	鳥取市下味野719	0857-53-4191
松江刑務所	690-8554	松江市西川津町67	0852-23-2222
岡山刑務所	701-2141	岡山市北区牟佐765	086-229-2531
広島刑務所	730-8651	広島市中区吉島町13-114	082-241-8601

施設名	郵便番号	所在地	電話番号
尾道刑務支所	722-0041	尾道市防地町23-2	0848-37-2411
山口刑務所	753-8525	山口市松美町3-75	083-922-1450
岩国刑務所	741-0061	岩国市錦見6-11-29	0827-41-0136
徳島刑務所	779-3133	徳島市入田町大久200-1	088-644-0111
高松刑務所	760-0067	高松市松福町2-16-63	087-821-6116
松山刑務所	791-0293	東温市見奈良1243-2	089-964-3355
西条刑務支所	793-0001	西条市玉津1-2	0897-55-3020
高知刑務所	781-5101	高知市布師田3604-1	088-866-5454
北九州医療刑務所	802-0837	北九州市小倉南区葉山町1-1-1	093-963-8131
福岡刑務所	811-2126	糟屋郡宇美町障子岳南6-1-1	092-932-0395
麓刑務所	841-0084	鳥栖市山浦町2635	0942-82-2121
佐世保刑務所	859-3225	佐世保市浦川内町1	0956-38-4211
長崎刑務所	854-8650	諫早市小川町1650	0957-22-1330
熊本刑務所	862-0970	熊本市渡鹿7-12-1	096-364-3165
大分刑務所	870-8588	大分市畑中303	097-543-5177
宮崎刑務所	880-2293	宮崎市大字糸原4623	0985-41-1121
鹿児島刑務所	899-6193	姶良郡湧水町中津川1733	0995-75-2025
沖縄刑務所	901-1514	南城市知念字具志堅330	098-948-1096
八重山刑務支所	907-0002	石垣市真栄里412	0980-82-2019
喜連川社会復帰促進センター	329-1493	さくら市喜連川5547	028-686-3111
播磨社会復帰促進センター	675-1297	加古川市八幡町宗佐544	079-430-5503
島根あさひ社会復帰促進センター	697-0492	浜田市旭町丸原380-15	0855-45-8171
美祢社会復帰促進センター	750-0693	美祢市豊田前町麻生下10	0837-57-5131
函館少年刑務所	042-8639	函館市金堀町6-11	0138-51-0185
盛岡少年刑務所	020-0102	盛岡市上田字松屋敷11-11	019-662-9221
川越少年刑務所	350-1162	川越市大字南大塚1508	049-242-0222
松本少年刑務所	390-0871	松本市桐3-9-4	0263-32-3091
姫路少年刑務所	670-0028	姫路市岩端町438	079-296-1020
奈良少年刑務所	630-8102	奈良市般若寺町18	0742-22-4961
佐賀少年刑務所	840-0856	佐賀市新生町2-1	0952-24-3291
東京拘置所	124-8565	東京都葛飾区小菅1-35-1	03-3690-6681
立川拘置所	190-8552	立川市泉町1156-11	042-540-4191
名古屋拘置所	461-8586	名古屋市東区白壁1-1	052-951-8586
京都拘置所	612-8418	京都市伏見区竹田向代町138	075-681-0501
大阪拘置所	534-8585	大阪市都島区友渕町1-2-5	06-6921-0371
神戸拘置所	651-1124	神戸市北区ひよどり北町2-1	078-743-3663
広島拘置所	730-0012	広島市中区上八丁堀2-6	082-228-4851
福岡拘置所	814-8503	福岡市早良区百道2-16-10	092-821-0636

監獄法は、現行刑法とほとんど時を同じくして明治41年法律第28号の「監獄法及びこれに基く監獄法施行規則」（明治41年省令18条）として制定されて以来、刑事収容施設及び被収容者等の処遇に関する法律制定に至るまで、実質的な改正がなかったため、その内容が時勢に適合しなくなっていた。そこで、刑務所、拘置所などの適正な管理運営を図るとともに、被収容者の権利義務、法的地位、受刑者の改善更生に資する制度の整備など、大幅な改善を図るため、1947（昭和22）年監獄法改正委員会が設置され、同委員会の改正要綱によって1958（昭和33）年以降、法務省矯正局に監獄法改正準備会が設置され、監獄法の全面改正に向けた検討がなされてきた。そして、2005年5月新法の制定がみられたのである。

日本の刑務所の特徴は、何といっても、刑務所職員と受刑者とが同一敷地内に同居しているということである。

表6-1は、1946（昭和21）年以降2015（平成27）年までの新受刑者数及び女子比の推移をみたものである。

これによると、1948（昭和23）年には、戦後の社会的混乱を反映してのことか、7万人を超すピークを記録したが、その後は多少の起伏をみせながら減少傾向を示し、1974（昭和49）年には2万5728人と、戦後最低となった。しかしながら、1975（昭和50）年以降は再び増加傾向に転じ、1984（昭和59）年には3万2060人余となったが、それ以後は再び徐々に減少し、1992（平成4）年では何と2万864人となり、戦後では最低となった。その後、世の中の経済的影響を受けてか、少しずつではあるが上昇し、2000（平成12）年の新受刑者数は2万7498人であり、2006（平成18）年のそれは3万3032人と増加傾向を示していたが、2007年以降減少傾向となり、2014年は2万1866人に至っている。

それでは、ここにおいて、全国の矯正施設の一覧を掲載しておくことにする（表6-2）。

2　受刑者の処遇

(1)　受刑者の地位

刑務所における受刑者処遇の最終目的は、受刑者の改善更生及び社会復帰を図ることに置かれている。図6-1は受刑者処遇の流れである（『犯罪白書』平成

図6-1　受刑者の処遇の流れ

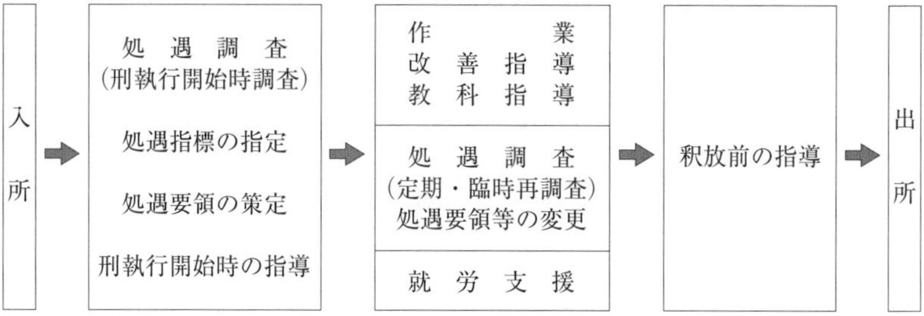

入所 → 処遇調査（刑執行開始時調査）／処遇指標の指定／処遇要領の策定／刑執行開始時の指導 → 作業／改善指導／教科指導／処遇調査（定期・臨時再調査）処遇要領等の変更／就労支援 → 釈放前の指導 → 出所

28年版)。

　受刑者の処遇に関する問題は受刑者の法的地位論と密接な関係を有する。かつて、受刑者はすべての権利を剥奪された者とされ、法律上の地位などは認められなかった。

　しかし、今日では憲法上の要請（憲25条）からも受刑者にも人たるに値する生活が保障されなければならないことになり、行政訴訟による救済が認められるようになった。

　ただ、受刑者が一般自由人と異なる主要な点は、刑罰として自由が制限されていることである。そして、制限された自由権の内容はどの程度のものであることを必要とするか、また、いかなる権利が残されているかなどが新しい国際問題となっている（1957年の国際連合被拘禁者処遇最低基準規則〔Mode Rule〕の改正が1970年第4回国連犯罪防止に関する会議〔京都〕で討議された）。

　いうまでもなく、今日では受刑者の人権は憲法ならびに国際的動向にもとづき法律によって保障されているのである。したがって、残虐な執行方法による刑罰は禁止されているのであるから（憲36条）、たとえ刑罰による場合であっても、奴隷的な拘束方法による拘禁刑の執行は許されないはずである（同18条）。

(2)　入所時の処遇

　被告人が裁判所において判決が言い渡され、刑が確定すると、その瞬間から今度は受刑者の身分となって刑務所に移されることになる。

　これから、刑期執行の終了まで刑務所で生活するのであるが、安心して受刑生活を送ることができるために、刑務所生活の遵守事項等を記載した小冊子すなわち所内生活の手引なるものを各人に配布される。そのはしがきには、次の

ようなことが書いてある。

　「君は、今日から当刑務所で受刑する立場にあります。刑務所は刑を執行するところであり、しかも、多数の受刑者が一緒に生活しているので規律、秩序が十分に保たれなければならないので、各人が勝手な行動をすることは許されません。従って、刑務所の生活は社会一般の生活とくらべて細かないろいろな制約があることを承知しておかなければなりません。この小冊子『所内生活の手引』は、君が当所で生活する上で知っておかなければならないこと、守らなければならないことを、法令に基づいてまとめたものです。ルールを知らないと損をしたり、トラブルがおきたりすることがありますから、最後までよく読んで欲しい。この手引が、君が受刑中心身ともに明るく正しく生活し、その間に人格を鍛え、そして、健全な社会人として再出発してゆくための良き教科書の役目を果たすことを願っています」。

　この所内生活の手引の内容なるものは、①1日の生活、②一般心得、③室内での心得、④入所時調査と新入時教育、⑤累進処遇制度、⑥作業、⑦宗教教誨、⑧教育、図書等、⑨生活指導、レクリエーション等、⑩医療及び保健衛生、⑪面会及び通信、⑫私物の取扱い、⑬賞罰、⑭不服申立て、⑮出所、⑯受刑者の遵守事項……など、受刑生活をどのようにして送るべきかについて説明している。

　刑務所生活を始める前に、刑務所生活に必要なもの——衣類とか寝具など——は国から支給もしくは貸与される。大体、表6-3、6-4のようなものである。

　体育の場合には、体育シャツ、ズボン、パンツが与えられる。そのほかに雑品として、座布団、帽子、作業靴、ゴム草履、ズック靴などが与えられる。日用品は、歯ブラシ（3カ月1本）、歯ミガキ粉（2カ月1個）、浴用石けん（1カ月1個）、洗濯石けん、石けん箱、ちり紙（1カ月300枚）、はし（1膳）、タオルなどが年間の数量を定めて支給される。しかし場合によっては、受刑者は自分の領置金で、日用品の一部（例えば歯みがき、ティッシュ・ペーパー）とか、書籍、文房具など指定されているものは購入することができる。ここで参考までに、刑務所で自弁できる物品一覧を掲載しておこう（表6-5）。

表6-3 寝具（男女共通）

品　目	基準貸与数
掛　布　団	1
敷　布　団	1
マットレス	1
毛　　　布	地域によって異なる
枕	1
敷　　　布	1
襟　　　布	1
毛布カバー	1
枕カバー	1
蚊　　　帳	1

表6-4 一般衣類（男子）

品　目	基準貸与数
上　　　　　衣	2
夏　上　　　衣	2
ズ　ボ　　　ン	2
半　ズ　ボ　ン	2
衿なしシャツ	2
チョッキ	1
冬長袖シャツ	2
半袖シャツ	2
ランニングシャツ	2
冬ズボン下	2
合ズボン下	2
パ　ン　　　ツ	2
寝　衣　（冬）	1
冬　靴　　　下	2
夏　靴　　　下	2

表6-5 刑務所で自弁できる物品一覧

＜一般に認められる物＞	
鉛筆　黒・赤・青*	せっけん*
鉛筆削り*	せっけん容器*
シャープペンシル*	ちり紙*
万年筆*	生理用具類（女）*
ボールペン*	はし
定規*	はし容器*
下敷き*	タオル*
筆入れ*	バスタオル（女）*
消しゴム*	ハンカチ*
ノート*	ヘアーピン調髪用具（女）*
封筒*	くし、ブラシ、整髪料*
切手	シャンプー*
はがき	ヘアーリンス（女）
郵便書簡	電気カミソリ・乾電池*
便箋*	ひげそり後クリーム*
運動靴*	化粧水類（女）*
歯ブラシ*	汗止め用粉末（女）*
練りはみがき*	耳かき*
＜特別に許可するもの＞	
カーボン紙	印鑑
罫紙・その他の筆記用具	ヘルニア帯
	義手、義足、義眼、義歯、補聴器、眼鏡、コンタクトレンズなどの補正器具
色紙短冊	
絵画用具	
卓上計算機	数珠
そろばん	ロザリオ
収入印紙	

注）＊は施設内の売店で販売されている刑務所指定の物。

居房の中には許可されたものしか持ち込むことができないので、実に殺風景である。この点、ドイツの一部の刑務所のように、例えば絵画、写真、テレビ、ステレオ、鉢植えの木など私物をある程度、持ち込みを許可すれば、味気ない単調な刑務所生活にもう少しゆとりができ人間らしさを取り戻すことができるであろう。

アメリカの一般的な刑務所では、所内で身の回りの日用品、例えば、タバコ、お菓子、ヨーグルト、クリーム、衣類、下着、靴、文具類、プレイヤー、ラジオ、タイプライターなどを購入することができる。

日本の全国の刑務所で受刑者が着る衣服は、1964（昭和39）年以降グレー（灰色〔それ以前はあさぎ色〕）が基調であった。房内で着用するいわゆる舎房服と作業服とは、同じグレーであったが、何しろ暗くてみじめというイメージがあることは避けられなかった。1999（平成11）年、気分を転換するという意味で35年ぶりに作業服の色がグレーから黄緑色をややくすませた若草色に変わることになった。

また、以前の作業服は、ざらつき感のある厚手の生地で仕立てられていたが、新型の作業服は、生地が軽くその上肌ざわりがよく、ズボンも従来のひも式からマジックテープ式に変わることになった。

刑事裁判により刑が確定すると、身分は、従来の刑事被告人の地位から受刑者の地位に異動する。そこで、新入受刑者は、新入受刑者のための生活区に収容され、その日から受刑生活が始まるのであるが、受刑者処遇の基調は受刑を通じて最もふさわしい矯正教育を行い、受刑者の改善更生、それに一日も早く社会に復帰させることを目的としている。

受刑者は、一人ひとりそれぞれ各自の個性があり、また特徴というものを持っているので、受刑者の全人格を把握し、その特性に応じた処遇計画を立てていくことが必要である。そこで、受刑者に共通したいくつかの要因を基準にして、受刑者を分類し各自にふさわしい施設に収容し、処遇することにしている。新たに入所した受刑者に対しては、刑執行開始時の指導及び訓練と同時に分類調査なるものが行われるのである。個々の受刑者の持つ問題点を明らかにするために科学的調査を行うことを、分類調査といっている。新たに入所した受刑者に対しては、①刑の言渡しや拘禁生活からの精神的不安定解消、②刑務

所での処遇の目的、実際の理解、③有意義な拘禁生活を送らせる上でのオリエンテーション・プログラム（入所時教訓）の実施及びそのために分類調査が行われる。分類調査は、各矯正管区ごとに分類センターとしての機能を持つ名古屋、広島、福岡、宮城、札幌、高松の各刑務所と、川越少年刑務所及び大阪拘置所が指定されている。刑執行の開始時の指定及び訓練の期間は、大体2週間くらいである。

その結果にもとづいて、収容する施設すなわち収容施設と、処遇の重点方針を区別するいわゆる処遇分類級が判定され、各受刑者の行くべき収容施設——刑務所——が決定される。

(3) 分類処遇

各受刑者の持つ問題と資質との関係を明らかにし、最も有効かつ適切な処遇計画を立てることを目的とした一連の手続である。

これは医学・心理学・精神医学・社会学・教育学の知識による精密検査を行い（鑑別）、次にはそれに最も適した施設分類をなし、各施設内で処遇を細分類し、さらに細分類を行い、最後に釈放前教育分類を行う。

そのためには内部の観察とともに前歴・家庭歴・病歴・交友歴等の生活史、心身の特質・知能・労力・健康・趣味・家庭状況・近隣関係・集団に所属するものはその資格等が重要資料となる。

かつての分類別の施設はAからNの11級に分けられ、Aは性格正常改善容易なもの、Kは身体の故障・病気によるもの、Tは女子というような分け方であったが、2006（平成18）年に新たに制定された分類規程によれば、受刑者の分類級は、収容分類級及び処遇分類級の2つに大別される。収容分類級は、①性、国籍、刑名、年齢及び刑期により、W級（女子）、F級（日本人と異なる処遇を必要とする外国人）、I級（禁錮に処せられた者）、J級（少年）、L級（執行刑期10年以上の者）、Y級（26歳未満の成人）の6種に、②犯罪傾向の進度により、A級（犯罪傾向の進んでいない者）、B級（犯罪傾向の進んでいる者）の2種に、③精神障害または身体上の疾病もしくは障害により、M級（精神障害者）、P級（身体上の疾病または障害のある者）の2種にそれぞれ区分され、さらに、M級は、Mx級（知的障害者〔知能障害のため社会生活上著しい支障がある者〕及びこれに準じて処遇する必要のある者）、My級（精神病質者〔狭義の精神病は認められないが、性格上の偏りが大であるため、社会生活

上著しい支障がある者〕及び精神病質傾向が相当程度認められる者）、Mz級（精神病者〔統合失調症、躁うつ病等の狭義の精神病にかかっている者〕、精神病の疑いが相当程度認められる者及び強度の神経症にかかっている者ならびに拘禁性反応、薬物による中毒症〔強度の薬物依存を含む〕もしくはアルコールによる中毒症またはその後遺症が著しく認められる者）の3種に、また、P級は、Px級（身体上の疾患または妊娠もしくは出産のため、相当期間の医療または養護の必要のある者）、Py級（身体障害のため、特別な処遇を必要と認められる者及び盲ろうあ者）、Pz級（年齢がおおむね60歳以上で老衰現象が相当程度認められる者及び身体虚弱のため特別な処遇を必要と認められる者）の3種に、それぞれ細分される。さらに、処遇分類級は、①重点とする処遇内容により、V級（職業訓練を必要とする者）、E級（教科教育を必要とする者）、G級（生活指導を必要とする者）、T級（専門的治療処遇を必要とする者）、S級（特別な養護的処遇を必要とする者）、S級（治療的な生活訓練を必要とする者）の6種に、②その他の処遇分類級として、O級（開放的処遇が適当と認められる者）、N級（経理作業に適格と認められる者）の2種に、それぞれ区分される。

このほか、受刑者分類規程の制定に伴い、それぞれの分類級に対応した適切な処遇を推進するため、収容分類級別処遇基準及び処遇分類級別処遇基準が定められ、重視すべき処遇重点事項が統一的、体系的に明示された。

表6-6は、最近の受刑者の収容分類級別人員をみたものである。

やがて、新入受刑者は、作業と工場を指定され、本格的な処遇が始まる。受刑者には、一定の作業すなわち刑務作業を課すことが法律で定められている。

(4) 刑 務 作 業

懲役受刑者は、一定の作業に就くことが法律で義務づけられている。これを、刑務作業といっている。これは、受刑者の改善更生及び社会復帰を図るための重要で欠かせない処遇の一つである。

刑務作業の形態は、①生産作業、②職業訓練、③自営作業（これに経理作業、例えば洗濯、炊事、清掃などの施設の自営に必要な作業と、営繕作業、例えば新営、改修等施設の直営工事に必要な作業）に区分されている。①の生産作業の業種であるが、金属、木工、革工、印刷、洋裁、紙細工、刺しゅう等20数種あり、各受刑者は、適性に応じ、それぞれの業種に就業している。

なお、2011（平成23）年6月からは、社会貢献作業（公園等の除草作業など賃鼠

表6-6　受刑者の属性及び犯罪傾向の進度

(2015年12月31日現在)

属性及び犯罪傾向の進度	符号	人員
拘留受刑者	D	－
少年院への収容を必要とする16歳未満の少年	Jt	－
精進上の疾病または障害を有するため医療を主として行う刑事施設等に収容する必要があると認められる者	M	281
身体上の疾病または障害を有するため医療を主として行う刑事施設等に収容する必要があると認められる者	P	283
女子	W	3,802
日本人と異なる処遇を必要とする外国人	F	1,390
禁錮受刑者	I	131
少年院への収容を必要としない少年	J	19
執行刑期が10年以上である者	K	5,231
可塑性に期待した矯正処遇を重点的に行うことが相当と認められる26歳未満の成人	Y	2,023
犯罪傾向が進んでいない者	A	11,357
犯罪傾向が進んでいる者	B	22,548

注1）法務省矯正局の資料による。
　2）L指標が指定される受刑者は、2009年12月31日以前は、「執行刑期が8年以上である者」である。

金の収支を伴わないボランティア的な労務提供作業であって、社会に貢献していることを実感することにより、その改善更生及び円滑な社会復帰に資すると認められる作業）が導入された。

　受刑者の作業時間は、1日8時間、1週40時間と定められており、原則として土、日曜日、祝日が休日になっている。

　刑務作業による収入は、すべて国の歳入となるが、作業に従事した者には作業成績や生活態度などを考慮して、作業報奨金が毎月計算されて支給される。この作業報奨金の性格であるが、労働の対価としての賃金ではなく、あくまでも恩恵的、奨励的なものであり、更生資金の一部として出所時に支給されている。参考までに、2014年度（会計年度）の1人1カ月の平均作業報奨金計算高は、4816円である。

　次に、受刑者の「動作時間表」をみてみよう（表6-7）。これは栃木刑務所のものであるが、他の施設も多少の違いがあるにしても、それほどの違いはない。

(5) 宗 教 教 誨

　受刑者の中にも宗教的関心を持っている者がおり、これらの者の宗教的要求を満たすためにも、信教の自由は認められなくてはならない（憲20条）。それゆえ、民間の篤志宗教家（一般に教誨師と呼ばれている）によって実施されている。その実施状況については、表6-8のとおりである（『犯罪白書』平成12年版、129頁）。なお、2014年12月31日現在、教誨師数は1722人であり、同年の宗教教誨の実施回数は、集団に対する教誨が8873回、個人に対する教誨が6621回であった（法務省矯正局の資料による）。

(6) 食　　　事

　受刑者には、本人の健康、年齢、体質それに作業の労働度などによって、必要な食事及び飲料が給与される。

　かつては、主食米5、麦5のいわゆる麦飯であったが、その後、米麦の混合比を米6、麦4から、現在は米7、麦3にした。副食は、たんぱく質、ビタミン類、脂肪などである。それにしても、主食と副食のバランスがとても悪く、主食偏重といわざるをえない。この主食偏重の食事は改善がなされ、動物性たんぱく質の摂取量が増量された。その結果、主食は作業の労働度の条件によって、1995（平成7）

表6-7　被収容者動作時間

動　作	時　　刻	
	平　日	免業日
起　床	6：30	8：00
点　検	6：50	8：20
朝　食	7：10	8：30
就　業	7：40	
休　息	9：30	
就　業	9：45	
昼　食	12：00	11：50
休　憩	12：20	
就　業	12：40	
休　息	14：30	
就　業	14：45	
終　業	16：20	
夕　食	16：30	16：20
点　検	17：00	17：00
仮就寝	20：00	20：00
就　寝	21：00	21：00

表6-8　行刑施設内における教誨師

(1999年)

宗　派	教誨師数	実　施　回　数		
		総　数	集　団	個　人
総　　数	1,487	15,037	9,096	5,941
仏　　教	981	8,735	5,461	3,274
キリスト教	208	3,467	1,745	1,722
神　　道	294	2,816	1,872	944
その他	4	19	18	1

注）法務省矯正局の資料による。

年から、今までの作業内容による五等食のランク付に変わって、A食、B食、C食の3種類に分けられた。また男女によりそれぞれ熱量が異なっている。1998（平成10）年4月1日から、一日あたりA食は男子で1700キロカロリー、女子で1500キロカロリー、B食は男子で1400キロカロリー、女子で1300キロカロリー、C食は男子で1300キロカロリー、女子で1200キロカロリーとして設定された。2001（平成13）年現在で、成人男子が立位の作業に従事する場合にはA食が給与され、副食と合わせて一日2680キロカロリーの食事が給与されることになった。ちなみに、一日の食費は成人受刑者一人あたり543円（主食約118円、副食約425円）とのことである（2014年度）。食事を配ぜんする前には、所長以下、総務部長、管理部長など幹部が、食事の硬さとか、味加減などについて「検食」をした上で出している。

(7) 累進処遇

① 累進処遇制の沿革

累進処遇制（progressive stage system）は、イギリスの植民地であったオーストラリアのノーフォーク島において、1822年に採用されたことに端を発する。次いで1854年、アイルランドの監獄局長クロフトン（W. Crofton）がこれに一大修正を加えて各国に普及するに至った。

この種のものは半自由刑すなわち中間監獄的なもので、成績優秀者に仮出獄の恩典を与えた。その後、1914年アメリカにおける囚人自治制もこれに類する制度であった。わが国においては、1894（明治27）年頃から、留岡幸助氏により主唱され、1930（昭和5）年豊多摩監獄で点数制による試行が最初であった。その後、1933（昭和8）年に行刑累進処遇令（司法省令35号・最終改正平成16年12月第84号）が公布され、1934（昭和9）年より全国的に実施されるに至っている。すなわち、「本令ハ受刑者ノ改悛ヲ促シ其ノ発奮努力ノ程度ニ従ヒテ処遇ヲ緩和シ受刑者ヲシテ漸次社会生活ニ適応セシムルヲ以テ其ノ目的トス」（行累1条）とその趣旨を明らかにしている。

累進を決める方法であるが、最初の10年間は点数制（アイルランド制）を採用していたが、看守職員の個人的偏見や不公正も考慮してか、1944（昭和19）年以後は、考査制に改められ今日に及んでいる。

② 累進処遇の内容

　累進階級は、あらかじめ4つの処遇差を設けておき、4級から1級に至る4段階で、順次、上級に進級するのが原則である（行累16条）。いわゆる入所時調査が終了すれば、まず最下級である4級に編入される（同17条）ことになっている。そして、最下位の4級からスタートし、本人の自発的な努力が認められれば順次、上位（3級→2級→1級）へと段階的に累進させ、それに伴って交談の制限、検身、遊歩、図書閲覧、接見・信書などについてふさわしい優遇が与えられると同時に処遇が緩和され、責任が加重されるというものである。本人の努力次第で上位に進むことができる。

　ここで、他の行刑施設からの移入の場合（同18条）、刑の執行停止の取消しによる再入所の場合（同19条）、心身の障害などを理由に累進が一時的に適用除外となった者の場合（同19条）などについては、元の階級に編入されるのが原則である。

　行刑累進処遇令の制定当時、級別による4つの処遇差はとくに物質的な面において、画期的な処遇方法として大いに歓迎されたものであったが、最近では、人権尊重という立場から、また社会の生活水準の向上という点から、その処遇差は次第に短縮されてきているといえる。累進処遇の4段階で、処遇がどのように緩和されていくのかをみたのが、表6-9である。

表6-9　累進処遇の4段階

内容	第1級	第2級	第3級	第4級
面会及び発信	随時	週1回、1通	月2回、2通	月1回、1通
特別面会室の利用	許可。一定の条件で無立会面会も許可。	許可される場合がある		
居室	1級室に収容	2級室に収容		
検身・居室捜検	原則として免除			
集会室の利用	夜間許可。この間居室無施錠			
1、2、3級集会	月2回	月1回	2月に1回	
集団散歩	許可			
作業報奨金使用	毎月計算高の1/2以下	毎月計算高の1/3以下	毎月計算高の1/4以下	毎月計算高の1/5以下
菓子及び果物類の購入	月2回以下	月1回	2月に1回	

このように処遇差がみられるものの、とくに「自己用途物品及び自弁又は差入にかかる物品の統一について」という内部通達の何回かの改訂の結果、級別共通のものが増加している。

上級の階級に進級できるかどうかは、一概に本人の努力次第ということであるが、上位への進級の審査基準は、作業の勉否とその成績、操行の良否や、責任観念、意思の強弱など一切を総合的に考慮して決定される（行累21条）。ここで注意しなければならないことは、この累進処遇は、ただ進級のみを規定している制度なのではなく、一定の規律違反事由があるときには、場合によっては適用を除外されるとか、階級が降級されることもある。ここで適用除外とは、最下級の4級にある者が規律に違反し、あるいは累進処遇をするのが適当でないと認められた場合（同75条）であり、階級が降級されるとは、3級以上の者が同様に規律に違反し、所属の階級に滞留させておけば、とくにその階級の秩序を乱すおそれがあると認められる場合に行われる（同74条）。

③　適用除外者

累進制が始められた当時は、刑期1年以上の受刑者が対象であった。それというのも、最下級（4級）から最上級（1級）へと段階的に累進させ、そこで仮釈放に持っていこうとするのであるから、このくらいの期間は最低でも必要であった。ところが、前大戦中に、受刑者の労働意欲を高める目的から、累進制の適用範囲を刑期6月以上の受刑者にまで拡大してしまったのである。

累進処遇は、全受刑者に適用されているものではなく、①刑期6月未満の者、②65歳以上で作業に耐えられない者、③妊産婦、④不具廃疾その他心身の障害によって作業に不適な者、⑤少年法56条3項の規定により少年院において刑の執行を受けている者には除外されている（行累2条）。しかしながら、これでは除外されている者の処遇に公平を欠くというところから、各刑務所において、請願して就業中の禁錮受刑者には1級ないし3級に準じた処遇がなされ、また休養受刑者には3級ないし4級に準じた処遇が便法上、行われている。この累進を決めるのは、刑務所長が毎年1回累進準備会を開き、考査の上、決議して刑務官会議にかけることになっている（同77条）。

(8) 不服申立て（法第157～166条関係）

① 制度の概要

旧監獄法令では、苦情処理制度として情願制度が定められていたが、法により不服申立制度が整備され、被収容者は、刑事施設の長による一定の措置について審査の申請を、身体に対する違法な有形力の行使等職員による一定の事実行為について事実の申告を、矯正管区の長及び（その判断に不服がある場合）法務大臣に申し立てることができ、また、自己が受けた処遇全般について法務大臣に苦情の申出をすることができるものとされている。

② 施行状況

2010（平成22）年の申立件数は1万272件である（表6-10）。

また、2009（平成21）年の申立てについての処理状況をみると、2011（平成23）年2月末日時点で、申立てが認容等（違法または不当な事実の確認及び採択も含む）された事例は31件となっている（表6-10）。

これらの不服申立てについては、法の規定により、いずれも秘密申立て及び不利益取扱いの禁止が保障されている。

なお、法務大臣に対する再審査の申請と事実の申告について、申立てに理由がないとして退けようとする場合には、外部の有識者により構成される「刑事施設の被収容者の不服審査に関する調査検討会」に諮っており、処理の公平性・公正

表6-10 不服申立ての状況

(件)

	2006年	2007年	2008年	2009年	2010年
審査の申請 （矯正管区長）	1,774	3,075	3,813	3,717	3,486
	(8)	(8)	(7)	(15)	－
再審査の申請 （大臣）	338	763	917	1,177	1,093
	(0)	(8)	(10)	(6)	－
事実の申告 （矯正管区長）	590	880	957	1,279	1,142
	(0)	(0)	(1)	(1)	－
事実の申告 （大臣）	156	222	238	403	332
	(0)	(1)	(1)	(1)	－
苦情の申出 （大臣）	2,320	4,036	4,052	4,173	4,219
	(5)	(12)	(15)	(8)	－
総　数	5,178	8,976	9,977	10,749	10,272
	(13)	(29)	(34)	(31)	－

注1）上段は申立件数、下段の（　）は、このうち認容等された件数である。
　2）「認容等」とは、審査の申請及び再審査の申請については「認容」、事実の申告については「違法又は不当な事実の確認」、苦情の申出については「採択」をそれぞれ意味する。
　3）2011年2月末日現在。
　4）法務省・警察庁「刑事収容施設及び被収容者等の処遇に関する法律の施行状況について（平成23年5月）」より。

性が確保されている。同検討会は、2006（平成18）年1月12日に第1回会議が開催され、以降おおむね毎月2回ずつ開催され、2011（平成23）年2月末日時点で計106回開催されている（「不服申し立て」について「刑事収容施設及び被収容者等の処遇に関わる法律の施行状況について（平成23年5月）法務省・警察庁」参照）。

3　刑務所の組織

刑事収容施設すなわち刑務所には、大規模なものもあれば小規模のものもある。横綱クラスの刑務所といえば、何といっても関東なら府中刑務所、関西なら大阪刑務所といったところである。組織であるが、大規模な刑務所は5部制

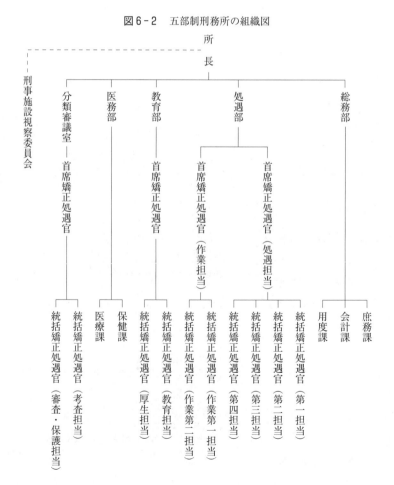

図6-2　五部制刑務所の組織図

図6-3 階級とポストの関係

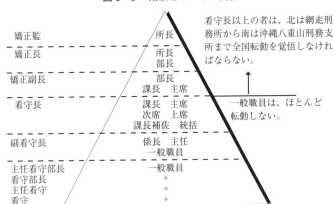

注) 医療刑務所長、医務部長、医務課長は法務技官医師
　　分類審議室長は心理専門官

刑務所の職員

　刑務所職員は約1万7千人、刑務官と技官がいる。
　刑務官は国家公務員採用試験Ⅰ種、Ⅱ種、並びに刑務官採用試験の合格者の中から選抜される。
　技官は全施設に置かれる医師、薬剤師、看護婦（士）、管理栄養士、作業専門官と、特定の施設におかれる心理専門官、教官がいる。いずれも有資格者を選考で採用する。
　刑務所職員の90パーセント以上が刑務官。官名を法務事務官といい、階級がある。階級は年功と試験、それに選考で決定される。幹部になるには矯正研修所の入所試験に合格し、所定の研修を修了しなければならない。
　◎副看守長（係長、主任）になるには中級幹部研修（中等科）
　◎看守長以上の幹部になるには上級幹部研修（高等科）

注) 坂本敏夫『元刑務間が明かす刑務所のすべて』日本文芸社、123頁から引用。

をとっており、その内容は、図6-2のようである。
　それに、刑務所に勤務する職員には、どのようなものがあるのであろうか。5種に区別することができる。

① 管理職（事務官）
② 制服職員（看守長、副看守長、看守部長、看守）
③ 教官、分類技官、医務技官、作業技官、営繕技官などの専門職員
④ 一般業務を分担する事務員、技能員、庁務員

府中刑務所

⑤ 非常勤の医師、作業指導員

(1) 府中刑務所(〒183-8523　東京都府中市晴見町4番地10号)

府中刑務所は、1934年に建築されたものである。構内の敷地は、およそ4万8000平方メートルで、四囲にめぐらされた高さ5mの塀の全長は、1600mもあるとのことである(佐藤晴夫・小沢禧一『刑務所』有斐閣、62頁以下)。累犯受刑者で改善困難な者(B級、F級)を収容する施設である。

【施設の沿革】

1790年(寛政2)年　老中松平定信の命で、火付盗賊改長谷川宣以が隅田川河口に日本における近代自由刑のルーツとされる石川島人足寄場を設置

1895(明治28)年10月　石川島から北豊島郡巣鴨村に新築移転。「警察庁監獄巣鴨支所」を経て「巣鴨監獄署」と改称

1903(明治36)年　司法省管轄となり「巣鴨監獄」と改称

1922(大正11)年　「巣鴨刑務所」と改称

1923(大正12)年9月　関東大震災により全壊

1935(昭和10)年6月　現在地に移転し「府中刑務所」と改称

1968(昭和43)年　組織規定改正により、八王子拘置支所を管轄

1972(昭和47)年　受刑者分類規定の制定によりB級受刑者、F級受刑者(アメリカ合衆国軍関係者を除く)を収容

1986(昭和61)年9月　現在地において全面改装工事に着手

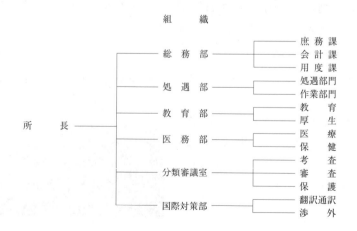

1995（平成7）年4月　外国人被収容者の増加に伴い、国際対策室を新設
1999（平成11）年3月　新庁舎就工
2009（平成21）年9月　八王子拘置支所廃止

【施設の規模】

敷地総面積262.055㎡、構内面積226.239㎡、収容定員2848人

千葉刑務所

(2) 千葉刑務所（〒264-8585　千葉市若葉区貝塚町192番地）

千葉刑務所は、成人男子受刑者で刑期8年以上の犯罪傾向の進んでいない者（LA級）を収容する施設である。「施設のしおり」が用意されている。

【施設の沿革】

1873（明治6）年7月　千葉郡寒川村（現千葉市寒川町）に佐倉村及び加村の施設を移し、寒川未決監、寒川既決監と称する
1882（明治15）年6月　寒川監獄本所と改称

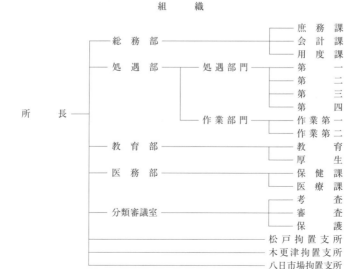

1901（明治34）年 4 月　現在地（千葉市貝塚町）に新築工事を着工
1903（明治36）年 4 月　千葉監獄と改称
1907（明治40）年 4 月　工事竣工
1922（大正11）年10月　千葉刑務所と改称
1948（昭和23）年 5 月　長期受刑者（7年以上）収容施設に指定される。
1971（昭和46）年 8 月　全体改築工事に着工
1972（昭和47）年 4 月　長期受刑者（8年以上）で犯罪傾向の進んでいない者

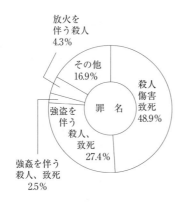

(1) 罪名別

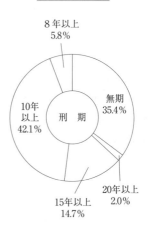

(2) 刑期別

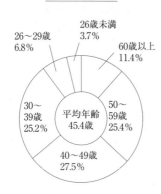

(3) 年齢別

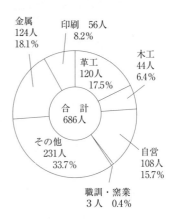

(4) 作業の種類

を収容する施設に指定され、現在に至る。
1994（平成6）年3月　全体改築工事竣工
【施設の規模】
敷地総面積122,840㎡、構内面積58,355㎡、収容定員1150人
　教　　育
　①　入出所時教育　　新たに入所した者には、収容生活を理解させるために必要な教育や訓練を実施し、釈放が近づいた者には、就職、その他出所後の社会生活に必要な事柄について教育を行っている。
　②　学科教育　　義務教育未修了者または基礎学力が劣っている者に、小学課程の国語、算数の2科目について実施している。
　③　通信教育及び資格取得講座の実施　　希望者には、建築、電気工事士、簿記、英語等の通信教育を公費または私費で受講させ、また、ボイラー、計算実務、書道などの講習を行い、免許、資格、段級の取得を奨励している。
　生活指導
　事件に対する認識、自己改善の取り組み方等について努力目標を設定させ、その達成度について自己採点させる「あゆみの記録」の制度を設け、また、殺人罪等の受刑者に対して生命の尊厳性を認識させるため、「命の教育」を実施している。
　宗教教誨
　各宗派の宗教家21名を教誨師に委嘱しており、希望する宗派の教誨師による宗教教誨に出席させている。また、被害者、親族の忌日教誨も行っている。そのほか、彼岸、盆、クリスマス等には、希望者に対して宗教行事を行っている。
　篤志面接委員による助言指導
　民間の学識経験者を篤志面接委員に委嘱しており、法律相談、身上相談、保護、就職、一般教養、各クラブ活動等について専門的知識と経験に基づいた助言指導を受けさせている。
　余暇活動
　健康な心身を養うため、ソフトボール、卓球などの運動に参加させたり、休日には映画、演芸などを観賞させ、居室では囲碁、将棋、読書等を行わせている。また、短歌、俳句、読書等の文芸クラブのほか、話し方教室、英会話、民

栃木刑務所

謡、歌謡、ブラスバンドなどのクラブを設け教養や情操の向上に努めさせている。

（3） 栃木刑務所（〒328-8550　栃木市惣社町2484番地）

栃木刑務所は、日本全国に6カ所ある女子専用の収容施設の一つで、関東、信越地方、東北地方で刑が確定した女子受刑者と、日本において犯罪を行い刑が確定した外国人の女子受刑者（W級）を収容している。収容定員は648人で、人間尊重を基調とし、時代に即応した女子処遇を目指して、個別的処遇、段階的処遇の充実に努めている。

【沿　革】

1868（明治元）年　栃木囚獄と称し栃木町薗部に設立

1872（明治5）年　栃木町七軒町に移転

1877（明治10）年　栃木町旭町に新設し、栃木監獄署と改称

1884（明治17）年　栃木県庁が宇都宮町に移転すると同時に監獄署も同町に移転となり、栃木監獄署栃木支署と改称

1903（明治36）年　宇都宮監獄栃木分監と改称

1906（明治39）年　女子受刑者を収容

1907（明治40）年　栃木町大火により類焼

1909（明治42）年　復興工事完成

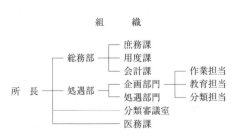

収容分類級		
	P	身体上の疾患又は障害のある者
	M	精神障害者
	Y	26歳未満の成人
W級（女子）	L	執行刑期10年以上の者
	J	少年
	I	禁錮
	F	日本人と異なる処遇を必要とする外国人
	B	犯罪傾向の進んでいる者
	A	犯罪傾向の進んでいない者

1922（大正11）年　宇都宮刑務所栃木支所と改称
1948（昭和23）年　本所に昇格し、栃木刑務所と改称
1976（昭和51）年12月　新営工事着工
1979（昭和54）年6月　新営工事竣工
　　　　　　　　　8月　移転
1985（昭和60）年11月　収容棟・工場増築工事着工
1986（昭和61）年1月　保育所・工場着工
　　　　　　　　　3月　収容棟・工場増築及び保育所工事竣工

　被収容者には、成績の向上に応じて第4級から第1級まで順次緩和された処遇を与える行刑累進処遇令によるもののほか、受刑者分類規程などに基づき各個人に応じた処遇を行っている。その具体的なものとしては、累進級第1・2級者には半開放単独室を与え自治的生活を行わせているが、とくに第1級の一部の者については開放寮に交替で生活させ、すべて自主的な生活を実践させる生活訓練を行っている。第3・4級者は集団室に収容するが、初犯者と累犯者を別にするなどの収容区分を行って分類級に応じた処遇を行うほか、風紀、衛生、編集等の役割活動などを活発に行って、できるだけ自主性がかん養されるよう訓育している。

【作　　業】
　被収容者には一定の作業を課すことが法律で定められている。

　作業時間は1日8時間、1週40時間と定められており、作業を課すことによって勤労意欲の喚起、職業に関する知識、技能の習得とともに、共同生活への対応の仕方や忍耐心を養わせる。したがって、被収容者が社会復帰するのに効果のある作業種目の導入に努める一方、各人の作業指定にあたっては、刑期、健康、技能、職業、将来の生活等を斟酌して種目を決定する。

区分		主な作業内容
一般作業	生産作業	洋裁、金属組立、皮雑具、紙細工、刺しゅう（こぎん刺しゅう）
	自営作業	炊事、洗濯、清掃

職業訓練	種目	期間	人員	備考
	美容科	2年	16名	本科1年、インターン1年

そのほか、職業技能を習得させるため、職業訓練を実施している。

① 作業種目（前頁の表）

② 作業報奨金　作業による収入は、すべて国の歳入となるが、被収容者には作業成績や生活態度などを審査して、作業報奨金が毎月計算される。これは、更生資金の一部として出所時に支給される。

③ 事業部作業　財団法人矯正協会刑務作業協力事業部（以下事業部という）が原材料を刑務所に提供し、刑務作業の作業量確保に努めている。当所においては、事業部作業として組ひも、刺し子、刺しゅう等の作業を実施しているほか、全国の施設では同規格品を生産し、「キャピック」（ブランド名）製品の名の下に全国統一価格で販売している。

キャピック（CAPIC）財団法人矯正協会刑務作業協力事業部

CAPICは豪華さと作りの確かさに自信をもってお届けします。

種目	内容
新人教育	刑罰の意義を理解させ、収容生活に必要な知識を与え、有意義な受刑生活を送るためのオリエンテーション
出所時教育	収容生活中に体得したものについて整理確認させると同時に、出所について必要な知識と心構えを持たせ円滑な社会復帰をはかるため、法律、社会、経済、更生保護、職業倫理などの講義又は討議形式の指導及び調理実習
教科教育	補充教育　日常生活に必要な国語力、計算力の付与 補修教育　職業訓練を実施する上で必要な基礎学力の補修 日本語教育　外国人受刑者に対する日本語指導 社会通信教育　英語、簿記、編物、レタリング、校正等受講者の補助的指導 各種受験指導　調理師、珠算、簿記等の免許及び検定取得のための指導
集会指導	第1級者集会、第1・2級者集会、第3級者集会、長期者集会、寮別集会、工場別集会、誕生会
一般講話	外部有識者による講話
宗教教誨	仏教講座、キリスト教講座、忌日供養、各種宗教行事等希望者対象に個人又はグループで実施
面接指導	篤志面接委員による指導
視聴覚教育	テレビ、ラジオ、放送教育、映画、スライド等
クラブ活動	華道、茶道、書道、短歌、俳句、詩吟、民謡舞踊、絵画、器楽、点訳、ペン習字
体育指導	ラジオ体操、集団行進、業間体操、フォークダンス、バレーボール大会、ソフトボール大会、運動会
文化活動	読書感想文コンクール、クラブ活動発表会、意見発表会、所内誌の発行、コーラス
各種行事	四季の行事、演芸会、のどじまん大会、芸能慰問
施設外教育	第1級者集団散歩、第1・2級者集団散歩、奉仕活動、展覧会見学、社会見学（第1級者、長期受刑者、職業訓練生、釈放前受刑者）

ご注文、お問合せは、栃木地方事務所（栃木刑務所内）にご連絡ください。
　TEL　0282（27）9611
　FAX　0282（27）9613

【教　　　育】

主な教育内容は前頁の表のとおりである。

【医療・衛生】

常勤医師及び非常勤医師が被収容者の健康管理、疾病の治療にあたっている。必要な場合は、外部の専門医の診療も受けさせている。

衛生教育、衣類寝具の衛生管理、各種の防疫活動も積極的に行っている。

このほか、女子特有の問題として出産があるが、分娩のときは外部の病院へ入院させる。また、出生児については満1歳まで当所での養育が許されているが、できるだけ早く適当な保護者に引き取らせるか、乳児院に委託するよう指導している。

入浴は週2回、夏期は入浴以外の日に水浴を実施する。整髪は所内の美容室で自費によりパーマ、カットなどができる。

第 2 節　刑務作業と賃金

1　刑務作業の概念

(1)　刑務作業の意味　　刑務作業とは、刑事施設において自由刑執行の手段内容として、被収容者に行わせる作業を意味し、今日における最も中心的な処遇方法である。これには、本人の請願により就業が許される任意作業（刑事収容93条）と、義務として強制的に課せられる強制作業（同92条）とに分けられる。懲役受刑者の強制作業が、本来の意味での刑務作業であり、刑法12条で規定する、「所定の作業」がこれにあたる。したがって、被収容者が自己の意思で行う自己労作はこれに含まれない。

(2)　刑務作業の本質　　これについては、時代の推移と刑罰思想の変化によって異なる。古代エジプトでは、囚人の労働力は、国家の資源と解され、ここから刑務作業の観念が発生し、アテネ及びローマなどでは、企業家の利益の

ために用いられ、ここに刑罰労働の確立をみたといわれている。中世ヨーロッパにおいては、囚人に空の牛車をひかせたり、砲丸を意味なく運搬させたり、あるいは無味乾燥な労働をさせることが、刑務作業とされていた。いずれにしても、当時の作業は、単に労働力搾取の対象にすぎず、それ以上に囚人に対する犯罪予防とか、教化手段などは一切考慮されていなかった。換言すれば、ただ囚人に苦痛を与えることを目標としていたのであった。ところが、17世紀初葉、受刑者の改善教化を目指すアムステルダム行刑以来、刑務作業とは、仕事を教えるものであるという考え方に変わった。ハワードの監獄改良運動も手伝って、ここに教化刑思想が台頭し、従来の苦痛のための作業は、次第に姿を消してゆき、今や、刑務作業とは、受刑者に対し苦痛を与えるものであってはならず、教化手段、釈放後の生計の基礎を築かせる授職手段として、教育的になされる職業指導的なものとなった。1955年の国際連合の被拘禁者処遇最低基準規則では、「刑務作業は苦痛を与えるものであってはならない」として苦役を禁止している。また、「通常の作業日に受刑者を活動的に就業させておくために、十分に有用な種類の作業が供給されなければならない」としている。ところで、刑務作業の本質については、①刑罰の内容として苦痛を与えるための手段である、②主として国家の支出を償うものである、③自由労働と同質のものである、④処遇の一環として考えるべきであるなどの見解が対立している。①は、上述したように、今日においてはすでに過去のものとなっており、これを主張する者はほとんどいない。②は、受刑者は、社会に対し迷惑をかけたものであるから、刑務所を維持する経費は、すべて受刑者が労働に服することによりこれを負担すべきものであるとする。すなわち、「自給自足の原則」である。しかし、経済的目的を強調するあまり、ややもすれば受刑者の教化改善目的が見失われているとの非難がなされている。③は、受刑者は、自由を拘束されているだけであり、拘束された場所では、受刑者も自由人と同じく労働の権利を有し義務を負うものとする。本来、処遇なるものは、受刑者の個性に応じた特別の治療方法をいうのであるが、今日の刑務作業はこのような意味での処遇はなされておらず、しかるに、刑務作業を処遇と理解するのは誤っているとする。そこで、④の刑務作業を受刑者の矯正処遇の一環を形成する一方法として考えるのが、最も妥当であるといえる（通説）。

(3) 刑事政策的意義　　刑務作業により、受刑者を単調な刑務所生活における無為徒食、自暴自棄に陥れることなく、労働に対する尊敬と規則的な労働に参加させることによって、彼を孤独感から解放し、肉体的・精神的抵抗力、すなわち、「人は、働かねばならぬ」という勤労慣行を養わせる。端的にいうと、単調な生活がもたらすいわゆる「刑務所ぼけ」を防ぐことにある。同時に、刑務作業を通じて、職業的な訓練を与え、必要な技能を修得させることによって、釈放後の社会生活に順応させ、生計を得る機会を与えようとするところにある。世界の諸国においても、刑務作業の刑事政策的意義は承認されており、受刑者に対する矯正処遇の一環としての一方法であることには異論がない。その意味において、刑務作業は、さらに職業に関する技能、知識、態度などを習得させるという職業教育として形成されるべきであり、これが現代的要請である。要は、受刑者の改善・更生及び健全な社会復帰を可能ならしめるところにあるといわねばならない。

2　刑務作業の現況

(1)　概　　況

　周知のとおり、刑務作業とは、刑事施設内において被収容者に行わせる労務をいう。現行法上、懲役受刑者は刑務作業につくことが義務づけられているが、禁錮受刑者や拘留受刑者やそれに未決拘禁者は刑務作業が強制されていない。しかし、これらの者も、本人の申出によって作業につくことができるものとされ、旧法では請願作業と呼んでいた。それで、刑務作業は、刑法上、刑務作業に服している懲役受刑者の作業がその中心となっている。

　わが国の刑務作業の形態は、刑務作業事務取扱規程（平成16年法務省矯総訓第4289号）（喜連川社会復帰促進センター、播磨社会復帰促進センター、島根あさひ社会復帰促進センター、美祢社会復帰促進センターでは、この規程の取扱いが除かれている部分もある）によって、その目的から、①生産作業、②職業訓練、及び③自営作業に分かれている。

　生産作業は生産に用いる原材料の全部または一部を国が負担する製作収入作業と、受刑者の労務のみを提供する賃金収入作業に分けられる。業種としては、木工、印刷、洋裁、金属、革工、農業、その他生産作業など多種に及んでいる。

そして、受刑者は各人の適性に応じたそれぞれの業種に就業している。職業訓練は、受刑者に対し職業に必要な技能を修得させたり、その技能の向上を図っている。そして職業訓練は、総合職業訓練施設に指定された施設で実施する総合訓練、各矯正管区ごとに実施する集合訓練と、各施設ごとに実施されている自庁訓練の3類型に分けられ、できうる限り公の資格とか各種の免許などを取得させることを目的としている。職業訓練種目としては、板金、溶接、電気工事、自動車整備、ボイラー運転、建設機械、建築、木工、製版、印刷、左官、木材工芸、理容、美容、クリーニング、介護サービス、小型建設機械、自動車運転などが実施されており、希望者の中から選ばれた者が受けることができる。この職業訓練を受けることのできる者は、義務教育修了以上の学力を持ち行状良好でなければならない。自営作業は、炊事、洗濯、清掃、看護などの経理作業と、新営、改修など刑事施設の直営工事に必要な営繕作業に分けられる。

ところで、刑務作業の運営については、1983（昭和58）年7月1日から、国の行財政改革の方針に沿って、いわゆる第三セクター方式を刑務作業の中に導入した。

これは、製作収入作業は、従来、国が企業主となって物品を製作したり、または加工し販売するというものであったが、これに代わって財団法人矯正協会刑務作業協力事業部（キャピック、CAPIC）が原材料の提供や、製品の販売などの業務にあたることになった。キャピックというのは、矯正協会刑務作業協力事業部の英訳Correctional Association Prison Industry Cooperationから頭文字をとり、1984年にCAPICという商標登録をしたものである。CAPICの製品は、キャピックというブランドで毎年6月に東京で開催されている全国矯正展、あるいは各地の矯正展などに展示され、品目数2万以上が販売されている。参考までに、2014年（会計年度）における刑務作業の1日平均就業人員は約6万2217人で、刑務作業による歳入額は約41億円とのことである。

(2) 就業条件

就業者の作業時間は、一般の労働時間を標準として、法務大臣が定めることになっている。現在は、1日につき8時間、1週間につき40時間であり、原則として、土曜日、日曜日が休日となっている（刑事施設及び被収容者の処遇に関する規則47条、受刑者等の作業に関する訓令〔平成18年法務省矯成訓第3327号〕4条）。しか

し、地方の状況、刑務所の構造、あるいは作業の種類により所長が必要と認めたとき、医官の意見により老人、虚弱者などについて適当と認められるとき、または請願作業のときなどは、例外として時間を延長、短縮することができる。人権尊重の趣旨に沿って配慮がなされていることはいうまでもない。

作業中の休息時間は、午前、午後の作業時間中に各15分ずつであり、食事時間は朝夕は各30分ずつ、昼食は40分ある。これは作業時間には通算されないので、1日実働8時間ということになる。休業日は、日曜日、土曜日、国民の祝日、1月2日、3日及び12月29日から31日であるが、就業者の父母が死亡した場合は、3日間その就業を免ぜられる。このように、作業の安全や、衛生などについては、労働基準法、労働安全衛生法の趣旨に沿って作業が行われている。就業者が、故意または重過失によって器具、製品その他の物品などに損害を与えたときは、その賠償額に相当する金額を作業報奨金から控除される。また、刑務所内における刑務作業中の災害、すなわち、就業者が作業によって負傷したりまたは死亡したり、不測の事故により災害を受けたときは、労働者災害補償保険法の適用はない。それゆえ、受刑者の災害補償については手当金（死亡手当金、障害手当金）、いわゆる死傷病手当金が支給されることになっている。「死亡手当金等に関する訓令」（平成18年法務省矯成訓第3347号）の規定があり、手当金の種類や基準額は、労働基準法や、労働者災害補償保険法を参酌して積算されているといわれるも、一般の労働者の補償額に比較した場合、およそ4分の1くらいである。一応の目安として、表6-11を参考にして欲しい。注意すべきことは、これは、労働基準法に規定される災害補償の意味ではなく、これまた国家の恩恵的なものとして支払われる一種の補償金というものである。

表6-11 作業中に死亡、負傷などした場合の手当金

種別		最高額	平均額	最低額
死亡手当金		4,590,000円	3,060,000円	1,530,000円
障害手当金	終身自用を弁ずることができないもの	5,288,000円	3,525,000円	1,763,000円
	終身労務に服することができないもの	3,846,000円	2,564,000円	1,282,000円
	労務能力の大部分を失ったもの	2,341,000円	1,562,000円	780,000円
	労務能力に著しい障害のあるもの	1,141,000円	761,000円	380,000円
	労務能力が高度に減退したもの	389,000円	269,000円	130,000円

3 作業報酬

(1) 作業報奨金

　作業報酬については、報奨金制がとられている。わが国において、法制上、作業の収入はすべて国庫の所得とする（刑事収容97条）として、国庫帰属主義をとっている。刑務作業は、受刑者の処遇方法であり、それは労働の提供は公法上の強制によるものであるから、労働に対する対価としての賃金を受刑者に帰属させる理由はないとされている。しかしながら、受刑者の勤労の意欲を向上させるためと、釈放後における更生資金にあてるという経済的な必要性から、受刑者に対して国庫帰属主義の例外として、作業報奨金が支給されることになっている（同98条）。その意味で、作業報奨金は、いったん国庫に帰属した作業収入と等価的関係になく、多分に作業奨励のためという政策的考慮にもとづく支出である。その性格は、作業に対する報酬ではあるが、私法的な対価としての賃金ではなく、公法的な配分であってあくまで恩恵的・奨励的なものといわざるをえない。作業科程の定め方には、いわゆる時間科程と数量科程との2種があるが、現行制度は後者が主として採用されている。作業報奨金は、作業の種類、就業の条件、作業の成績それに行状などを考慮して計算され、作業報奨金計算高として、毎月受刑者本人に告知される。この報奨金計算の基礎になるのが等工である。受刑者の作業等級すなわち、10等工、9等工、8等工、7等工、6等工、5等工、4等工、3等工、2等工、1等工によって異なる。まず、入所すると10等工から出発し、順次上位の等工に上がっていく。1カ月以内に一定のノルマを達成しないと9等工になれない。順調にクリアしても見習工から1等工になるまでに3年以上かかる計算である。技能と作業成績がとくに優秀な場合には、3分の1の期間経過すれば特別に昇等させることができるようになっている。参考までに、1等工で1時間52円30銭、見習工では1時間4円90銭である（例えば2等工で41円70銭、9等工で9円40銭）。作業成績とか、行状によって、作業報奨金の加算、減額がなされる。それゆえ、現実の報奨金は、作業等級、作業成績、行状それに就業時間など総合して審査がなされ、計算高が決まる。参考までに、昇等の基準をみてみよう（表6-12）。そして作業報奨金は毎月支払われるのではなく、原則として釈放時に支給される。ところで、

表6-12　昇等の基準

1等工	2等工に指定された後、作業成績及び就業態度が良好な期間が8月以上あり、かつ、当該作業に要する知識及び技能の程度が特に高いと認められること。
2等工	3等工に指定された後、作業成績及び就業態度が良好な期間が7月以上あり、かつ、当該作業に要する知識及び技能の程度が高いと認められること。
3等工	4等工に指定された後、作業成績及び就業態度が良好な期間が6月以上あり、かつ、当該作業に要する知識及び技能の程度が比較的高いと認められること。
4等工	5等工に指定された後、作業成績及び就業態度が良好な期間が5月以上あること。
5等工	6等工に指定された後、作業成績及び就業態度が良好な期間が4月（C作業においては7月）以上あること。
6等工	7等工に指定された後、作業成績及び就業態度が良好な期間が3月（C作業においては6月）以上あること。
7等工	7等工に指定された後、作業成績及び就業態度が良好な期間が3月（C作業においては6月）以上あること。
8等工	9等工に指定された後、作業成績及び就業態度が良好な期間が1月（B作業においては2月、C作業においては3月）以上あること。
9等工	10等工に指定された後、作業成績及び就業態度が良好な期間が1月（C作業においては3月）以上あること

　この作業報奨金は、在所中も①配偶者（夫か妻）、子、父母の扶助、②被害者に対しての賠償、③書籍、日用品等自己用途物品の購入、④その他、必要と認められる場合には支給を認められる。物価の上昇をも考慮して、毎年増額がなされているが、その金額はきわめて低額である。これが作業報奨金の現状ということになるが、これではあまりにもその額が低く、釈放後の更生資金として実効を挙げることは不可能である。この点は考慮されなければならない。単純に計算してみると、月額見習工で約800円、1等工で約6100円ということになり、ちなみに2014年（会計年度）の一人あたりの平均月額は、4816円となっている。
　(2) 賃　金　制
　今日、わが国をはじめとして、世界の諸国で作業報奨金を採用しているが、これに対しては、実際上は財産刑をも併科している結果になっている。また労働に対する報酬が反対給付としてではなく恩恵的だということは、受刑者の勤労意欲をなくすものとの批判がなされている。この批判に応えるものとして、いわゆる賃金制の主張が挙げられる。恩恵的な報奨金制は、受刑者の人権拡張という時代要請に反するのではないか。ここに賃金制を樹立することの意義が

ある。賃金制は、19世紀後半、ドイツのヴァールベルク（Warburg）により提唱され、主として近代派刑法学者によって推進されたものである。これは、国家は、受刑者の労働力の対価として賃金を支払う義務を負い、受刑者は国家に対して賃金請求権があるという制度である。なお、国連の最低基準規則76条(1)は「被拘禁者の作業につき適切な報酬制度がなければならない……」として、賃金制を明確に宣言している。最近の国際動向は、賃金制を肯定する傾向にあるといえる。賃金制の採用は、理論的には承認することができるが、①有利な作業の恒常的確保の困難性、②刑務作業の生産性が低いという財政面の問題、③受刑者を自由な労働者と同視できない、④教育的意義が軽視されやすいなど、その前提となる諸条件の解決がまずは不可欠である。しかしながら、受刑者の人権尊重の精神により、賃金制採用について前向きに考慮すべきである。

4　刑務作業上の問題

(1)　自由刑単一化

わが国において、現行法は、懲役、禁錮及び拘留という3種の自由刑を定めている。このうち懲役刑には強制的に刑務作業が科せられるが、禁錮、拘留の刑には請願作業は認めるも、刑務作業は強制されていない。この懲役と禁錮の区別は、長年伝統的に存在し、犯罪を動機によって破廉恥なものと、非破廉恥なものに分け、国民の道義的非難の差を執行上貫くために、懲役囚に対しては労働を強制し、禁錮囚に対しては労働を強制しないとする。しかし、自由刑の本質は教育であり、積極的に犯罪者の教化改善を目的にしており、その目的を達するには刑務作業を不可欠とする。また行刑の実際からしても、懲役と禁錮とはその処遇の上での差異はほとんどないといってよい。ここに自由刑の種類を廃止して、すべての自由刑は、刑務作業を基本とする自由刑一本に単一化すべきであると主張され、これは国際的傾向にもなっている。

(2)　刑務作業の業種の近代化

就業者の有用な職業につくための技術習得という観点から、作業の種類、内容、その実施方法の近代化が必要である。刑務作業は、確かに受刑者の改善更生の健全な社会復帰を図るための欠くことのできない重要な処遇であることはいうまでもないが、現在の刑務施設で行われている作業の中には、機械などが

古く、せっかくここで技術を習得しても、釈放されてから社会で役に立たない場合がある。その意味で、機械類は、先端をゆく近代的なものを整備・確保しなければならない。

第3節　拘禁の形態

1　拘禁形態の歴史的変遷

　監獄制度の歴史上、最も古くから行われていた拘禁方法といえば、無秩序な雑居拘禁（雑禁）であった。そこでは、ただ犯罪人を社会より隔離することのみが考えられていたので、それ以外に何らの教化改善思想も見出されなかった。とくに18世紀の監獄には、老若男女を分離することなく放任したおそるべき雑禁が支配しており、そこには、ただ堕落し切った「監獄の状態」だけがあった。

　しかし、そのような無秩序な雑居拘禁は、累犯者が、初犯者に対して犯罪の方法を伝授し、少年は熟練した古参の指導よろしきを得て、職業的犯罪人の養成を促進させることになり、受刑者にとって多種の弊害をもたらした。その弊害が次第に深く反省され、18世紀から19世紀にかけて監獄改良運動が始まり、これに歩調を合わせ、ここに独居制が、とくに力強く主張されるようになった。すでに1704年には、サンミケーレ少年監獄においては、少年の改善は、夜間独房に拘禁することにあるとして、独居制が実施されていた。独居拘禁制度を早くから提唱し、教化作用と結合させたのは、イギリスの監獄改良家ハワード（J. Howard）であった。彼は、1773年以降、監獄改良運動を推進し、この制度の確立に対して非常な影響力をもたらした。すなわち、当時の監獄制度は、汚濁と悪弊の巣窟という無秩序の雑禁の状況であったため、これを批判し、「総ての犯罪者を夜間独居させるために小監房すなわち小夜間独居房を沢山に造るがよいと思う。こうして監房は円天井の頂上までを10呎とし、2枚扉――1枚の換気用の鉄格子扉――を付けるべきだ。たとえ彼らの昼間雑居が防止し難いとしても、夜間だけは是非独居せしむべきである。孤独と沈黙とはよく人を反省に導くものであって、これにより犯罪者はよく悔悟せしめられるであろう」と説き、ここに被収容者に対する改善と、作業を課する昼夜独居制を主張した。

この主張は、イングランドにおいて、1774年、1778年及び1781年の法律により次第に是認され、ここに独居監獄の建設にまで進展するに至った。ハワードの説いた独居監獄を実施するについては、建築方式の問題を残したが、その後研究が進められた。そしてその建築方式に最も影響力を与えたのは、1790年のベンサム（J. Bentham）の発案による、中央から放射状に舎房翼がつくられたいわゆるパノプティコン建築であった。これが以後の監獄建築を支配するところとなった。1794年に、従来の廃船拘禁制（hulk system）に代えて、放射状式建築による独居監獄の建設が決定し、1816年に、本様式に従いミルバンク（Milbank）に、1000名収容するという監獄が完成されたのである。

　時を同じくして、アメリカ合衆国においては、ペンシルバニア州で監獄改良の問題が提起され、1787年に、監獄における不祥事防止に関するフィラデルフィア協会（Philadelphia Society for alleviating the miseries of public prisons）が誕生し、宗教的感化を目的とした独居拘禁主義を強調した。その代表的な主唱者は、フランクリン（B. Franklin）であったが、この思想に共鳴するクエーカー宗徒の運動によって、1790年には監獄則が実現した。その成果として、まず、フィラデルフィアのウォルナット街監獄に小独居監獄がつくられ、被収容者は昼夜とも厳重な独居拘禁に付せられた。ついで、1828年にペンシルバニア州西部監獄、1829年にペンシルバニア州東部監獄が創設されたが、いずれもこの種の形式が行われていた。これは、もっぱら被収容者を精神修養、すなわち絶対の沈黙と静寂の中で自戒と反省によってその改善を図ろうとしたもので、俗にペンシルバニア制――別に厳正独居制――と呼ばれる。

　他方、フランスでは、1814年にルイ18世が、独居監獄の建設を命じたが、これは実現にまで至らなかった。1835年以降、ラ・プティト・ロケット（La petite Roquette）少年監獄で、独居制を採用した。1843年には、自由刑に10年以下の独居を認める草案を起草し、1852年に独居監獄を設置する予定であったが、実現はみなかった。

　ドイツにおいては、どうであったろうか。ナウガルドに、ミルバンク式独居監獄が設置されているが、1835年には、インステルブルグとゾンネンブルグにつくられている。このようにして、独居拘禁制は、ヨーロッパにおける監獄改良運動の指導的役割を演じ、19世紀初頭においては、世界の行刑制度の範と

なった。

2 独居拘禁制と雑居拘禁制

拘禁形態には、独居拘禁制 (Solitary system, System der Einezlhaft) と雑居拘禁制 (System der Gemeinschaft) とがあるが、これは伝統的な二大類型である。

(1) 独居拘禁制

これは、被収容者の独居房の中での生活を原則とするもので個別的に拘禁する方法である。その目的とするところは、被収容者間の通謀と同囚間の悪の感染を避け、もって被収容者の悔悟、精神的矯正を意図するものである。ところで、現代的独居拘禁の基礎理念として、①拘禁者が刑罰強制の峻厳さと、自由喪失はいかなる意義と効果を持つものであるかを十分に感得しうる方法で、自由刑を執行しようとする。②犯罪人と他の者との交通を避け、これらの者との交通によって職業的犯罪に導入されないようにする。③悪質を遠ざけ、善良な者の感化を受けさせることによって、受刑後の合法的かつ道徳的生活を営むように感化教育を施すことにあるとされる。

独居拘禁は、制度的に、①厳正独居拘禁制と、②緩和独居拘禁制とに区別される。これは、その処遇の内容を異にするものであり、前者は被収容者を昼夜間断なく他の被収容者から隔離し、その交通を遮断するもので、教場、教誨に至るまで厳格に区別する。後者は被収容者を昼夜、とくに作業に際しても、独居房に在房させておくものであるが、召喚、戸外運動、教育、入浴、教誨、診療その他やむをえない場合に、例外的に雑居を許容するものである。

独居拘禁制度は、各国で是認されるに至ったが、これは被収容者の精神面の教化に寄与すること大であり、また刑罰の持つ威嚇作用を独居拘禁の中において十分に認識させることなど、それなりの理由がある。それにこの制度には、収容者相互間の悪風感染が防止され、施設の犯罪学校化が阻止されること、被収容者の精神の安定と統一とを容易にし、自己反省の機会を与えること、また同時に職員も被収容者の精神面に深く触れることができ、教化改善の契機をつかみうるなどの処遇上の利点があるわけであるが、しかしながら、独居拘禁制度にも、弊害のあることを見逃すことはできない。

被収容者の教化改善ということは、被収容者を社会の共同生活に適応させる

ことでなければならない。それにもかかわらず、独房に長い期間拘禁して、交談を禁止し、他の者と接せしめないことは、不自然な日常生活を強制することであって、教化改善に資するものではない。すなわち、独居拘禁して共同生活から離れさせるよりも、雑居させて共同生活の真髄に触れさせるのが、より効果的である。それに独居拘禁は、一面において精神的改善に役立つことが承認されているが、反面それが長きに失すると、被収容者にとって、はなはだ苦痛でかえって被収容者の生理、精神作用に障害をもたらすことが少なくない。とくに、長期の拘禁においては、人の本性である社会共同生活の習性も失わせると同時に、被収容者が拘禁性精神病（Haftpsychose）に陥るということが実証された。法医学者であるロイター（F. Reuter）は、「一般的に、精神病になる危険は、雑居拘禁よりも独居拘禁の方が多い」ことを主張している。独居拘禁論者として有名なクローネ（Krohne）は、独居拘禁は五年を限度とすべき旨を提唱した。したがって、今日の世界各国の拘禁期間も、最長五年とされている。それにこの制度を採用するためには、独居房舎を建設するにあたっては多額の国家予算経費を必要とするのはもちろんのこと、監視のための職員の配置ということも、合わせて考慮しなければならない。

(2) 雑居拘禁制

これは、数人の被収容者を同一の房に収容して雑居させる拘禁の方法であり、今日、主流をなしている。この雑居拘禁制は、独居拘禁制の精神作用に障害をもたらすなどの反省にもとづいて生じたものである。通常は、受刑者の性格、罪質、年齢などにより、科学的に分類してグループごとに昼夜ともに雑居させる分類雑居制をとっている。

この雑居拘禁制には一長一短があるが、まず長所として、①人間の本性に適合している。②物的・人的の財政的経費負担が軽くてすむ。③共同生活を通じて社会復帰への教育活動を可能にする。④刑務作業を実施するに適当である……などの点が挙げられる。これに対し短所として、①被収容者のプライバシーが保護されない。②被収容者相互の間で葛藤が生じやすい。③被収容者が悔悟と反省の機会が少なく、受刑の意義を認識することが困難である。④被収容者間で悪風感染を防止することができず、職業的犯罪人を養成してしまう……などが指摘される。

3 ペンシルバニア制、オーバン制

イギリスの監獄改良家として名を知られたハワードの影響を受けて、アメリカでフランクリンが主唱するクエーカー宗徒の運動によって、ペンシルバニア制が誕生した。これは、被収容者を昼夜とも独房に拘禁し、他の被収容者から隔離し聖書以外の読書や作業も許さず、沈思黙考の中で悔悟と反省を試みるもので、厳格な昼夜独居拘禁制ということになる。別の名を厳正独居制ともいわれるものである。ペンシルバニア制という用語は、1790年に創設されたウォルナット刑務所（フィラデルフィア）でこの方式がとられたのに由来する。このペンシルバニア制は、無秩序な雑居拘禁制への反省から誕生したものであり、沈黙と絶対の静寂の中で一人房内に坐して反省と悔悟をするということは、①自殺のおそれをきたし、②施設の維持が国家財政上高価につき、③被収容者の心身の健康上の障害をもたらし、④とりわけ作業に不適である……などの欠陥を持っていた。

独居拘禁制は、前述したごとく、一時世界の行刑制度を支配したかの観があったが、その制度に対する批判から、1820年、ニューヨーク州のオーバン監獄において、昼間はすべて雑居であるが、夜間のみ独居拘禁という制度が、ここに考案された。これはオーバン制（Auburn system）とも呼ばれている。この制度は、独居と雑居を折衷しているところから折衷制といわれ、また絶対に沈黙させたところから沈黙制（silent system）ともいわれている。この制度は、精神主義を徹底させるために、雑居拘禁は交談禁止を条件として昼間における監房、工場、教誨堂内にとどめ、夜間は分離拘禁するもので、この沈黙制が、オーバン刑務所の特徴とするところであった。オーバン制は、監獄維持経費ならびに作業効果の点について経済的である。これがために、アメリカ全土に普及したことはいうまでもない。ペンシルバニア制か、オーバン制か、その優劣については大いに議論がなされたところである。完全な沈黙制と、他の被収容者からの交通遮断は、被収容者にははなはだしい苦痛を与え、その上に精神的に有害である。このような決定的短所をカバーするものがオーバン制であり、夜間雑居の弊害を防止するばかりでなく、自己反省の機会も与えており、その上できるだけ被収容者のプライバシーも保護するという趣旨にも合致するもので

ある。その意味においてオーバン制は、ペンシルバニア制に比較して、よりすぐれた長所が認められるといわなければならない。ところで、昼間雑居夜間独居のオーバン制は、形式的にみれば独居拘禁制であるが、その昼間の主要部分よりみるときは雑居拘禁制であり、行刑処遇の観点からは、むしろ雑居拘禁制の一態様であるということになる。

4　わが国の現状

　わが国の刑事収容施設法は、「各種被収容者の居室は、処遇上共同室に収容することが適当と認める場合を除き、できる限り、単独室とする」(刑事収容37条2項)と規定しており、拘禁方法については独居制を原則としている。

　このように、建前としては独居拘禁制を原則としているが、同条2項の規定をみると、「できる限り、単独室とする」となっているにもかかわらず、必ずしもこのとおりにはなっていない。事実、わが国における累進制適用の受刑者には雑居拘禁制がとられている(行累29条・30条)。また、その適用範囲であるが、心身の状況により不適当と認める者、すなわち重病者、廃疾者、妊娠中の婦女、不具者及び自殺の疑いのある者はこの対象から除外されるが、これ以外の者は、すべての収容者に適用すべきことを理想とする(行累5条)。しかし房居事情もあるところから、完全実施不可能な場合がある。そこで、未決拘禁にあっては、証拠隠滅を防止するため、刑事被告人には、できる限り独居拘禁にすることにしている(刑事収容182条2項)。なお、参考として旧監獄法施行規則における独居拘禁に対する順序は、①刑期2月未満の者、②25歳未満の者、③初犯者、④入監後2月を経過しない者の順となっていた(旧監獄法施行規則25条)。しかしながら、行刑累進処遇令により、この規定の適用範囲は一段と狭く、独居拘禁が行われるのは、①新入監者、②保安上隔離の必要ある者(旧監獄法施行規則47条)、③伝染病予防のため隔離の必要ある者、④懲罰事犯取調中の者、⑤釈放前3日以内の受刑者、⑥累進審査のためその必要のある者、及び⑦両親の訃に接し就業を免ぜられた者などであり、これらは一時的独居拘禁者であることに留意すべきである。

　独居拘禁の方法については、旧法では「他ノ在監者ト交通ヲ遮断シ召喚、運動、入浴、接見、教誨、診療又ハ已ムコトヲ得サル場合ヲ除ク外常ニ一房ノ内

ニ独居セシムヘシ」ものとしている（旧監獄法施行規則23条）。独居期間は、拘禁性精神病などを考慮して、原則として6カ月を越えることができない。とくに20歳未満の者については、その発育期にあるため、3カ月以上の継続は認められない（同27条1・2項）とされていた。わが国において独居制は、いわゆる緩和独居拘禁制をとっていた。

　上述したように、わが国の刑事収容施設法は、独居拘禁制を原則としているが、実質は、行刑累進処遇令により、第4級、第3級の受刑者は雑居拘禁に付されることになっており、第2級以上の受刑者に対しては、夜間独居とするものとしており（行累29条・30条）、その意味から、わが国の監獄制度は、独居、雑居、夜間独居の3種類の拘禁方法を採用しているということになる。

　人間の本来のあるべき姿というのは、昼間は共同生活を営み、夜間は独居というものである。しかしながら、わが国の現状は、財政的・経済的理由から居房不足のため、昼夜雑居の形態が一般化している。いろいろな弊害は、夜間雑居において著しくみられるところであるから、この点、制度的にもメスを入れなければならない。望ましい拘禁形態を、できるだけ早急に実現しなければならない。

第4節　中間処遇制度

1　中間処遇制度の概念

　犯罪者処遇に関して、最近の刑事政策の趨勢は、「施設内処遇から社会内処遇へ」とその重点を移して、諸方策が考えられてきた。刑務作業を実施する場合、必ずしも刑事施設内のみに限定する必要はない。受刑者はやがて社会に復帰するのであるから、刑事施設外においてできるだけ一般社会に近い環境で作業を実施されるのが適当ではないだろうか。自由刑の新しい執行方法として、施設内処遇の弊害を避けたり、その限界を乗り越えるために、このような考慮にもとづいてできたものということができる。

　中間処遇とは、施設内処遇と社会内処遇の中間位置とする処遇形態の総称をいうが、これはもともと、施設内における隔離や保安の程度を緩和し、一般社

会との交流を拡大することにより、またできるだけ社会復帰を容易にするために考慮された制度そのものである。

この中間処遇制度は、もともと歴史的にみると、19世紀の中頃、アイルランドで仮釈放前の一段階として採用された中間刑務所にその端を発し、いくつかの国が試行錯誤的に工夫して、さらに発展した制度であるといわれている。しかしながら、このアイルランドの中間刑務所は、当時の労働力の不足をカバーする目的で考案されたもので、今日的意味の犯罪者の社会復帰を促進するものではなかった。その意味で、今日的意味の中間処遇制度の起源は、イギリスのマコノキー（A. Machonochie）がノーフォーク島で実施した刑罰植民地制度やそれを発展させたクロフトン（W. Crofton）のアイルランド制にあるといわれている。

従来、受刑者は長期にわたって社会から隔離された刑務所で処遇されてきた。本来の中間処遇制度の狙いは、受刑者は概して社会的不適応のために罪を犯した者であるから、仮釈放という形で一気に社会に復帰を試みることは、予測しがたい障害が伴うので、まず矯正当局自らの手で、受刑者の自由な社会生活への準備、すなわち足馴らしをさせることにある。

2　中間処遇制度の二形態

前述したように、中間処遇制度とは、施設内処遇と社会内処遇の中間に位置する処遇形態の総称であるが、通常、2つのタイプに類型化される（図6-4参照）。

一つは、施設内処遇の社会化という処遇思想の下で主張されてきたもので、いわゆる「中間矯正処遇」ともいわれている。これは、施設内処遇に基盤を置くものであり、施設での生活をできるだけ社会内における生活に近づけることを原則とするものである。もう一つは、社会内処遇の多様化という処遇思想の下で主張されてきたもので、いわゆる「中間保護処遇」ともいわれている。これは、社会内処遇に基盤を置くものであり、社会内での処遇を原則とするものである。

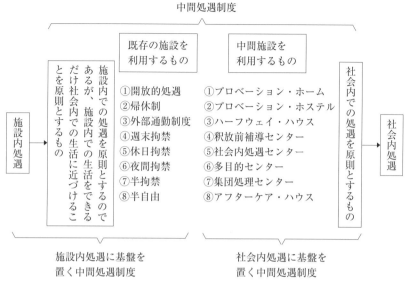

図6-4 中間処遇制度の二形態

3 中間処遇制度

(1) 開放的処遇

開放的施設における処遇の必要性と有用性については、1955年の犯罪防止及び犯罪者の処遇に関する第1回国連会議（ジュネーブ）で議決された「被拘禁者処遇最低基準規則」の中で、「開放的施設は、有形的または物理的な逃走防止措置（周壁・錠・鉄格子・武装看守その他の特別保安看守等）の欠除ならびに自律及び被収容者の集団生活に対する責任感に基づく制度によって特徴づけられるこの制度は、被収容者が自己に与えられた自由を悪用することなく、これを利用するように仕向けるものである」といっている。要するに、開放的処遇は、可能な限り施設の物的設備や人的措置について拘禁度を緩和し、開放的な環境の下で行われるもので、その理念はもっぱら受刑者の自律及び責任感に対する信頼を基礎とした処遇そのものである。

開放的施設における処遇を、俗に開放的処遇と称しているが、このような開放的処遇は19世紀半ば頃にさかのぼることができる。当時は労働力の不足を補

う目的とか、あるいは過剰拘禁緩和のためとかの社会的経済的な条件によって行われていたので、受刑者への考慮はあまりなかったといえる。とくに第二次世界大戦中は、飛行場の建設や、造船作業、戦後においては北海道開発名誉班やダム建設出役などのもっぱら国策の目的に、多くの受刑者が過酷な生活条件の下に動員されていた。

わが国における開放的処遇は、その沿革に従って4種類に分類することができる。その1は、構外作業の発展形態に属するもので、函館少年刑務所鱒川農場、山形刑務所最上農芸学園、鹿児島刑務所吉松農場などがある。その2は、いわゆる交通刑務所といわれる、交通事犯者集禁施設としての性格を持つもので豊橋刑務支所、市原刑務所、加古川刑務所などがある。これらの施設は、交通事犯者を収容する施設であるために、施設全体の開放度が他の施設に比べてすこぶる高い。その3は、構外作業の性格を持つが、民間企業との協力により実施されるもので、事業所内の施設への居住を条件とする。造船技術訓練を中心とした大井造船作業場（松山刑務所）がある。その4は、一般受刑者を対象として新設された独立の施設で、農業土木の職業訓練を中心とした喜連川農業土木学園（黒羽刑務所の支所）がある。被収容者に構外作業を広範に認めており、開放の度合いもすこぶる高い。

ところで、開放的処遇のメリットであるが、社会から隔絶した不自然な環境のもとの刑務所生活は、受刑者に不必要な苦痛を与えている。この開放的処遇はこの点に着眼して、まず刑罰の人道化を図るとともに、処遇の個別化が行われ、受刑者の改善更生や、社会復帰に大きく貢献している。次に、行刑施設の経済の効率化すなわち過剰拘禁の緩和、少ない予算での施設建築、運営経費の削減に寄与する、ことなどである。

この開放的処遇にも問題点がある。まず、法理論的なものとして、①開放的処遇は拘禁刑といえるか、②開放的処遇は法の前の平等に反するのではないか。それに副次的な問題として、③開放的処遇は市民の応報感情に反するものである。それに運用上の問題点として、①立地条件、②被収容者の資質、③対象者の選定基準、④職員と予算、⑤作業業種、⑥逃走などが挙げられるとする（柳本正春『刑事政策読本』成文堂、204頁）。

(2) 外部通勤制度

外部通勤制度とは、施設拘禁の受刑者を夜間と休日のみ施設で拘禁し、昼間は刑務職員に監視されることなく、施設から職場に通勤し、仕事が終わればまた施設内に帰るという制度である。

もともと本制度は、長期受刑者に対して釈放前処遇として社会復帰を容易にするために考え出されたもので、沿革的には、1906年、アメリカ合衆国のヴァーモント州の法律で制定されたのに始まるといわれている。その後、この制度を採用する州が増え、1913年のウィスコンシン州のヒューバー法、1918年にマサチューセッツ州で採用され、現在ではアメリカ全部の州で実施されている。また、ベルギー、フランス、イタリアなどヨーロッパの大部分の諸国においても採用されている。

外部通勤制度は、アメリカでは、ワーク・リリース（work release）と呼ばれ、イギリスではホステル制（Prison hostel）と呼ばれている。フランスやイタリアでは半自由（semi-iverté）、その他のヨーロッパ諸国においては、半拘禁（semi-detention）と呼ばれている。

この外部通勤制度の長所には、次のような点がある。

① 経済的な利点として、外部通勤による賃金収入を得るため、経済上の責任観念を回復させ、家族に対しあるいは犯罪被害者に対して経済的責任を持つことを可能にすると同時に、社会復帰のための資金を貯えることができるようになる。

② 外部通勤を通して、社会人としての自覚と自信を身につけさせることができ、社会的適応能力を自然な形で回復することができる。

③ 受刑者の定職に従事することの意義を認識させると同時に、そこで新しい技術を習得することによって、釈放後における再就職がしやすくなる。

④ 外部通勤者には、必要に応じて家庭訪問、週末帰休などが認められるので、長期間断絶していた家族との関係修復が可能になる。

しかしながら、上述した長所を持つ反面、次のような問題点もある。

① 適当な外部事業所を確保することができるのかどうか。

② 受刑者が事業所に通勤途中に交通事故を起こした場合の民事責任は誰が負うのか。

③　事業所から解雇された場合の補償、病気になったときに、自由に医師を選ぶことができるのか、有給休暇を要求することが可能かどうか、労働条件や報酬などについて、どの範囲、どの程度、自由な労働者に準じうるのか、多くの困難な問題がある。

　この制度を正面から定めた規定はわが国では存在していないが、実際上は、市原刑務所をはじめ岐阜刑務所など12施設で外部通勤制度が実施されている。例えば、泊り込み作業（作業場に泊まり込んで行う作業形態）としては、大井造船作業場（松山刑務所所管）、有井作業場（尾道刑務支所所管）、角山農芸学園（札幌刑務所所管）。通役作業（施設から作業場へ通勤して行う作業形態）としては、神戸鉄工団地（加古川刑務所所管）などであるが、良好な成績を収めているとのことである。参考までに、アメリカ、イタリア、フランスなどでは、外部通勤制度だけではなく、外部通学制度も認めているという。

　(3)　週末拘禁制度

　週末拘禁制度とは、週末（土曜日と日曜日、金曜日の夜から月曜日の朝まで）だけ受刑者を施設内に拘禁し、刑の執行にあて、それ以外の日は自由とするものである。換言すれば、刑の分割執行の一形態ということである。

　この制度は、1943年のドイツ少年裁判所法の少年拘禁にその起源を持つといわれている。旧西ドイツ、ベルギー、オランダそれにアメリカの一部の州で行われている。これは、もともと、短期自由刑の悪風の感染と職場の喪失という弊害を回避するために設けられた制度である。週末拘禁は、自由刑から家族刑的・財産刑的要素を除去しようとする、いわゆる自由刑の純化というところにメリットがあるが、週末だけに使用するという拘禁施設を確保することができるか、週末だけ収容人員が増加し、これに対応する刑務職員の負担が増大するとの理由で、この制度はわが国においては実際的ではないといわれている。できるだけ日常の生活を壊すことなく受刑者を処遇するところに、本制度の意義がある。

　(4)　帰休制度

　帰休制度とは、受刑者に対して刑の執行停止を受けることなく短期間行先を限定して、施設の職員の同行なしに社会への外出・外泊を認めることをいう。別の名を、刑罰休暇とか、外出・外泊制とも呼ばれている。今日、欧米諸国に

おいてはほとんどの国がこの制度を採用しているが、わが国にはこの制度はまだない。

この制度の利点は、①受刑者はこの制度を利用して、釈放された後の帰住・就職などの準備をし、社会復帰後の生活条件の調整をすることができる、②夫婦間の面会などによって家族関係を維持することができる、③近親者の重病などの場合における往訪のため、などが挙げられる。これに対しては、①帰休制度は刑法上の拘置概念に反するものではないだろうか、②受刑者間に差別感情を起こさせはしないか、③逃亡のおそれやその他悪用のおそれ（この期間を利用して犯罪を行う）がある、などの問題点も見逃せない。

刑事収容施設法においては、仮釈放の期間を経過している者で、開放的処遇を受けている者に対して、受刑者が刑事施設の職員の同行なしに、その円滑な社会復帰を図るため1日のうちの定められた時間内の外出と、7日間を限度として施設の外に外泊することを認めている（刑事収容106条）。

(5) 社会内処遇センター

刑務所と一般社会との中間に設けられた釈放準備のための施設である。別の名を、釈放前指導センターとか、ハーフウェイ・ハウスとも呼ばれている。

社会内処遇センターは、その施設の目的と現状から、①釈放前補導センター、②プロベーション及びパロール・ホステル、③多目的センターに分類されている。アメリカの社会内処遇センターはあまりにも有名であるが、わが国においても、1979（昭和54）年4月から、中間処遇制度の導入、すなわち帰往前保護処遇制度が採用されている。これに従うと、無期刑及び執行刑期の年数が8年以上の受刑者に対して、もちろん本人の同意にもとづいて、仮釈放直後、3カ月程度、更生保護会に居住せしめ、ここで社会生活機能の回復訓練、就職援助などの処遇を行うものである。なぜならば、長期刑の受刑者は仮釈放になっても、一般社会生活とのブランクがあまりにも長かったため、円滑な社会復帰をするということは非常に困難なことであるからである。いわば、この制度は、長期受刑者の社会復帰を促進させようとするものである。1996年から施行された更生保護事業法（平成7年法律第86号）によると、更生保護事業を①継続保護事業、②一時保護事業、③連続助成事業とし、宿泊所を提供する更生保護施設や帰住の斡旋・金品の給貸与等そして犯罪者更生事業に対する連絡、助成を行

うものとしている。

(6) ハーフウェイ・ハウス

ハーフウェイ・ハウス（Halfway House）とは、完全な拘禁施設と完全な自由生活との中間に位置する生活の場をいう。通常50名以下の犯罪者を収容する施設である。

このハーフウェイ・ハウスは、1845年代にクエーカー教徒たちにより開設されたといわれ、アメリカのシカゴ、ニューヨーク、ロサンゼルスの大都市において、連邦刑務所受刑者のために、釈放される前3～4カ月を特別の施設に収容して外部に通勤させるという、いわゆる釈放前補導センターにその端を発する。このハーフウェイ・ハウスは、2つの役割を持っており、①プロベーション対象者に対する刑務所的施設であり、②パロール対象者に対する非刑務所的な施設である。

アメリカのハーフウェイ・ハウスは施設そのものの内容からすれば、社会内処遇に基盤を置く中間処遇制度ということになる（藤本哲也『刑事政策概論』青林書院、272頁）。

第5節　仮　釈　放

1　仮釈放の意義と性質

仮釈放（parole, vorläufige Entlassung）とは、矯正施設に収容されている者を、その収容期間満了の前に仮に釈放する制度をいう。現行法制上、刑務所からの仮釈放（刑28条）、拘留場・労役場からの仮出場（同30条）、少年院・婦人補導院からの仮退院（少院12条2項、売春25条）の3種があるが、通常これらを総称して広く仮釈放といっている。

仮釈放の法律上の性質については、従来いろいろな見解の対立しているところである。それらをみると、①仮釈放は囚人の善行に対する恩赦権（Begnadigungsrecht）の発動によるものであるとする。あるいは②これをもって通常の行政処分であるとする。あるいは③行刑の一延長であるとする。または④刑の執行猶予とその精神を同じくするものであるとする説などがある。

次にこの制度の存在理由であるが、これは①受刑者の改善のため、②受刑者の社会復帰を促すためであるとされる。すなわち受刑者が改悛して危険性がなくなったと認められるときは、刑期満了まで必ずしも刑務所に拘禁する必要はない。そこで社会に出して善良な市民として社会に復帰したかどうか検定するためであるとし、③仮釈放の制度を活用することによって、量刑の失当を是正しうるためということにある。

そこで仮釈放の刑事政策的意義は、受刑者の改善更生及び社会復帰を促進するための施策として、累進制と直結し累進処遇の最後的段階として設けた刑期満了前の釈放であるということになる。これに対して刑期満了前に釈放する点から、本来の自由刑の本質を害するものではなかろうかと疑いを有するものもある。しかしそれは、自由刑の本質をよく理解しない者の言である。刑務所拘禁はたとえ免除されても、拘禁による自由剥奪が他の方法すなわち心理的強制で代替されており、その意味で自由刑の本質である自由剥奪が免除されたわけではない。それはいわば刑務所内処遇の延長なのである。そうすれば、仮釈放は自由刑執行の一作用として認められなければならないし、またそう解釈すべきである。仮釈放は、前述したように刑期満了前の釈放であるから、それはいわば受刑者の社会復帰を目的とするものである。受刑者を社会に復帰させるための教育は、刑務所内だけでは決して十分であるとしない。受刑者の教育は、刑務所よりむしろ受刑者の復帰すべき現実の社会環境において行われることが必要なのである。受刑者は、概して社会的不適応性のために罪を犯した者であるから、刑務所から刑期満了後に一気に社会に復帰を試みることは予測しがたい障害が伴う。そこで仮釈放することにより、それを保護し、社会において教育と社会への適応性を与えることになる。このように考えてくると、教育の目的を達するには、刑務所内のものと刑務所外のものとが存し両者を有機的に結合させることが必要とされる。仮釈放制は、まさにこの要請に応えるものである。そこで、この制度は、応報を基本とし、その内容を特別予防的ならしめようとするもので、それは換言すれば、刑の執行における形式的正義を制限して、具体的正義及び合目的性の要求を実現しようとするものということになる。

1950年には、ヘーグ国際刑法監獄会議において仮釈放制が討議されているが、参考にすべきところがきわめて多い。このように、この制度は、今やわが国だ

けの問題ではなく、全世界共通の問題といわねばならない。

2　仮釈放制度の沿革

　仮釈放は、1790年当時イギリスの流刑地であったオーストラリアで、ニューサウスウェルズ州知事フィリップ（C. Phillip）によって最初に試みられた制度である。その実際の適用は、翌1791年に流刑囚に希望を与え、監獄内の秩序を維持する必要性からとくに行状が善良で改悛の状ある者に対し、島内にとどまることを条件として釈放したことに始まる。1822年には、同じくオーストラリアで累進制が考案され、その中に仮釈放が採用された。次いで1829年及び1833年の法律による囚人分類制の採用とともに、流刑囚の最上級の者に対し、取消しを条件とする仮釈放（Ticket of leave during good conduct）を認めることをここに法制化した。そして、タスマニア刑務所長マコノキー（A. Maconochie）によって、これは累進制と結合した制度としてさらに発展したのである。

　やがてこの制度は、1835年及び1857年のイギリスの法律として制定され、本国に移入され漸次その発展をみた。さらにアメリカ合衆国においても採用されるに至り、1869年には仮釈放の制度が現実に法制化され、これにもとづいてニューヨーク刑務所協会の運動により建設されたエルマイラ矯正院（Elmira Reformatory）において用いられた。これらは、行刑上の累進制と結びついたものであった。

　一方、ヨーロッパ大陸諸国においては、19世紀の中葉より累進制とは無関係に広く適用されるようになった。このようにして仮釈放の制度は、諸国の行刑制度に徐々に浸透し、19世紀末葉に至っては、世界各国の採用するところとなった。

　ところでわが国においてはいかなるものであろうか。オーストラリアで仮釈放制度が誕生したころ、時を同じくして、1790年わが国でも人足寄場掟において行われたといわれる。これが今日の仮釈放の前身をなしたものということができる。その後明治政府は、イギリス植民地監獄制をその範として、1872（明治5）年に監獄制を制定し、そこに仮釈放制度を示した。そして1880（明治13）年の旧刑法以来この制度を認め、1934年の行刑累進処遇令すなわち、第1級の受刑者で仮釈放に適すると認められた者について、刑務所長に仮釈放の上申を

義務（89条）づけることによって行刑と仮釈放と相まって、また欧米の思想も取り入れることにより今日の仮釈放制度にまで発展したものである。

3 仮釈放の条件

(1) 仮釈放の要件

わが現行刑法は、仮釈放の要件として「懲役又は禁錮に処せられた者に改悛の状があるときは、有期刑についてはその刑期の3分の1を、無期刑については10年を経過した後、行政官庁の処分によって仮に釈放することができる」（刑28条）と規定している。すなわち仮釈放の実質的要件としては、受刑者に改悛の状があることが必要である。改悛の状があるときとは、規律を守り善行を保ち、人に悔悟したということを認めさせるような情状を指すもので、換言するならそれは再犯のおそれのない場合を意味するものである。ここで改悛の状とは、いかなる状態をいうのか、その有無に関する判定は、非常に困難なものとされている。そこで司法当局は、1931（昭和6）年5月25日司法省訓令をもって、仮釈放審査規程（仮釈放及び保護観察等に関する規則〔平成14年法務省令39号〕）を定め、一定の標準を示したのである。それによれば、受刑者の改悛の状は、個人的事情として身上関係、犯罪関係及び保護関係（同1条～5条）を明確にすると同時に、その年齢、刑期に対する社会一般の感情、憫諒すべき情状の有無、社会的危険性、犯罪の動機方法、社会に対する本人の態度、地方の情況（同7条～14条）などこれらを詳細に審査すべきものとしている。

しかるに最近の実務において、仮釈放は受刑者の性格、行状、態度及び能力、施設内での成績、帰住後の環境などから判断して、①改悛の状があり、②仮釈放期間中再犯のおそれがなく、③社会の感情が仮釈放を是認していると認められるなどの要件に該当した場合に、かつ保護観察に付することが本人をして善良な社会人として自立するに最も適当と認められる時期に、これを許すことになっており、また善良な社会人として自立することを期待することができない者であっても、上述した要件に該当し、かつ刑期の大半を経過し行刑成績が良好で、保護観察に付することが本人の改善に役立つと認められる場合にも仮釈放を許すことができるものとされているのである。仮釈放の形式的要件としては、有期刑についてはその刑期の3分の1、無期刑にあっては10年を経過した

ことが必要である。

なお、少年については現行法制上、特例が認められており、右の期間は短縮される。すなわち少年のとき懲役または禁錮の言渡しを受けた者は、無期刑については7年、10年以上15年以下の有期刑については3年、不定期刑については、その刑の短期の3分の1の経過した後に許すこととされている（少58条）。

仮釈放の時期をいつにするかは、受刑者の改悛を促進する上にきわめて重要なことであることはいうまでもない。その時期について、各国の立法例はまちまちである。例えば、有期刑において刑期の4分の3経過後とするものとして、スペイン（刑98条）、トルコ（刑16条）、キューバ（社会防衛98条）。3分の2経過後とするものデンマーク（刑38条、ただし9カ月経過後）、スイス（刑38条、ただし3カ月経過後）、アルゼンチン（刑22条、ただし3年以上の懲役については、1年。3年以下の軽懲役については8カ月経過後）、ギリシャ（刑105条）。2分の1経過後とするものにフランス（累犯防止2条）、ブラジル（刑60条）、ポーランド（仮釈放3条）、イタリア（刑176条）、旧ユーゴスラビア（刑56条）などがある。

ところで無期刑の仮釈放の要件は、前述したように10年経過後となっているが、これは、有期刑についての趣旨と同様である。現行刑法が、有期刑について3分の1経過後にこれを許しているところから推論すれば、10年の要件を逆算して3倍すなわち30年ということであり、立法者は無期刑をして30年の有期刑と同様に評価しているものといえよう。ここでいう刑期とは、宣告刑を意味するもので、それは現実に執行されるべき期間のみが刑期であるとされる。したがって未決勾留の日数は、ここでいう経過期間には算入されない。

わが国のように、有期刑の3分の1にまで緩和している立法例を持つ国は世界でもまれであり、その意味で最も進んだ弾力性のある仮釈放制度であるといえる。法律の建前としては、右のように規定されてはいるものの、実際の適用にあたって仮釈放はきわめて渋滞しており、そのためその時点は有期刑については大体のところ刑期の3分の2以上経過した後になるのが現状である。

(2) 仮釈放の手続

仮釈放の処分は、行政官庁すなわち、全国8カ所の各高等裁判所の所在地に設けられている地方更生保護委員会（以下、地方委員会）によって行われる。これは、法務大臣の管理下にある機関である（法務省設置15条）。さらに法務大臣

の所轄下には、中央更生保護審査会があり（同5条）、右の地方委員会の決定を審査することになっている。まず刑務所長は、受刑者が所定の期間を経過したときこれを地方委員会に通告する義務があり（更生保護33条）、また仮釈放の申出を行うことができる（同34条）。仮釈放の審理は、このうち刑務所長の申請にもとづいてなされるのが原則である。この申請をするためには、各刑務所の刑務官会議が仮釈放及び保護観察等に関する規則（平成14年法務省令39号）の基準に照らし合わせ、その結果、とくに再犯のおそれなしと判断されたときになされる（仮釈放及び保護観察に関する規則32条）ことになっている。

　地方委員会は、この申請があった場合には地方委員をもって仮釈放の審理を行わせる（更生保護16条）。審理において、本人に面接してその人格、在監中の行状、職業の知識、入監前の生活方法、家族関係その他の関係事項の調査をし、また必要があれば、本人が在監する施設の長その他の職員の意見を聞くことができ、立会を求めることもできる（更生保護25条）。そして仮釈放の適否を慎重に検討した上、事案を3人の委員で構成する会議体の審議に付し、仮釈放の許否が決定される。その評決にもとづいて地方委員会は、仮釈放の申請却下または許可の決定をする（同24条）。地方委員会のこの決定に関し不服があれば、中央更生保護審査会に対して、その審査の請求をすることができる（同4条）。なお、仮釈放の申請権者はあくまで刑務所長であり、申請却下の決定に対して受刑者自身が不服を申し立てることはできない。

　仮釈放の許可の決定があれば、書面で指定日、仮釈放の期間、その期間中遵守事項を指示し、署名または押印をもってその事項を遵守することを誓約させなければならない（同27条）。仮釈放の許された者は、条件つきの釈放であるから、釈放後一定の期間更生保護法48条3号にもとづいて当然に保護観察に付される。この保護観察の期間は、残余の刑期である。そして一般の遵守事項（同50条・51条）、例えば、①一定の住居に居住し、正業に従事すること。②善行を保持すること。③犯罪性のある者または素行不良の者と交際しないこと。④住居を転じ、または長期の旅行をするときは、あらかじめ保護観察を行う者の許可を求めることなどを遵守しなければならない。

4　仮釈放の効果

　仮釈放の直接的な効果は、受刑者を釈放するということである。仮釈放の許可書が刑務所に到着した日の翌日の午前中に釈放しなければならない（刑事収容171条）ことになっている。仮釈放を許可された者でも、その刑期が満了するまでは、まだ前述したように刑務所内処遇の延長という形で自由刑の執行を受けているものであるから、その期間中は善行を保持しなければならない。そして仮釈放の処分を取り消されることなくして、残余の刑期を無事に経過したときは刑の執行を終えたものとみなされる。現行刑法は、その法律効果について別段規定していないが、「仮釈放の処分を取り消したときは、釈放中の日数は、刑期に算入しない」（刑29条2項）と規定するとの反対解釈として、取り消されることがなければ、釈放中の日数は当然刑期に算入されるものとする。注意すべきことは、これは刑の執行が免除される、すなわち刑罰執行権を失わせるだけであり、刑の執行猶予の刑の言渡しがその効力を失う場合（同27条参照）とは異なるものである。

　なお、少年については、仮釈放効果についての特別規定がある。①少年のとき無期刑の言渡しを受けた者が、仮釈放を許された後、その処分を取り消されないで10年を経過したときは、刑の執行を受け終わったものとする（少59条1項）。②少年のとき少年法51条2項または52条1項及び2項の規定によって有期の刑の言渡しを受けた者が、仮釈放後その処分を取り消されないで、仮釈放前に刑の執行を受けた期間と同一の期間、または51条2項の刑期もしくは52条1項及び2項の長期を経過したときは、そのいずれか早い時期において刑の執行を受け終わったものとする（少59条2項）。

5　仮釈放の取消し

　わが法制上、取消事由となるのは次の場合である（刑29条1項）。

(1)　仮釈放中に更に罪を犯して罰金以上の刑に処せられたとき（同29条1項1号）

(2)　仮釈放前に犯した他の罪について、罰金以上の刑に処せられたとき（同29条1項2号）

(3) 仮釈放前に他の罪について、罰金以上の刑に処せられた者に対し、その刑の執行をすべきとき（同29条1項3号）

(4) 仮釈放中に遵守すべき事項を遵守しなかったとき（同29条1項4号）

取消しにするかどうかは、すべて裁量的であって義務的なものはない。

刑法29条1項1号から3号による取消事由が発生した場合、仮釈放の取消しは、本人の保護観察を司る保護観察所の所在地を管轄する地方委員会が、決定をもって行う（更生保護75条）。同項4号の遵守事項についての不遵守の場合は、保護観察所の長の申出を必要とする（更生保護75条2項）。地方委員会及び保護観察所の長は、いつでも本人を呼び出して質問することができ、また裁判官の発する引致状により、本人を引致することができる（同63条1・2項）。そして地方委員会は、審理を開始する決定をしたときは引致状により引致された者を10日以内留置することができるようになっている（同76条1項）。地方委員会の取消決定に対して、不服があれば審査会に対して審査請求ができる（同92条）のはいうまでもない。仮釈放の取消決定があれば、仮釈放により出獄した日から取消しにより入獄するまでのいわゆる出獄中の日数は、刑期に算入されない（刑29条2項）。しかし取消決定のための前記留置期間は、刑期に算入される（更生保護76条2項）。そこで、残刑期間の執行が始まる。

ところでここで問題となるのは、再度の仮釈放が許可されるかということであり、この点についてわが法制上明文の規定はみられない。これを認めないとする立法例（アルゼンチン刑17条、ギリシャ刑108条）もあるが、わが国においては、無期刑あるいは長期の有期刑については再度これを認めているのが実務の現状である。

6 仮釈放の現況

それでは、今日仮釈放の制度はいかに運用されているのであろうか。第二次世界大戦前における仮釈放の運用は、概して消極的なものであった。いうまでもなく仮釈放が一段と活発になったのは、戦後になってからであり、1949（昭和24）年には、何と80.2％を記録し戦後最高の記録を樹立した。これは、戦後の混乱した社会を背景に各種の犯罪が増加し、そのために刑務所の収容人員が過密になったためだと思われる。その後、次第に社会は安定を取りもどし、犯

罪も落ちつき刑務所人口が減少したため、仮釈放の運用も戦争直後のピーク期を境にして、今日まで年々消極化してきている。ちなみに、仮釈放人員は、1950（昭和25）年当時は大体4万人を数えていたが、1960（昭和35）年には3万人、1965（昭和40）年には2万人台を割り、1975年には何と1万5000人を割っている。その後、1985（昭和60）年には約1万8000人であり、1995（平成7）年には驚くなかれ1万2000余人と最少を記録したが、1996年以降は2004年に約1万7000人を数えるまで増加の傾向をみせた。なお、近年は1万4000人前後で推移している。

それでは、ここで仮釈放の状況などに関しての図をみてみると、次のようである。

図6-5は、「仮釈放申請の受理人員の推移」および「仮釈放申請に対する棄却率」の状況を示したものである。同じく図6-6は、仮釈放人員及び仮釈放率の推移の状況をみたものである。

図6-7は、仮釈放を許された無期刑受刑者について、行刑施設在所期間別人員をみたものである。

次に、仮釈放者と満期釈放者の成行きなどをみると、再収容率については留

図6-5　仮釈放申請受理人員・棄却率の推移

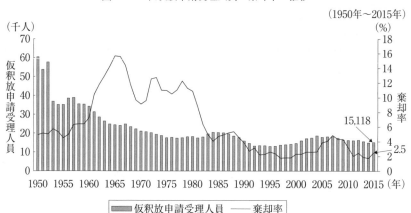

注1）法務統計年報、保護統計年報、行政統計年報及び矯正統計年報による。
　2）「棄却率」は、$\frac{棄却人員}{許可人員＋棄却人員}\times100$である。

図6-6 出所受刑者数・仮釈放率の推移

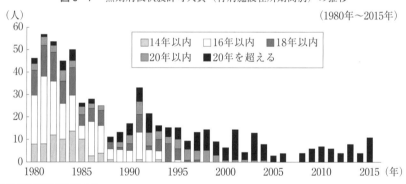

図6-7 無期刑仮釈放許可人員（行刑施設在所期間別）の推移

注1）保護統計年報による。
 2）無期刑の仮釈放が取り消された後、再度仮釈放が許可された者を除く。

意しなければならない。例えば、仮釈放者は、出所したその年に釈放人員の約5％が再収容されているにすぎないが、他方、満期釈放者になると、なんと2倍以上もの数字を示している。このように、仮釈放者より満期釈放者の方が、出所後わずかにして再収容されている現実を直視すると、現在わが法制上、仮釈放者に対してのみ付されている保護観察制度は、アメリカで採用しているように、実は満期釈放者にも付することを刑事政策的見地から考慮されなければならない。

7　無期懲役の終身刑化

　2016（平成28）年11月9日付朝日新聞（朝刊35面）は、「仮釈放10年連続1桁」と題し、図6-8を示し、次のような報道をしている。「法務省は8日、無期懲役刑が確定して服役中の受刑者のうち、昨年中に仮釈放されたのは9人だったことを明らかにした。無期懲役の場合、刑の開始から10年が過ぎれば仮釈放できると刑法は定めているが、10年続けて1桁となった。9人の服役から釈放までの平均期間は31年6カ月で、事実上の『終身刑化』が進む。

　昨年新たに無期懲役で服役したのは25人。昨年末時点の無期懲役の受刑者数は1835人にのぼった。うち3割は服役期間が20年以上で、50年以上も12人いた。また、昨年の服役中の死亡者は22人だった。

　仮釈放は全国8カ所の地方更生保護委員会が審理し、反省の様子や更生への意欲、再犯のおそれなどをもとに許可するかを決める。昨年は31件が審理され、許可は11件。年内に9人が仮釈放された。許可されたうち、殺人罪の50代の受刑者は、服役期間が33年9カ月に及んだ。強盗致死傷罪で30年6カ月服役していた80代の受刑者もいた。

　犯罪白書によると、1970年代の仮釈放は平均で年間約70人いたが、その後は減少。現在と同じ統計方法になった98年以降は20人以下にとどまっている。平均服役期間は98年には20年10カ月だったが、昨年まで7年連続で30年を超えた」。こうした無期懲役の終身刑化については、その原因を踏まえて刑事政策的見地から考慮されなければならないことはいうまでもない。

8　保護観察の問題点

　周知のとおり、現行法に従えば、仮釈放を許された者はすべて保護観察に付されることになっている（更生保護40条）。保護観察期間は、残刑期間と一致するという残刑期間主義が採用されている。ところで、第一に従来の例で、仮釈放した場合、再犯の可能性は出所してから大体2年までが高いという数字が出ている。この期間はぜひとも保護観察をつける必要性があるにもかかわらず、この残余期間が短いとき、いかに再犯の可能性があったとしても刑期が満了してしまえば、保護観察を続けることができないのであり、この点、問題である。

第二に、無期刑の仮釈放の場合である。いうまでもなく無期刑は、残余期間も原則として終身である。少年のとき無期刑の言渡しを受けた場合は、保護観察は仮釈放後10年を経過するまでの期間ということになっており問題はない（少59条1項）。現行法では、無期刑の者が仮釈放されても、保護観察は終身ということになる。終身保護観察に付されるということは、受刑者にとってあまりにも酷であり、社会復帰に障害になっているのではなかろうか。ここに、残刑期間主義の限界がある。改正刑法草案は、無期刑についても仮釈放後10年を経過すれば刑の執行を終了したものとしている（草案85条2項）。この点に関して、仮釈放期間（保護観察の期間）と残刑期間とを分離するという考試期間主義が提唱され、ドイツ、スイス、オーストリア等では現に採用している。これは、仮釈放を、刑の執行猶予と同様に刑の一形態とみるものである。

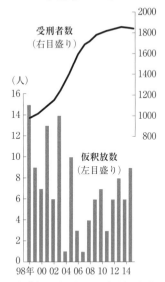

図6-8　各年末の無期懲役受刑者数と各年の仮釈放数（法務省まとめ）

注）『朝日新聞』2016（平成28）年11月9日付。
提供）朝日新聞社。

9　善　時　制

　ところで仮釈放の制度と類似して、釈放の時期を早めるものとして善時制（good-time system）なるものがある。この制度は、古く1776年頃、ベンサムによって考案されたものである。アメリカで最も発達したもので、各州でこれを採用しており、イギリス、オーストラリア、イタリアなど多くの国で採用されている。わが国でも、第二次世界大戦中の造船作業に、また、1948年に北海道開発についてこの制度が採用されたことがあったが、現在ではない。

　この制度は、受刑者が刑事施設内で一定の期間、善行を保持した場合、その善行に対する褒賞の形で釈放の時期を早めるというものである。裁判で言い渡された刑期に変更はないが、受刑者の行状が良い場合には、1年につき1月と

か、1月につき7日とかの割合で、「善時」を付与され、実質的に刑期そのものを短縮して釈放日を繰り上げるものである。しかし、釈放までに施設内で規律に対して違反があれば、刑の控除期間、すなわち善時日数の全部または一部を取り消されることになる。

　この制度の長所は、受刑者をして自らの努力いかんによって刑期を短縮できるところにあるが、施設内で善行保持ということに重点が置かれているので、善時制は、要領のよい受刑者を育てるとか、施設内の秩序維持を図るためのアメ玉だけに終わり、本来の目的を十分に達成できるかという疑問もないではない。

第7章　犯罪被害者の救済

第 1 節　犯罪被害者補償制度

1　犯罪被害者補償の意義

　犯罪被害者の補償とは、犯罪によって被害を受けた者またはその遺族に対し、国または公共機関が犯罪者に代わって、その被害を程度に応じて金銭的な補償をすることである。
　刑事責任と民事責任を峻別する近代法の原則からすると、犯罪は国に対するものと考えられ、犯罪の被害回復は民事賠償の手続によって行われるものといえる。すなわち、犯罪によって被害を受けた者は、不法行為にもとづく民事上の損害賠償請求権を持っているのであるが、実質的にその賠償を得ることは非常にむずかしいといわれている。なぜならば、犯罪者すなわち加害者に資力がなかったり、加害者が不明であったりして、民事手続上の障害などの場合には、その民事訴訟もほとんど機能しないからである。そのため、凶悪犯罪の被害者またはその遺族は何らの救済をされないままに終わるという結果になっている。この厳しい現実が、正義、人道や政策上の必要性など種々な観点から、ここに国家自らが行う補償——犯罪被害者のための救済策——への要請を生んだのである。
　上述したように、犯罪行為によって被害を受けた者が、不法行為にもとづく損害賠償請求権を行使しても、犯罪者に資力がない限り、損害賠償を現実に手にすることは不可能であるといわなければならない。そのために今日これらの欠点を補う救済策として、各種の保険制度があたっているところである。例えば、一般的なものとしては健康保険法、厚生年金保険法など、特殊なものとし

て労働者災害補償保険法、自動車損害賠償保険法、公害健康被害補償法、また民間会社の生命保険、損害保険などである。

2 犯罪被害者補償の歴史

(1) 制度の沿革

世界で最も早く被害者補償を法制の中に取り入れたのは、紀元前1900年のハムラビ法典だといわれている。ハムラビ法典によると、強盗犯人または殺人犯人が逮捕されなかった場合には、犯罪行為の行われた町とその長とが賠償義務を負う（23条・24条）と規定されていた。この被害者補償につきその沿革をみると、古くは、1791年に社会学者のベンサム（J. Bentham）により必要性が説かれていた。すなわち、彼によれば、犯罪の被害は犯人の財産によって回復されなければならないとしつつ、刑罰が賠償にも役立つべきであり、もし犯人に資産がない場合には公共の財源によるべきであるとする。

その後、強く提唱されたのは、19世紀末、イタリアの実証学派のガロファーロやフェリーであった。社会が犯罪を防止することができなかったとき、国家が被害者をそのまま放置しておくのは社会正義に反するので、国家は被害者に補償すべきであると主張したのである。その後、1878年の第2回国際刑務会議、1885年の第3回同会議、1890年の第4回同会議、1895年の第5回同会議、1900年の第6回同会議などでも取り上げられ論じられた。

以上のように被害者補償の必要性が説かれてからすでに久しいが、この被害者補償制度が諸外国において本格的に国政上の問題とされるようになったのは、ごく最近のことである。被害者補償をいち早く実現したのは、第二次世界大戦後で、主として英米法系の国である。1957年7月7日、イギリスの刑罰改良家であるフライ女史がオブザーヴァ紙に寄せた「被害者のための正義」と題する寄稿をきっかけとして、生命・身体犯の被害者に対する国家補償の制度を採用すべきことを強く提唱した。これに影響されて、まず1963年にはニュージーランドで、犯罪被害補償法が制定された。これに続いて、1964年にイギリスで制度化された。その後、1965年にカリフォルニア州を最初にアメリカ合衆国、1967年にオーストラリア、カナダ、ヨーロッパなど、いくつかの国がこの制度を採用し、1972年にオーストリア、1973年にフィンランド、1975年にオランダ、

1976年に旧西ドイツ、ノルウェー、デンマーク、1977年にフランス、1978年にスウェーデン……などで制定された。このようにして、今や、英米法諸国はもちろんのこと、大陸法諸国でもその主要国はほとんどといってよいくらいこの制度を法制化しており、よって被害者補償制度は遅かれ早かれ世界の諸国に広まっていくものと思慮される。

(2) 日本における実現への経緯

わが国においても、1904（明治37）年頃、牧野英一博士を中心とする主観主義刑法学者等によって、刑事政策的観点から犯罪被害者に賠償させるべきであるとする制度の必要性がすでに主張されていた。犯罪者による賠償制度として、旧刑事訴訟法に「付帯私訴」の制度が設けられていたが、犯罪者に資力がない限り、損害賠償を現実に手にすることはほとんど不可能に近いものである。今日、これらの欠点を補充するものとして各種の保険制度があることは上述した。わが国では、被害者を救済するための直接的な明文はみられてこなかった。ただ、わずかに国家の刑事司法作用または捜査活動に協力したことによって被害を受けた場合には、「警察官の職務に協力援助した者の災害給付に関する法律」（1952〔昭和27〕年）、「海上保安官に協力援助した者等の災害給付に関する法律」（1953〔昭和28〕年）、また、刑事事件の証人、参考人などの刑事司法に対する協力を確保するために事件に関連して被害を受けた場合には「証人等の被害についての給付に関する法律」（1958〔昭和33〕年）などを挙げることができる。ここで注意しなければならないのは、これらはいずれも刑事司法の遂行または協力を前提として行われる補償であり、犯罪の被害者に対する補償とはその性質が異なっている。犯罪は多くの場合、被害者の生命、身体、自由、財産などを侵害するものであるが、このうち被害者に最も打撃を与えるものは生命、身体に対するものである。

いうまでもなく、犯罪以外の原因による被害に対しては、各種の保険制度がある。しかしながら、上述したような犯罪に対する被害者の損害の補償については、本来、不法行為にもとづく損害賠償請求という民事上の制度を行使しても、犯罪者すなわち加害者に資力がないこと、そのほか加害者が不明であることが多く、有効に機能していないのが現実である。それゆえ、犯罪被害者は精神的・財産的両面にわたって多大な打撃を受けることになるといえる。かえり

みるに、近時、犯罪者の人権があまりにも重視されるようになり、ややもすればその結果、被害者感情の充足という側面が軽視され、被害者対策の配慮が弱められているかの感があるなどといわれている。

国の制度上、被害者と加害者との間に不公平感が高まってきた。こうしたとき、横浜で通り魔殺人事件が発生し、一人息子を失った被害者から「被害者の損害を補償する制度」が提唱されたが実現するには至らなかった。このようなとき、1974（昭和49）年8月30日正午頃、三菱重工ビル爆破事件が発生し、死者8名、負傷者約380名という多数の犠牲者を出した。何の落ち度もなく死亡したり、負傷したりした者の多くは、労働災害補償保険法対象にならなかった。ここで、同じ事件の被害者でありながら、労災補償の公的給付を受けられる者と、受けられない者とが生じたのであった。これを契機として、一般人の被害者補償への関心を喚起したことはいうまでもない。ここに国の施策として、いわゆる「犯罪被害者補償」の制度の必要性が生じた。先進諸国の中にあって、被害者補償制度を採用していないのは日本だけであったが、遅ればせながら、わが国でも1980（昭和55）年5月に「犯罪被害者等給付金支給法」が公布され、1981（昭和56）年1月1日から施行されたのである。

3　犯罪被害者補償の法的性格

国家がなにゆえに犯罪被害の補償をしなければならないのか、ということについては争われているところであるが、一般に学説として次の諸説がある。

(1)　損害賠償説　　国は、国民に銃器類の所持を禁止し、自ら犯罪発生の防止義務を引き受けている。国には犯罪防止の責任があるにもかかわらず犯罪が発生し被害が生じた場合には、国に責任があるのであるから、その被害者に対して国家賠償の形で被害を補償すべきであるとする考え方である。別の名を、補償権利説ともいわれている。

(2)　生活保護説　　自己に落ち度がないのに不幸にして犯罪の被害を受け、そのために生活が困窮した者に対しては、社会福祉の一環として犯罪の被害者を救済しようとする考え方である。別の名を社会保障説ともいわれている。換言すれば、社会保障の観点から、国家が公的扶助を行うべきであるとするものである。

この考え方に従えば、いくら犯罪の被害者になった場合でも困窮度が問題になるので、生活保護を必要としない場合には、被害者保障は適用されないことになる。アメリカのカリフォルニア州をはじめ多くの州での制度は、現にこの典型的なものである。

(3) **社会福祉説** どんな社会においても、一定量の犯罪は必然的にまた不可避的に発生するものである。それゆえ、国家はその構成員の一人である被害者に対して社会福祉上の責任があるとする考え方である。

本説は、社会福祉の理念にその根拠を見出すものである。要は、必然的に生じた犯罪の被害を被害者ただ一人に負担させるのは、公平の原則に反するので、被害を社会全体に分散させて被害を填補し合う、これが犯罪被害者補償制度であるとする。1963年のニュージーランドの犯罪補償制度は、この種のものであったが、1974年以降は、被害者補償制度を発展的に解消し、災害補償法を実施している。これに従って、犯罪災害であろうと、他の災害であろうと関係なく人身に対する事故を一つの制度で補償しているのである。

このような諸説が主張されているが、この被害者補償制度にも、次のような批判的な見解がある。まず、①労働災害とか自然災害などによる被害と犯罪による被害とを、なにゆえに特別に異なって取り扱っているのか、次に、②国家による補償が犯人の個人的責任を免れさせることになって、特別予防上よくないのではないか、また、③犯罪の被害者から欺罔的、誇大的補償の請求があるのではなかろうかとか、④国家による被害者補償は犯罪を増加させるのではないか、⑤被害に対して補償されるので被害者が満足してしまって刑事手続へ非協力的にならないか……などである。

4 犯罪被害者給付制度

(1) わが国における犯罪被害者補償

わが国における犯罪被害者給付制度は、1974年に発生した過激派集団による三菱重工ビル爆破事件を契機として、被害者救済の気運が高揚し、国による犯罪被害者補償の必要性が痛感された。これにより、1980年5月1日に「犯罪被害者等給付金支給法」が公布され、翌1981年1月1日から施行されたのである。その後、1995 (平成7) 年に地下鉄サリン事件などの、いわゆる無差別殺人事

件が発生した。社会の要請に伴い2001（平成13）年7月1日、犯罪被害給付制度の拡充すなわち、支給対象及び支給額の拡大が図られ、法律も「犯罪被害者等給付金の支給等による犯罪被害者等の支援に関する法律」と名称が改められた。

　犯罪被害者給付制度は、人の生命または身体を害する故意の犯罪により、不慮の死を遂げた者の遺族または重傷病を負い、もしくは障害が残った者に対し、国が犯罪被害者等給付金を支給するものである。この法律は全体で27条から成り立っている。

　まず、この犯罪被害給付金支給の対象となる犯罪行為は、人の生命または身体を害する行為で、しかも故意にもとづくものでなければならない。それゆえ過失致死傷などの過失行為による被害は、この制度の給付の対象から除外される。現行刑法で、刑事責任無能力者とされている心神喪失者、14歳未満の者などの行為による被害も同様である。正当行為、正当防衛による被害は、本法の対象とはならない。また、被害者と加害者との間に親族関係があるとき、被害者が犯罪行為を誘発したとき、その他当該犯罪被害について被害者側にもその責めに帰すべき行為があったときなど、その他給付金を支給することが社会通念上適切でないと認められるときなどは、給付金の全部または一部を支給しないことができる。外国人も旅行者は対象にならないが、商社マンのように日本に住居を持つ者は対象になる。また、被害者やその遺族が加害者から給付額以上の損害賠償を受けたり、その他災害補償関係法令などによる給付を受けたりしたときは、その限度において給付は減額されるのである。そういうことで、本法の支給対象者は故意行為によって死亡した者の遺族と、重傷病を負い、もしくは障害が残った者、被害者本人である。

　給付金は、一時金とされる。その種類であるが、死亡した者の遺族に支給される「遺族給付金」、障害の残った者に支給される「障害給付金」、それに重大な負傷または疾病を受けた者に支給される「重傷病給付金」の3種類に分かれる。給付金の額であるが、これは法律ではなく政令で定めており、その算定方法は、給付基礎額に一定の倍数を乗じて得る方法がとられている。例えば年齢層は10段階に分けられ、それぞれの標準賃金日額の70％を中心として考え、被害者の年齢に応じた最低額と最高額が規定されている。ここで倍数は、遺族給

付金の場合最高1530倍、障害給付金の場合第1級を2160倍、第2級を1865倍、第3級を1600倍としている。

給付を受けようとする者は、その住所地の都道府県の公安委員会に申請し、その裁定により支給を受けることになる。同公安委員会の裁定に不服のときは、国家公安委員会に対し不服申立てができる。給付金の申請は、当該犯罪被害の発生を知った日から2年以内、犯罪被害が発生した日から7年以内に行われなければならない。

(2) 制度の運用状況

1981年1月1日に国が給付金を支給する制度である犯罪被害者給付制度が発足してから、はや30年余の歳月が流れた。

犯罪被害者への給付金の適用された最初の事例は、いわゆる「保育園児強姦殺人事件」であった。これは、1981年2月8日群馬県桐生市で発生したものであるが、被害者は旅館の経営者の長女（当時5歳）であり、子供部屋で就寝中、

表7-1 犯罪被害者等給付金の申請・支給状況の推移

(2003年～2013年各会計年度。金額の単位は、100万円)

年度	申請者数				支給裁定者数				不支給裁定者数				支給裁定総額			
	総数	遺族	障害	重傷病	総数	遺族	障害	重傷病	総数	遺族	障害	重傷病	総数	遺族	障害	重傷病
2003	665	407	95	163	587	389	75	123	18	11	3	4	1,258	1,020	220	18
2004	621	398	88	135	597	375	82	140	20	10	3	7	1,247	1,044	180	23
2005	608	401	81	126	520	335	71	114	21	14	4	3	1,133	949	167	17
2006	649	414	97	138	583	388	91	104	27	14	5	8	1,272	1,020	237	15
2007	574	296	109	169	546	342	73	131	42	22	10	10	932	754	159	19
2008	565	289	94	182	510	295	75	140	22	10	6	6	907	739	145	23
2009	719	354	129	236	656	323	115	218	31	10	6	15	1,277	986	251	40
2010	718	320	153	245	641	278	143	220	32	13	6	13	1,311	875	389	47
2011	810	382	165	263	835	408	166	261	61	21	17	23	2,065	1,339	657	69
2012	729	284	165	280	621	273	133	215	69	34	10	25	1,509	909	552	48
2013	645	228	165	252	597	214	155	228	65	28	13	24	1,233	720	459	53

注1) 警察庁長官官房の資料による。
 2) 「遺族」、「障害」、「重傷病」は、それぞれ遺族給付金、障害給付金、重傷病給付金（2001年に設けられた）である。
 3) 申請者数の内訳は、申請時のものである。
 4) 「支給裁定者数」には、仮給付決定者数を含まない。仮給付決定後に裁定移行した者の数は、裁定年度に計上している。また、この場合の仮給付金額は、裁定年度の「支給裁定総額」に計上している。

同旅館の宿泊客の建設作業員（49歳）に乱暴されそうになって騒いだところ、首を絞められて殺害されたというものであった。これに対して、1981年2月18日裁定、1981年3月13日220万円（満額）の給付金が支給された。

いうまでもなく、給付金の額は、犯罪の被害者の年齢とか、収入金額等にもとづいて算定されているのだが、現在、遺族給付金の場合には、最高が1573万円、障害給付金の場合には、最高が1849万円、重傷病給付金の場合には、入院期間14日以上、加療期間1カ月以上の被害者に3カ月を限度として、保険診療による医療費の自己負担相当部分が支給されている。

本法による給付金額については、低額すぎるのではないかということをしばしば耳にする。わが国の犯罪被害者補償制度は、諸外国の制度の中で共通する部分を取り入れているようであるが、さらに、犯罪被害者の適用範囲（支給対象）、支給額の拡大を世の中の動向を踏まえて、さらなる拡充が考慮されるべきである。

表7-1は、2003年から2013年まで11年間の運用状況をみたものである。

5　修復的司法

修復的司法（restorative justics）とは、ニュージーランド、アメリカ、カナダなどで実践され、わが国の学会等においても注目されてきているものである。従来の刑事司法や刑罰が犯罪者を罰するための応報的司法であるのに代わり、刑事司法制度における犯罪被害者の地位、役割を向上させ、被害者や被害を被った地域社会に対して加害者に責任を課すことに焦点を合わせたもので、被害者と加害者の直接的な対話、加害者による被害者への被害弁償、犯罪予防、加害者との協働、被害者支援、より安全な地域社会の創造等と被害者の癒し、加害者の癒し、コミュニティの癒しに主眼を置いたものである。

ゼア（H. Zehr）によると、「犯罪は、単なる法律違反や政府当局に対する罪以上のものであり、また、被害者、地域社会、さらに犯罪者自身にさえ、複合的な損害をもたらす原因となるものであること」「刑事司法プロセスが、これらの損害の修復を助けるべきであること」「犯罪に対する社会の反応について、政府のあからさまな独占に抗議し、被害者、加害者、そして地域社会ができるだけ早い段階から、かつ可能な限り広範囲にわたって、事件に関与することを

要求すること」などを挙げている。具体的には、「犯罪被害者へのより積極的な支援と援助の提供」「犯罪者に自ら侵害した人々と地域社会に対して直接説明させること」「できるだけ多く被害者の情緒的物質的損害を回復すること」「関係のある犯罪被害者、加害者、家族、およびその他支援者の間における対話と問題解決のための幅広い機会を提供すること」「加害者に能力開発と生産的な地域社会での生活への再統合のための機会を提供すること」「地域社会建設を通じて公共の安全を強化すること」等の取組みによって加害者と被害者との仲直りを促進させ再犯を防止し、犯罪を減少させようとするものである。

第2節　被 害 者 学

1　被害者学の誕生

　周知のとおり、多くの犯罪は、犯罪者すなわち加害者及び被害者との関係から成り立っているといえる。中には、「被害者なき犯罪」（例えば、車の免許証不携帯、有価証券偽造・印章偽造〔ともに行使は除く〕、麻薬などの不法使用〔輸入・製造・所持〕、銃砲刀剣類の不法所持……）というものがあるにしても、通常は犯罪が発生すると被害者が存在すると考えられるのである。

　ところで、犯罪学（criminology）と被害者学（victimology）との違いは、どこにあるのであろうか。一口にしていうと、そこで取り扱うテーマないし対象が違うということにある。概して犯罪学なるものは、犯罪を研究の対象にしているのであるが、上述したごとく、犯罪には加害者と被害者が存在しているにもかかわらず、従来は、ややもすると、犯罪者のみを取り上げ、それらの解明につとめてきた感がある。しかしながら、被害者の解明なくして犯罪の全容はわからないともいわれ、ここに提唱されたのが、いわゆる「被害者学」なるものである。

　被害者学は、20世紀の後半になって一つの新しい科学として脚光を浴びるようになったのであるが、まず被害者学の必要性を指摘した者として、ドイツの犯罪学者ヘンティッヒ（H. Hentig）が挙げられる。彼によると、加害者と被害者をコンビネーションとして理解する必要があると主張し、「犯罪の二重構造」

(The Duet Frame of crime) という仮説を提唱した。彼は主として社会学、社会心理学の方法を駆使したものであったが、しかしながら精神分析学、精神医学の面においては弱点を露呈せざるをえなかった。

2つの欠点を補強する仮説を提唱したのが、スイスの精神医学者であるエレンベルガー（H. Ellenberger）である。彼は被害者学の発展に寄与したとして評価されている。彼は「潜在的被害者」（potential victim）という概念を提唱した。

ところで、第二次世界大戦直前、ブカレストにおいて弁護士をしていたメンデルゾーン（B. Mendelsohn）は、犯罪人のみならずその被害者にも犯罪を惹起する一半の責任、場合によってはその大半の責任もあるのではなかろうか、ということを痛感したのである。

実際、被害というのは、この被害をつくりだす環境的要因なるものと、被害者になりやすい被害受容性の両面から、言葉を換えていうなら、特定の要因が被害をもたらすのではなく、いろいろな要因が重なったところに生じるものであり、そこに留意しなければならない。

彼の著書『性犯罪学における強姦と婦人司法官の重要性』は、彼の代表作ともいわれるもので、あまりにも著名である。彼は、被害者の問題性なるものを生物学・心理学それに社会学の知識を基礎にして、科学的・理論的に解明すべきであるといっている。そういうことで、被害者学という言葉は、彼によって提唱されたといっても決して過言ではない。

被害者学研究は、経験科学的方法により、実証データを蓄積し、現実を直視し、理論的に解明すると同時に、それが実務に貢献するものでなければならない。

2　被害者学の今日的課題

いうまでもなく、被害者学はわれわれの日常生活の中で、とくに身の回りに発生するすべての問題をその対象にしている。最近、とみに社会問題になっている振り込め詐欺、オレオレ詐欺をはじめとして、悪質商法、プライバシーの侵害、いじめなど列挙できないくらい、いろいろな問題が提出されそのため数多くの被害者が泣き寝入りしているのが現実の姿である。このように山積された問題の一つひとつが研究の対象になる。

そこで、被害者学の今日的課題（制度、政策に関するものを除く）といわれるものを、一応の目安として挙げてみると、

① 高齢者の被害（交通事故、悪質商法、自殺など）
② 年少者の被害（非行、悪質商法、自殺、被虐待など）
③ 障害者の被害
④ 教育現場での被害（不登校、いじめ、校内暴力、体罰、スクール・セクシャルハラスメント、無気力化など）
⑤ 家庭内の被害（夫婦間の強姦、夫婦間の暴力、被虐待児童、かぎっ子、両親の離婚、暴力少年など）
⑥ 生活環境の被害（公害、騒音、日照不足、有害図書〔映像〕など）
⑦ 社会変動による被害（都市化と自殺、核家族と自殺、単身赴任者の違法行為など）
⑧ 消費生活の被害（悪質商法、多重債務、節税という名の脱税、統制経済法規違反と消費者、輸入規制と消費者、欠陥商品など）
⑨ 経済活動の被害（公害〔発展途上国における多国籍企業の公害を含む〕、独占企業、欠陥商品、証券の損失補塡、不正融資など）
⑩ 情報化社会によってもたらされる被害（マスコミと人権、個人情報侵害、プライバシー侵害、やらせ番組、ハッカー被害、企業秘密盗難など）
⑪ バイアス（偏見）または嫌悪によってもたらされる被害（少数民族、女性、宗教団体、ホームレス、身体不自由者などが受けるバンダリズム、暴行、リンチ、大量殺人など）
⑫ 健康ブームによってもたらされる被害（にせ健康食品など）
⑬ ペットブームによってもたらされる被害（放し飼い、集合住宅などでの飼育など）
⑭ 土地ブームによってもたらされる被害
⑮ モータリゼーションによってもたらされる被害
⑯ 医療上の被害（医療過誤、医者の説明義務違反、延命装置による悲劇など）
⑰ 性的被害（セクシャルハラスメント、強姦、強制わいせつなど）
⑱ 風俗営業における被害（売春、テレクラなど）
⑲ 暴力団からの被害（福祉犯の被害、売春少女、組員予備軍、水商売店主の被害な

ど）
⑳　薬物（覚せい剤）をめぐる被害
㉑　組織の受ける被害（企業、商店、学校など）
㉒　職務がもたらす被害（警察官、刑務官、駅員、タクシー・バスの運転士、ツアーコンダクター、看護師、税務署の取立て、自衛隊の爆弾処理、エレベーターガールなど）
㉓　司法・行政制度からの被害（無理な捜査、冤罪、刑事施設内での疾患、拘禁症状など）
㉔　政治犯罪の被害（テロリズム被害、人種対立被害、ハイジャック被害など）
等に分類されるのである（諸沢英道『被害者学入門（第2版）』成文堂、32頁以下）。

主要参考・引用文献

1 木村亀二『刑事政策の基礎理論』1942年、岩波書店。
2 吉益脩夫『犯罪学概論』1958年、有斐閣。
3 サザランド＝クレッシー　所一彦・平野龍一訳『犯罪の対策——刑事学原論Ⅱ』1962年、有信堂。
4 サザランド＝クレッシー　所一彦・平野龍一訳『犯罪の原因——刑事学原論Ⅰ』1967年、有信堂。
5 宮内裕『刑事学』1968年、法律文化社。
6 前田信二郎『増訂刑事学原論』1968年、法律文化社。
7 宮澤浩一編『犯罪と被害者学』1970年、成文堂。
8 宮澤浩一・西原春夫・中山研一・藤木英雄編『刑事政策講座（全3巻）』1971年、成文堂。
9 大塚仁・宮沢浩一編『演習刑事政策』1972年、青林書院新社。
10 大塚仁・香川達夫著『教材刑事学』1973年、成文堂。
11 八木国之編『刑事政策原論』1975年、酒井書店。
12 森下忠・須々木主一編『刑事政策』1975年、法学書院。
13 藤本英雄『刑事政策』1977年、日本評論社。
14 森下忠・香川達夫編『刑事政策を学ぶ』1978年、有斐閣。
15 馬屋原成男『犯罪学原論（改訂版）』1979年、有信堂。
16 斎藤靜敬『死刑再考論』1980年、成文堂。
17 吉岡一男『刑事学』1980年、青林書院新社。
18 三原憲三・斎藤靜敬編著『刑事政策』1982年、芦書房。
19 佐藤晴夫・小沢禧一『刑務所——その知られざる世界』1983年、有斐閣。
20 柳本正春『刑事政策読本』1987年、成文堂。
21 東京法学研究会・井上法律総合研究所編著『刑事政策』1986年、法曹同人。
22 加藤久雄『刑事政策学入門』1991年、立花書房。
23 菊田幸一『犯罪学（8訂版）』2016年、成文堂。
24 森下忠『刑事政策大綱（新版）』1993年、成文堂。
25 石原明・墨谷葵・藤岡一郎・荒川雅行『刑事政策』1993年、青林書院。
26 沢登俊雄・所一彦・星野周弘・前野育三編『新・刑事政策』1993年、日本評論社。
27 覺正豊和『犯罪学の新展開』2001年、新有堂。
28 諸沢英道『被害者学』2016年、成文堂。
29 木村光江『刑事法入門』1995年、東京大学出版会。

30　藤本哲也『刑事政策概論』2015年、青林書院。
31　大谷実『刑事政策論義（第4版）』1996年、弘文堂。
32　斎藤靜敬『刑事政策の諸問題』1999年、創成社。
33　坂本敏夫『元刑務官が明かす刑務所のすべて』2002年、日本文芸社。
34　菊田幸一『日本の刑務所』2002年、岩波書店。
35　法務総合研究編『犯罪白書』1985年以降。
36　警察庁編『警察白書』1989年以降。
37　木村裕三・平田紳『刑事政策概論（第3版）』2006年、成文堂。
38　覺正豊和『死刑再考論の今日的意義』2007年、八千代出版。
39　守山正・安部哲夫編著『ビギナーズ刑事政策』2008年、成文堂。
40　斎藤靜敬・覺正豊和『刑事政策論』2011年、八千代出版。
41　上田寛『犯罪学講義』2013年、成文堂。
42　朴元奎・太田達也編『リーディングス刑事政策』2016年、法律文化社。
43　守山正・小林寿一編著『ビギナーズ犯罪学』2016年、成文堂。
44　法務省矯正局編『新しい少年院法と少年鑑別所法』2014年、矯正協会。
45　菊田幸一『受刑者の法的権利（第2版）』2016年、三省堂。

索　引

ア　行

青切符／221
赤切符／220
遊び型の犯罪／127
アノミー理論／28
アムステルダム／75
アメリカ憲法修正8条／90
暗数／40
アンドロクール／168
育成相談／198
違憲立法審査権／53
意志欠如型／141
いじめ／179-80
遺族給付金／288
一時保護／195
一卵性双生児／16
一般上告裁判権／52
遺伝素質の同一性／16
医療刑務所／143
ヴァールベルク／135,256
ヴィクトリア家／18
ヴォルド／28
『運命としての犯罪』／14
嬰児殺し／123-4
エクスナー／117
選ばれた犯罪者／131
エルマイラ矯正院／272
援助交際／164
応報刑論／71
大阪刑務所／240
大阪拘置所／232
オーバン制／261
オーリン／27
オリエンテーション・プログラム（入所時教訓）／232
恩赦の出願や申立／80

カ　行

外因性精神病／137
階級章／40
改悛の状／273
外部通勤制度／267
　　──の長所／267
開放的処遇／265
加害者であると同時に被害者／125
加害者特性／165
科学・芸術作品とわいせつ性／158
覚せい剤／151
ガス室処刑／75,96
家庭裁判所／49,185-6
家庭内暴力／178
神奈川県警察本部／45
カリカック家／18
仮釈放／270,272
　　──審査規定／273
　　──の形式的要件／273
　　──の現況／277
　　──の実質的要件／273
　　──の処分／275
　　──の申請権者／275
　　──の取消し／276
　　──の法律上の性質／270
　　再度の──／277
　　無期刑の──／281
仮釈放者／278
ガルトン／13
ガロファーロ／3,6
川越少年刑務所／232
簡易裁判所／49
簡易送致制度／185
姦淫の罪／156
環境／9-11
　　行為形成的──／11
　　後天的──／11
　　自然──／11
　　人格形成的──／11
換刑処分／107
監獄改良運動／250
監獄法／223

監獄法改正準備会／227
カント／71-2, 87
帰休制度／268
疑似血縁関係／212
規則制定権／52
起訴独占主義の例外／63
起訴便宜主義／56
　　──に対する控制／59
　　──の沿革／57
　　──の概要／57
　　──の刑事政策的意義／64
　　──の効果／59
起訴猶予／48
　　──の運用／57
　　──の基準／57
　　──の刑事政策的意義／48
　　──の例外／58
気分易変型／140
窮迫犯／124
教育刑論／71, 73
行刑施設／223
行刑累進処遇令／236
狂信型／140
矯正改善不可能な者／92
矯正局／84
矯正局長通達／221
矯正施設／227
強制わいせつ罪／159
緊急逮捕／37
近親相姦／162
キンゼー／164
禁絶処分／116
クーリー／26
区検察庁／48
苦痛淫楽症／162
ぐ犯少年／186
クライン／110
クラワード／28
クリナード／26
グルーレ／21
グレーザー／27
グレー・ゾーン／205
クローネ／260
警察官職務執行法／35-6

捜査機関としての警察／36
警察庁／45
警察と検察との関係／46
警察の任務／35
警察法／35, 41
刑事施設／223
刑事収容施設及び被収容者等の処遇に関する法律／82
刑事政策／1-3
　　学問としての──／5
　　活動としての──／5
警視庁／45
　　──の組織／45
刑の分割執行／268
刑罰の種類／74
刑罰の本質／71, 74
刑罰の目的／72
刑務作業／134, 233, 249, 251
　　──の業種の近代化／256
　　──の形態／233, 251
　　──の本質／249
刑務所／223
　　──帰り／69
　　──の組織／240
　　──ぼけ／251
刑務所生活／229
　　──の遵守事項／228
　　単調な──／231
刑務所内処遇の延長／271, 276
刑務所内の悪風感染／69
刑務審査会／93
ゲーリー・ギルモア事件／90
欠損家庭／19, 23
　　──と非行との関連／19
　　機能的──／21
　　形態的──／23
ケトレー／9
ケリング／31
検挙率／40
現行犯逮捕／37
言語聴覚士／195
検察官／45
　　──一体の原則／46
　　──の任務／45

検察官制度／46
検察官送致／189
検察審査会／61
検事総長／48
検事長／48
憲法と死刑との関係／90
コーエン／27
強姦罪／160
強姦致死傷罪／161
公共の福祉／91
拘禁性精神病／260,263
絞首刑／75,96
更生資金／234,248
更生保護／113
拘置所／223
交通違反／218
交通切符制度／220
交通裁判所／219
交通試験観察制度／222
交通事故の発生件数／216
交通事犯懲役受刑者／222
交通犯罪／214
　　──の特質／216
交通犯罪者の処遇／221
交通反則通告制度／220
高等検察庁／48
高等裁判所／49
校内暴力／179
「国際刑事政策雑誌」／1
国際的職業犯罪者グループ／172
国際犯罪／7
国民皆免許時代／214,216
国家公安委員会／42,289
国庫帰属主義／254
　　──の例外／254
ゴッダード／139
古典派刑法学／3
個別的処遇の原則／73
ごみ箱概念／140
コミュニティー・オーガニゼーション
　　／197

サ 行

債権管理回収業に関する特別措置法／205

最高検察庁／48
最高裁判所／51
　　──の権能／52
財産刑／77
再審の請求／80
裁判官指名権／53
裁判上の準起訴手続／62
裁判所の管轄と審級／52
裁量的取消し／67
作業報奨金／135,234,254
　　──計算高／254
サザーランド／19,22,26
雑居拘禁制／259
サルダーニャ／1
残虐な刑罰／90
残刑期間主義の限界／281
斬殺刑／75,96
三審制／49
サンミケーレ少年監獄／257
シードラー／20
色情盗／161
自給自足の原則／250
死刑／79
　　──に代わる刑罰／91
　　──の運用／84
　　──の執行／80,84
　　──の執行方法／96
　　──の上申書／83
　　──の犯罪抑止力／89
　　──を科することのできる犯罪／79
死刑確定者／80
死刑執行起案書／83
死刑執行場／84
死刑執行命令書／84
死刑制度の合憲性／91
死刑存置論／88
死刑廃止論／88
自己観念理論／27
自己顕示型／141
思春期の犯罪心理学的意義／117
死傷病手当金／253
自信欠乏型／141
施設内処遇から社会内処遇へ／263
死体姦／162

次長検事／48
執行始末書／81
執行猶予／65
　　――の沿革／66
　　――の効果／67
　　――の取消し／67
　　――の要件／66
　　改正刑法草案における――／67
　　刑の――／65
児童自立支援施設／188
児童相談所／186,195
児童養護施設／188
司法行政監督権／53
社会解体論／25
社会的逸脱論／25
社会的脱落者／209
社会的動物／154
社会統制理論／30
社会福祉説／287
社会復帰対策協議会／211
釈放審査会／92
釈放前補導センター／269
獣姦／162
宗教教誨／235,245
ジューク家／18
自由刑単一化／76,256
自由刑の課題／76
銃殺／75
重傷病給付金／288
終身刑／95
終身拘禁／91
　　――刑／93,96
集団犯罪／120
羞恥心の減退／126
修復的司法／290
週末拘禁制度／268
収容施設／232
収容分類級／232
受刑者／227
　　――処遇／227
　　――の改善更生／271
　　――の作業時間／234
　　――の地位／227
　　――の動作時間表／234

受刑者分類規程／247
出院準備教育／188
シュナイダー／140
シュプランガー／117
準強制わいせつ・準強姦罪／160
障害給付金／288
娼妓解放令／164
娼妓取締規則／164
条件付特赦主義／65
条件付有罪判決主義／65
上訴権回復の請求／80
証人等の被害についての給付に関する法律
　　／285
情願／239
少年院／188-9
少年鑑別所／193
少年刑法犯検挙人員／177
少年刑務所／223
少年犯罪／174
　　――の推移／175
　　――の背景／181
　　――の要因／182-3
少年法／175
少年法改正／184
上納金制度／213
処遇計画／231-2
処遇決定会議／195
処遇分類級／232
職業訓練／248
職業訓練種目／252
職業的犯罪人／257,260
触法少年／186
職務質問／36
除刑日／80
女子の非行／177
女性受刑者／129
　　――の育児の問題／135
　　――の処分／129
女性犯罪／122-3
　　――と月経／126
　　――と年齢／125
　　――の稀少性／127
　　――の質的特性／123
　　――の低年齢化／125

――の二極化現象／126
女性累犯／133
　　――の特徴／134
所内生活の手引／228
心因性精神病／137
人格異常状態／138
身体刑／74
診断指導／195
新入時教育／188
心理強制説／72
睡眠薬遊び／175
ストース／110
ストリップ・ショー／157
生活指導／245
生活保護説／286
請願作業／251
性行為合意の原則／155
性行為の非公開の原則／155
性行為非営利の原則／155
精神衛生法／148
精神障害／137
精神障害者／144
　　――による犯行／137
　　――の処遇／142
精神的未成熟者／120
精神病／138
精神病質／140
精神保健福祉法／144
性犯罪／154
生来性犯罪人／12
世界保健機関／146
窃視症／161
絶対的拘禁刑／95
窃盗の特性／119
セリン／28,89
全件送致主義／189
戦後の社会的混乱／227
潜在的犯因性／126
善時制／281
相対的わいせつ文書／159
組織性／172
組織の系列化／213
素質／9-10
　遺伝――／10

措置入院制度／144
損害賠償説／286

タ 行

ダイヴァージョンの一方策／70
第三セクター方式／252
大審院／52
代替刑制度／94
滞納留置／107
耐薬性の上昇／151
代用監獄／76
多元因子論／25
多様化時代／149
タリオ的思想／3
短期自由刑／100
　　――に代わるべき刑事制度／104
　　――の概念／100
　　――の長所／101
　　――の弊害／64,76,101-2
　　――の弊害を避ける方法／106
男子懲治場／75
タンネンバウム／29
痴漢／162
致死薬注射処刑／75,96
知的障害／139
　　――の原因／139
知的障害者／143
千葉刑務所／243
地方検察庁／48
地方更生保護委員会／274
地方裁判所／49
「チャタレー」事件／158
中央更生保護審査会／275
中間期教育／188
中間矯正処遇／264
中間処遇制度／263
中間保護処遇／264
中国人犯罪者グループ／173
中毒者の強制入院制度／148
中毒性精神病／139
治療処分／115
賃金制／135,255
　　――の採用／256
沈黙制／261

通常逮捕／37
ツェロー家／18
デュルケーム／28
電気椅子処刑／75,96
ドイツ古法／77
同害報復説／72
等価説／72
東京地方検察庁／48
同性愛／162
道府県警察本部長／45
逃亡犯罪人引渡法／174
道路環境の整備／217
道路交通上の犯罪／214
道路交通法違反事件／216
トーマス／26
特別処遇プログラム／153
特別捜査部／49
特別予防／69
栃木刑務所／246
独居拘禁制／259
　緩和――／259,263
　厳正――／259

ナ 行

日数罰金制／108
入所時の処遇／228
二卵性双生児／15
人足寄場掟／272
認知件数／40
年長少年／121
年度別死刑執行数／86

ハ 行

ハーシ／30
ハーフウェイ・ハウス／270
売春／164
売春防止法／165
爆発型／140
罰金刑／105
　――の長所／106
　――の問題点／107
発揚型／140
パノプティコン建築／258
ハムラビ法典／284

パロール／104
ハワード／75,257,261
犯罪学／6,291
犯罪原因の3要素／10
犯罪現象の類型的考察／6
犯罪者処遇／4,6,263
犯罪者に対する制裁／6
犯罪初等学校／64,69
犯罪シンジケート／203
『犯罪人論』／12
犯罪双生児の研究／13
犯罪統制システム／5,7
『犯罪と刑罰』／87
犯罪人家系／18
犯罪の検挙率／40
犯罪の国際化／169,174
犯罪の司法的処理／7
犯罪の集団性／120
犯罪の捜査／36
犯罪被害者給付制度／287
犯罪被害者等給付金支給法／93,287
犯罪被害者の適用範囲／290
犯罪被害者補償／283,286
犯罪抑止力／72,89,182
反則切符／221
ヒーリー／25
被害者／4,284
　――特性／166
　――なき犯罪／33,291
　――の救済／3
　――のための正義／284
　――の保護／4
被害者学／7,291
被疑事件の処理／46
被拘禁者処遇最低基準規則／265
非行少年／186
非行相談／196
非行の低年齢化／176
非行副次文化理論／28
微罪事件／40
微罪処分／39
微罪不起訴／47
微罪不検挙／47
非常上告／80

索　引　303

ヒッペル／1
必要的取消し／67
非犯罪化・非刑罰化／33
被保護者の姦淫に関する罪／160
ヒロポン時代／148
貧困の間接作用／24
貧困は犯罪の最大の原因／23
フィラデルフィア協会／258
フィリップ／272
風俗を害する罪／156
フェティシズム／161
フェリー／3
フォイエルバッハ／1,3,72
不起訴処分の告知義務／64
副検事／48
婦女切り・婦女汚し／162
婦人補導院／112,136
　——の問題／136
付帯私訴／285
府中刑務所／240,242
不服申立制度／239
ブラック・マーケット／208
フラッシュ・バック／153
フランクリン／258
フランス革命／75,96
プレヴザー／90
プロベーション／104
文化葛藤理論／28
分化的機会構造理論／27
分化的接触理論／26
分化的同一化理論／27
分類処遇の不徹底／133
ヘーゲル／72
ベッカリーア／71,87
ヘロイン時代／148
ペンシルバニア制／258,261
保安処分／109
　刑罰と——／110
　刑法改正草案における——／115
　対人的——／110
　対物的——／110
暴走族／178
法務大臣官房／84
暴力団対策法／198,204

暴力団／198
　——・世代交代と変動の時代／199
　——・戦後の混乱期／198
　——・広域化・寡占化による再編の時代／199
　——・対立抗争期／198
　——・頂上作戦とその影響期／199
　——の海外進出／203
　——の系列化・広域化／203
　——の資金獲得活動／204
　——の武装化／202
暴力団犯罪／198
　——の国際化／203
　——の知能化／203
暴力団予備軍的集団／213
保健指定医／144
保護観察官／188
保護観察所／188
保護観察制度／279
保護観察の問題点／280
保護処分優先主義／189
ホステル制／267
没収／78
　——の対象物／78
　第三者——／78
ホフマン／22
ポラック／128
ポルノグラフィ／159,167
香港人グループ／172

マ　行

マネー・ロンダリング／208
麻薬／151
麻薬常用者／151
麻薬中毒者／153
麻薬特例法／174
マルクス家／18
みかじめ料／204
無期拘禁刑／94
無期懲役／95
無期の強制労働刑／96
無情型／141
無免許運転／218
無力型／140

目には目を、歯には歯を／72
メリル／20
目的刑論／73
モンテスキュー／87

ヤ 行

薬物依存性のある薬物／146
薬物密売組織／153
　——対策／152
薬物乱用／146,177
　——犯罪／146-7
豊かな社会だから起こる犯罪／25
豊かな社会なのに起こる犯罪／25
幼児姦／162
余暇活動／245
抑うつ型／140
吉益脩夫／15,17,22

ラ 行

「ライオンの力と狐の知恵」／124
来日外国人／169
——の犯罪／170
ラッカサーニュ／9
ラベリング理論／29
ランゲ／14,17
臨床検査技師／195
累進階級／237
累進処遇／236-8
累進処遇制／236,238
ルソー／87
令状主義の例外／37
レックレス／27
労役場留置／77
労役場留置処分／107
露出症／161
ロンブローゾ／3,9,12

ワ 行

ワーク・リリース／267
わいせつ、姦淫及び重婚の罪／156
わいせつビデオテープ／164
割窓理論／31

〈著者紹介〉

覺正 豊和（かくしょう　とよかず）

現在　敬愛大学教授
　　　千葉大学講師、明治大学犯罪学研究所員を兼務、法学博士、家庭裁判所調停員、行政不服審査員

〈主　著〉

『刑罰の限界』東京新有堂（1988 年）、『現代社会における法の基礎』八千代出版（1993 年）、『犯罪学の新展開』東京新有堂（2001 年）、『刑法への招待』（総論・各論）創成社（2007 年）、『死刑再考論の今日的意義』八千代出版（2007 年）他

刑事政策論

2017 年 3 月 30 日　第 1 版第 1 刷発行

著　者——覺正豊和
発行者——森口恵美子
印刷所——松本紙工
製本所——渡邉製本
発行所——八千代出版株式会社
　　　　〒 101-0061
　　　　東京都千代田区三崎町 2-2-13
　　　　TEL　03-3262-0420
　　　　FAX　03-3237-0723
　　　　振替　00190-4-168060
　　　　＊定価はカバーに表示してあります。
　　　　＊落丁・乱丁本はお取替え致します。

ISBN978-4-8429-1707-8　　　　Ⓒ 2017 T. Kakusho